Die Bankdepotgeschäfte.

Die

Bankdepotgeschäfte

in

geschichtlicher, wirtschaftlicher und rechtlicher Beziehung

dargestellt

von

Franz Schweyer,

Dr. jur. et oec. publ.,

Regierungsaccessist im k. bayer. Staatsministerium des Innern und wissenschaftlicher Hilfsarbeiter im k. Stat. Bureau.

München.

J. Schweitzer Verlag (Arthur Sellier)

1899.

K. b. Hof- und Univ.-Buchdruckerei von Fr. Junge (Junge & Sohn) in Erlangen.

Vorwort.

Die folgende Abhandlung setzt sich zur Aufgabe, die im heutigen Verkehre so wichtigen Bankdepotgeschäfte einer systematischen Darstellung zu unterziehen.

Hierbei war von der Entwickelung des Bankdepotwesens auszugehen und damit eine Betrachtung der wirtschaftlichen Bedeutung desselben zu verbinden. Der erste Teil, welcher die historische und wirtschaftliche Seite des Depotwesens zum Gegenstande hat, will indes keinen Anspruch auf erschöpfende Behandlung machen, sondern soll lediglich die notwendige Unterlage für die Darstellung des Depotrechts bilden; gleichwohl dürften die einzelnen Stadien der Entwickelung wie die wirtschaftliche Bedeutung der einzelnen Geschäfte genügend gekennzeichnet sein, um ein anschauliches Bild von dem Entwickelungsprozeß und dem derzeitigen Stande des Depotwesens zu gewinnen.

Die Hauptaufgabe erblickte ich in der systematischen Behandlung des Depotrechts. Auch hierbei bin ich historisch verfahren. Das römische Recht, das gerade für den hier in Betracht kommenden Teil des Rechtes auch heute noch als grundlegend erachtet werden muß, war ziemlich eingehend zu berücksichtigen.

Besondere Sorgfalt suchte ich auf die Darstellung des heute geltenden Rechts, wie es durch das Bankdepotgesetz gestaltet wurde, zu verwenden.

Im Laufe der Ausführungen habe ich außer den bereits berührten Rechtsquellen zum Zwecke der Vergleichung auch andere zur Zeit in Deutschland noch geltende Gesetzgebungen und auch das Bürgerliche Gesetzbuch wie auch das alte und neue Handelsgesetzbuch kurz berücksichtigt. Die bevorstehende Aenderung des Civilrechts ist für das Depotrecht von keineswegs weitgehender Bedeutung. Es erschien daher ein kurzer Hinweis statt einer tiefergehenden Betrachtung genügend.

Inwieweit es mir gelungen ist, meiner vorgesetzten Aufgabe gerecht zu werden, muß ich dem nachsichtigen Urteile meiner Leser überlassen.

Möge der unternommene Versuch eine freundliche Aufnahme und wohlwollende Beurteilung finden.

München, im August 1899.

Der Verfasser.

Inhaltsverzeichnis.

Einleitung.

Unsere modernen Verkehrsverhältnisse in Verbindung mit einer stets wachsenden Bedeutung des beweglichen Kapitals haben unser Bankwesen rasch zu einer kaum geahnten Höhe der Entwickelung geführt und diese Entwickelung ist noch keineswegs zu einem Abschlusse gekommen. Das Zahlungs- und Kreditwesen unserer heutigen Zeit verglichen mit den Zuständen der früheren Perioden ergibt einen großartigen Kontrast, der in seiner Bedeutung dem Unterschiede der allgemeinen kulturellen und wirtschaftlichen Verhältnisse gleichkommt, wenn er denselben nicht etwa übertrifft.

Im Laufe der Zeiten hat sich der Geschäftskreis der Banken bedeutend erweitert. Eine ganze Reihe von Geschäften hat sich zu Geschäften der Banken entwickelt und heute ist bereits innerhalb der Banken eine weitgehende Arbeitsteilung in der Art eingetreten, daß ein Geschäft oder ein kleinerer Kreis von Geschäften von einzelnen Banken im Unterschiede von andern vorzugsweise betrieben wird. Hierdurch sind besondere Kategorien von Banken entstanden, welche jeweils schon an dem beigelegten Namen die vornehmliche Seite ihres Geschäftsbetriebes erkennen lassen. Man kann demnach ebensoviele Arten von Banken unterscheiden, als es der Hauptsache nach Geschäfte gibt, welche einen mehr oder weniger selbständigen Zweig des Geld- oder Kreditverkehrs darstellen. So finden wir heutzutage bereits Hypothekenbanken, Wechselbanken, Diskontobanken, Notenbanken, Girobanken, Lombardbanken, Depositenbanken u. a. — Die gemeinsame Aufgabe aller dieser Institute besteht entweder in der Vermittelung des Geldverkehrs oder des Kreditverkehrs. Hiernach werden alle Arten von Banken in zwei Gruppen, in Geldbanken und Kreditbanken unterschieden, je nachdem sie dieser oder jener Seite des Geschäftsbetriebs sich vorzugsweise widmen.

Die Geldbanken sind der Entwickelung nach die ältern; die Kreditbanken sind dagegen in der heutigen Zeit bei weitem die wichtigeren und haben sich zum Teil aus den ersteren entwickelt.[1])

---

[1]) Vgl. Schönberg, Handbuch der politischen Oekonomie, 4. Auflage Bd. 1 S. 456 ff.

Unser heutiges Wirtschaftsleben steht nicht mehr im Zeichen der Naturalwirtschaft, ja auch die Form der reinen Geldwirtschaft ist bereits überwunden und hat einer höhern Entwickelungsform, der Kreditwirtschaft, das Feld geräumt.

Während die Naturalwirtschaft ihr charakteristisches Kennzeichen darin besitzt, daß jeder zunächst für seinen eigenen Bedarf produziert und ein Verkehr der einzelnen Privatwirtschaften untereinander wesentlich nur in der Form des Tausches erfolgt, hat die Geldwirtschaft in dem Gelde überhaupt und insbesondere in dem Metallgelde, das von allen ohne weiteres und in gleicher Weise als Tauschmittel angenommen wird, einen allgemeinen Wertmaßstab und damit ein Mittel, das zur Erleichterung des Umsatzes ungemein viel beiträgt. So tritt in diesem Stadium der Entwickelung der Tausch vor dem Kaufe, bei dem die eine der beiden Leistungen regelmäßig in Geld erfolgt, vollkommen in den Hintergrund.

Die Kreditwirtschaft bedeutet ihrerseits eine Potenz der Geldwirtschaft.[1]) Auch die Zahlungen in Form des Bargeldes treten mehr und mehr zurück und an deren Stelle treten Transaktionen mittels sogenannten Kreditgeldes, Surrogaten der Barzahlung oder indirekter Zahlung. Eine Unmenge von Zahlungen werden geleistet und ungeheure Werte von einem Subjekte auf ein anderes übertragen, ohne daß auch nur eine Münze in Bewegung gesetzt wird. Je mehr auf diese Weise der Umlauf von metallenen Zahlungsmitteln beschränkt ist, einen desto höhern Grad der Kreditwirtschaft haben wir erreicht. Daß wir an der Grenze des Erreichbaren in dieser Beziehung noch nicht angelangt sind, ist zur Genüge an der hohen Entwickelung des Zahlungswesens in England und Amerika ersichtlich, wo weit höhere Summen auf dem angedeuteten Wege umgesetzt werden.

Die Organe nun, welche diesen Geldverkehr vermitteln, sind die Banken.[2]) Sie sind zugleich die Organe, welche unsern heutigen Kreditverkehr auf die derzeitige Höhe erhoben haben.

Der Gläubiger leiht heute sein Geld regelmäßig nicht mehr unmittelbar an den Schuldner, sondern zwischen beide ist eine Mittelsperson, die Bank, getreten. Bei ihr fließen die großen Mengen Geldes zusammen, welche der Verkehr entbehren kann, um von der Bank wieder in geeigneter Form dem Verkehr zugeführt zu werden. Die Bank tritt ihren Gläubigern selbständig verhaftet für die anvertrauten Beträge gegenüber und erscheint ebenso ihren Schuldnern gegenüber als eine Gläubigerin, deren Forderungen von den Forderungen der Bankgläubiger vollständig

[1]) Vgl. Adolf Wagner, Grundlagen der Volkswirtschaft S. 439 ff.

[2]) Vgl. Bonamy Price, Geld- und Bankwesen, deutsch von Hermann Brefeld, Berlin 1877, Seite 89 ff.

unabhängig sind. Die Bank nimmt selbst Kredit, um Kredit geben zu können. Auf diese Weise erfüllen die Banken eine für die gesamte Volkswirtschaft ebenso wichtige, als wohltätige Aufgabe.

Die Geschäfte, in denen der Verkehr sich abwickelt, sind nach der doppelten Rechtsstellung der Bank als Gläubigerin und Schuldnerin entweder Aktiv- oder Passivgeschäfte. Die ersteren dienen dazu, dem Publikum Kredit zu gewähren, die letzteren haben den Zweck, sich selbst Kredit zu verschaffen.

Unter den Aktivgeschäften sind unter andern das Lombardgeschäft, Diskontogeschäft, die hypothekarische Beleihung, das aktive Kontokorrentgeschäft, ferner das Effekten- und Emissionsgeschäft zu nennen; unter den Passivgeschäften ist an erster Stelle das Depositengeschäft im modernen banktechnischen Sinne, ferner die Banknotenausgabe sowie die Aufnahme von Geld gegen langfristige Obligationen (Pfandbriefausgabe) hervorzuheben.[1])

Das Depositengeschäft im modernen Sinne ist in manchem wesentlich verschieden von dem depositum der alten Zeit; es ist aus einem Geldgeschäfte, das der bloßen Aufbewahrung oder Vermittelung des Zahlungsverkehrs dient, längst zugleich zu einem Kreditgeschäfte geworden, durch dessen Vermittelung die Bank sich Geld zu eigener Verfügung verschafft oder auf Grund dessen sie dem Hinterleger Kredit bewilligt. Wollte man also beim heutigen Depositengeschäfte oder, um noch einen umfassenderen Ausdruck zu gebrauchen, beim heutigen Bankdepotgeschäfte lediglich an ein römisch-rechtliches depositum denken, so wäre dies vollkommen irrig. Das depositum der alten Zeit ist allerdings dasjenige Geschäft, das die Grundlage des Bankverkehrs bildet, an dessen Hand das Bankwesen seine Entwickelung erfahren hat; indes mit der Erweiterung der wirtschaftlichen Bedürfnisse hat auch der Begriff des depositum eine Ausdehnung erhalten. Deponieren heißt im modernen kaufmännischen Verkehre keineswegs bloß Hinterlegen zum Zwecke der Aufbewahrung, auch nicht bloß Hinterlegen zum Zwecke der Zahlungsanweisung, sondern insbesondere auch Hinterlegen zum Zwecke der Sicherheitsleistung, der Verpfändung. Daher ist das moderne Girogeschäft ebenso wie das Lombardgeschäft zu den Bankdepotgeschäften zu zählen. Der Sprachgebrauch ist allerdings schwankend. Man spricht von Depositengeschäft und von Depotgeschäft. Beide Bezeichnungen führen in ihrer Wurzel auf das depositum zurück; gleichwohl hat der Sprachgebrauch allmählich einen kleinen Unterschied in der Art ausgebildet, daß man bei dem Begriffe des Depositengeschäftes zunächst nur

---

[1]) Vgl. auch: Staub, Kommentar zum Allg. deutschen Handelsgesetzbuch 3. u. 4. Auflage S. 687 § 8, Berlin 1896.

an das eigentliche Aufbewahrungsgeschäft und allenfalls noch an das Girogeschäft, nicht aber an das Lombardgeschäft zu denken hat. Will man letzteres mit in den Begriff hineinziehen, so gebraucht man meistens den umfassenderen Ausdruck Depotgeschäft.[1])

Um von vornherein Unklarheiten zu vermeiden, erschien es notwendig auf die Zweideutigkeit des Wortbegriffes hinzuweisen.

Der Begriff der Bankdepotgeschäfte hat sich im Verkehrsleben als eine einheitliche Bezeichnung für eine Reihe von Rechtsgeschäften herausgebildet. Der Begriff ist also kein juristischer. Nichtsdestoweniger ist gerade mit Rücksicht auf die Verkehrsgewohnheiten und die wirtschaftliche Verwandtschaft der verschiedenen unter den Begriff des Bankdepotgeschäftes fallenden Rechtsgeschäfte eine gemeinsame Behandlung und Würdigung derselben angezeigt.

Die hohe Bedeutung des Bankdepotgeschäftes an sich, insbesondere jedoch der Umstand, daß gerade in neuester Zeit diese Materie eine neue gesetzliche Regelung erfahren hat, rechtfertigt den im folgenden unternommenen Versuch, die Bankdepotgeschäfte einer einheitlichen Darstellung in wirtschaftlicher und rechtlicher Beziehung zu unterstellen.

Wir legen hierbei den im Vorstehenden bezeichneten Begriff der Bankdepotgeschäfte im weitern Sinne zu Grunde und halten es für notwendig innerhalb gewisser Grenzen auch das Kommissionsgeschäft, das häufig in Verbindung mit dem Depotgeschäfte vorkommt, einer kurzen Würdigung zu unterziehen.

Erster Teil.

Geschichtliche Entwickelung und wirtschaftliche Bedeutung des Bankdepotwesens.

§ 1.

In der ältesten Zeit.

Die wirtschaftliche Bedeutung des Depotwesens ist nicht zu allen Zeiten dieselbe gewesen. Zwar war der Zweck der dem Depotwesen dienenden Geschäfte stets der gleiche, jedoch die Art der Ausgestaltung und der Umfang, in welchem von diesen Geschäften Gebrauch gemacht wurde, waren zu verschiedenen Zeiten

---

[1]) Siehe Cosak, Lehrbuch des Handelsrechts 3. Auflage S. 337, Stuttgart 1895, woselbst das Depotgeschäft geradezu dem Lombardgeschäft gleichgestellt ist. Ferner: Thöl, Handelsrecht Bd. 1 S. 432 Anm. 1, Göttingen 1854.

sehr verschieden. Die Höhe der Entwickelung des Depotwesens steht jeweils in enger Wechselbeziehung zur gesamten wirtschaftlichen Entwickelung. Die Geschichte des Depotwesens ist insoferne zugleich die Darstellung seiner Bedeutung. Hierin liegt auch die Rechtfertigung einer Verbindung der Betrachtung der wirtschaftlichen Seite des Depotwesens mit seiner geschichtlichen Entwickelung.

Wie bereits betont wurde, ist das Depositengeschäft die Grundlage des modernen Bankwesens geworden; aus dem Depositenverkehre heraus hat sich der moderne Bankverkehr ganz wesentlich entwickelt. Die Entwickelung des Depotwesens fällt daher lange mit der Geschichte des Bankwesens überhaupt nahezu zusammen.

Was man heute Depotwesen nennt, ist keineswegs durch einen Akt der Gesetzgebung in das Dasein gerufen worden; es ist dies vielmehr das Produkt einer langsamen, Jahrhunderte dauernden Entwickelung, welche ihren Ausgang von einem einfachen, wirtschaftlichen Bedürfnis genommen hat.

Alles, was einen wirtschaftlichen Wert in sich birgt und vermöge seiner natürlichen Eigenschaften die Gefahr des Unterganges oder einer rechtswidrigen Entäußerung in sich trägt, erzeugt in dem Besitzer das naturgemäße Bedürfnis nach sicherer Aufbewahrung, um so den erworbenen Wert möglichst ungemindert und zuverlässig der Zukunft zu übermitteln.

Da es zu allen Zeiten solche Gegenstände gegeben hat, so ist auch ohne weiteres der Schluß gerechtfertigt, daß auch zu allen Zeiten ein solches Bedürfnis nach sicherer Aufbewahrung bestanden hat.

Unter den hier in Betracht kommenden Gegenständen sind von besonderer Bedeutung alle Wertgegenstände im engern Sinne wie Schmuck, Edelmetalle 2c., überhaupt Sachen, welche bei einem verhältnismäßig geringen Volumen einen hohen Wert besitzen und zugleich Dauerhaftigkeit und Widerstandsfähigkeit genug haben, um eine lange Aufbewahrung zu ermöglichen, und andererseits auch zufolge ihrer leichten Beweglichkeit eine solche Aufbewahrung notwendig erscheinen lassen.

Damit sind Gegenstände, die dem innern Verderben ausgesetzt sind, ferner aber auch solche Sachen, welche zwar widerstandsfähig sind, jedoch ein unverhältnismäßig großes Volumen besitzen, von der hier gemeinten Art der Aufbewahrung selbstverständlich ausgeschlossen. So bleiben schließlich die eigentlichen Wertsachen allein für die Betrachtung übrig.

Bei dem Mangel jeglicher Organisation war in den allerfrühesten Zeiten der Entwickelung die Art der Aufbewahrung naturgemäß eine höchst primitive. Der Mensch trug seine Wertgegenstände am Leibe bei sich oder er vergrub dieselben an einem, dritten Personen unbekanten Orte in der Erde. Jedenfalls fehlte es an einer Einrichtung, welcher solche Sachen hätten anvertraut werden können; jeder mußte selbst den Schutz für seine Werte übernehmen. Diese Art der Aufbewahrung war eine sehr unsichere. Sobald daher eine Gelegenheit sich fand, welche dem einzelnen die ständige Sorge abzunehmen geeignet erschien und zugleich einen entsprechenden Grad von Sicherheit der Aufbewahrung bot, wurde eine andere Aufbewahrungsweise gewählt. Zwar mag es anfangs bei dem wenig entwickelten, gegenseitigen Vertrauen der Menschen den einzelnen eine gewisse Ueberwindung gekostet haben, seine Kostbarkeiten aus der Hand zu geben und dieselben einem Dritten anzuvertrauen; allein die Entwickelung führte doch dahin. Mit dem Aufkommen des Metallgeldes, welches bis in sehr frühe Zeiten zurück verfolgt werden kann, hatte sich bei der großen Verschiedenheit der anfänglich bestehenden Münzen schon sehr frühe ein eigener Beruf der Geldwechsler herausgebildet, welche die nötigen münztechnischen Kenntnisse besaßen und insbesondere die Prüfung der Münzen besorgten. Der Beruf dieser Leute brachte es mit sich, daß sie einen ziemlich bedeutenden Vorrat von Münzen besitzen mußten. Sie waren daher auch gezwungen, besondere Sicherheitsvorrichtungen zu treffen, die ein einzelner für seine Wertgegenstände sich nicht leisten konnte. Nun war es seitens einzelner Dritter wohlberechnet, wenn sie dem Geldwechsler, wenn er sonst persönliches Vertrauen genoß, auch ihre Werte anzuvertrauen begannen, um die erhöhte Sicherheit der Einrichtungen der Geldwechsler sich selbst zu Nutze zu machen. An diese Einrichtung der Geldwechsler knüpft die Entwickelung an und auf diese Weise sind im Laufe der Zeit die ersten Bankiers entstanden. Diese waren allerdings von einem modernen Bankier noch wesentlich verschieden, dehnten jedoch schon sehr bald ihr Geschäft auch auf andere Zweige als die bloße Aufbewahrung und den Geldaustausch aus. Wir finden schon bei den alten Aegyptern und Babyloniern Einrichtungen, die in mancher Beziehung bereits an moderne banktechnische Begriffe erinnern.[1] So z. B. werden die eingelegten Gelder bereits zu Zahlungsanweisungen verwendet.

Ergiebigere Quellen besitzen wir erst über die Einrichtungen der alten Griechen und Römer.

Um zunächst die Verhältnisse der Griechen[2]) etwas näher ins Auge zu fassen, so finden wir bei denselben bereits verschiedene Arten von Bankiers vor, je nach den Geschäften, die sie betreiben.

---

[1]) S. den Aufsatz: Die Banken im Altertum von Dr. Johannes Merkel im Handwörterbuch der Staatswissenschaften, herausgegeben von J. Conrad, L. Elster, W. Lexis und Edg. Loening, Bd. 2 S. 40 ff., Jena 1891.

[2]) Vgl. hierüber: Handwörterbuch der Staatswissenschaften Bd. 2 S. 40 ff.; ferner: K. F. Hermann, Lehrbuch der griechischen Antiquitäten 3. Auflage S. 452 ff., Freiburg i. B. und Tübingen 1882.

Es hatte sich ein Unterschied herausgebildet zwischen dem eigentlichen Geldwechselgeschäft, also dem Austausche der verschiedenen Münzsorten gegeneinander, dann der Verwertung des Geldes als Ware durch Hingabe verzinslicher Darlehen und endlich der Vermittelung fremder Zahlungen. Diese drei Geschäftszweige kamen sowohl getrennt als in einem und demselben Geschäfte verbunden vor.

Diejenigen, welche vorwiegend das Geldwechselgeschäft betrieben, hießen *ἀργυραμοιβοί* oder *κολλυβισταί* (nach dem Aufgelde, *κόλλυβος*, das sie nehmen). Die zweite Art der Geschäfte wurde vorzugsweise von den sog. *δανεισταί* oder *τοκισταί* betrieben. Sie gaben kleinere Darlehen gegen Zinsentrichtung hin, financierten aber auch größere Unternehmungen mit ihren Kapitalien. Das dritte der erwähnten Geschäfte, die Vermittelung fremder Zahlungen war vorzugsweise die Aufgabe der Trapeziten (*τραπεζῖται*). Diese werden bereits im 4. Jahrhundert vor Christus erwähnt. Sie betrieben ihr Geschäft nicht bloß mit eigenem Gelde, sondern nahmen auch Geldeinlagen dritter gegen Verzinsung und Bürgschaftsleistung (*παρακαταθήκη*) [1]) an. Diese letztere Art des Geschäftsbetriebs ist vor allem für die Entwickelung des Bankwesens überhaupt und insbesondere für die Herausbildung des Depotwesens von der größten Bedeutung. In dem Geschäftsbetriebe der Trapeziten sind ohne Zweifel die Vorläufer unserer heutigen Depositen-, Lombard- und Girobanken zu erblicken. Die eingezahlten Beträge wurden in Geschäftsbüchern (*ὑπομνήματα*) verbucht. Checks und Kreditbriefe scheinen damals in Athen noch nicht bekannt gewesen zu sein, wenn auch manche Vorkommnisse bereits daran erinnern. Neben den oben erwähnten Geschäftszweigen hatten die griechischen Bankiers allerdings noch andere Funktionen, die wir heutzutage mit einem Bankbetriebe nicht mehr verbunden zu sehen gewohnt sind. Diese haben indes für die historische Entwickelung des modernen Bankbetriebes keine Bedeutung und können daher füglich übergangen werden.

Bei den Trapeziten flossen ganz bedeutende Summen Geldes zusammen. Deshalb gelangten dieselben allmählich, nachdem sie lange nicht besonders geachtet waren, zu einem gewissen Ansehen und zwar nicht nur beim Publikum, sondern auch beim Staate. Dem Staate waren sie nicht nur wegen ihrer Steuerfähigkeit willkommen, sondern sie griffen bereits wiederholt dem Gemeinwesen mit Krediten unter die Arme. Die Trapeziten kamen häufig zu großem Reichtum und erwarben angesehene und einflußreiche Stellungen, obwohl sie im ganzen wenig beliebt waren, da gerade sie vielfach aus eingewanderten Fremdlingen sich rekrutierten.

---

[1]) Vergl. auch Maier-Schoemann, Attischer Prozeß 1. Aufl. S. 513.

Wenn auch Fälle vorkamen, in denen solche Leute ihre Zahlungen einstellten (διαλύειν) oder bankbrüchig wurden (ἀνασκευάζεσθαι), so waren doch die Trapeziten im wesentlichen eine Begleiterscheinung der damals blühenden wirtschaftlichen Verhältnisse Griechenlands, die sicherlich auch das Ihrige zu dieser Blüte beitrugen. Allenthalben an jedem größeren Orte schlugen sie ihren Geschäftsbetrieb auf. Die Betriebe waren privater Natur; Staatsbanken oder öffentliche Banken scheint es in Griechenland noch nicht gegeben zu haben. Zwar werden δημόσιαι τράπεζαι wiederholt erwähnt. Allein über deren Wesen und Bedeutung wird lebhaft gestritten.

Von lebhaftestem Interesse für unseren Fall sind die Heiligtümer der Griechen. Die Tempel der Griechen kamen durch die zahlreichen Widmungen von Weihgeschenken allmählich in den Besitz großer Schätze und Reichtümer, welche auch zufolge ihrer religiösen Bestimmung besonderen Rechtsschutz genossen. Der Zusammenfluß so großer Reichtümer hatte auch besondere Einrichtungen für sichere Aufbewahrung und Schutz notwendig gemacht.

Was lag näher, als daß diese Heiligtümer vielfach als Aufbewahrungsort besonders wertvoller Gegenstände und Kleinodien auch von Privaten gewählt wurden, da ja hierdurch die Sachen an dem Rechtsschutze des heiligen Ortes und dessen Sicherheit teilnahmen. In dieser Weise entstanden beispielsweise bei den Heiligtümern zu Delphi, Delos, Ephesus ꝛc. förmliche Depositenbanken, bei denen ein äußerst lebhafter Umsatz stattfand. Die Tempelschätze wurden für die Volkswirtschaft der damaligen Zeit von tiefgehender Bedeutung, indem aus denselben sogar Zinsdarlehen sowohl an den Staat wie an Private bewilligt wurden.

Einer ähnlichen Entwickelung des Bankwesens begegnen wir bei den Römern.[1])

Die griechischen Einrichtungen kamen mit griechischer Kultur nach Großgriechenland (Unteritalien) und drangen von dort allmählich nach Latium vor. Hierdurch wurden die vorgefundenen, römischen Einrichtungen wesentlich durch die griechischen beeinflußt und so erklärt es sich, daß wir in Rom fast genau dieselben Bildungen wieder finden. Auch in Rom steht das Bankwesen vorwiegend in den Händen von Privaten, nur ausnahmsweise wurden von den Römern zu besondern Zwecken Staatsbanken (mensae publicae) unter Leitung eines Staatsbeamten errichtet.

---

[1]) Siehe den oben (S. 6) citierten Aufsatz von Johannes Merkel; ferner Marquardt: Römische Staatsverwaltung II im Handbuch der römischen Altertümer von Marquardt u. Mommsen 5. Band S. 64 ff., Leipzig 1884. — M. Voigt: Ueber die Bankiers, die Buchführung und die Litteralobligation der Römer in den Abhandlungen der philologisch-historischen Klasse der Königlich Sächsischen Gesellschaft der Wissenschaften 10. Bd. S. 513 ff., Leipzig 1888.

Auch in Rom finden wir anfangs eine Unterscheidung der Bankbetriebe nach der besondern Art der Geschäfte, in welchen sie ihre Aufgabe erblickten. Man schied die argentarii von den sog. nummularii. Die Geschäfte der ersteren bestanden vorwiegend in der Leistung von Zahlungen, Einziehung von Außenständen, ferner Leihgeschäften aller Art, Annahme fremder Gelder zur Aufbewahrung, Regulierung von Verlassenschaften auf dem Wege der Auktion ꝛc.

Dagegen war das eigentliche Geldsortengeschäft, also das Geldwechselgeschäft und der Verkauf von Münzsorten ursprünglich Sache der nummularii. Ihnen oblag außerdem die bei den Münzverhältnissen der damaligen Zeit wichtige Funktion der Münzprobe, da sie vermöge ihres berufsmäßigen Gewerbes die meiste Sachkenntnis hierfür besaßen.

Sowohl die argentarii als die nummularii standen unter staatlicher Aufsicht, welche in Rom der praefectus urbi, in der Provinz der Statthalter (praeses provinciae) ausübte. Beide Arten der Bankiers waren zu genauer Führung von Büchern verbunden und wenn sich ein Streit ergab, war das Erste, daß sie ihre Aufschreibungen (rationes) der Behörde vorlegen mußten.

Im Laufe der Zeit verschwand der Unterschied zwischen argentarii und nummularii, indem sie sich mehr und mehr in ihren spezifischen Geschäften gegenseitig Konkurrenz machten und dadurch bewirkten, daß die beiden Arten der Geschäftsbetriebe ineinander übergingen. Bereits unter Konstantin dem Großen, also im 4. Jahrhundert nach Christus, erscheint der frühere Unterschied als vollständig ausgeglichen und die Vertreter beider Geschäftsarten werden nunmehr auch unter dem gemeinsamen Namen collectarii zusammengefaßt. In einzelnen Städten haben sich die Bankiers sogar korporativ organisiert. Der Geschäftsbetrieb, wie er sich im Laufe der Zeit herausgebildet hat, bestand vornehmlich in zwei Hauptgeschäftszweigen, nämlich dem eigentlichen Bankiergeschäfte und dem Auktionsgeschäfte. Das letztere ist hier nicht weiter zu berücksichtigen. Das Bankiergeschäft seinerseits umfaßte wieder das eigentliche Sortengeschäft und das Kreditgeschäft, letzteres wiederum gestaltete sich zum Bargeschäfte oder zum Ordregeschäfte. Unter dem Bargeschäfte werden die vornehmlichsten Geschäftsarten inbegriffen, die für die gegenwärtige Darstellung besonderes Interesse verdienen: nämlich die Gewährung von Zinsdarlehen, Annahme von Geldeinlagen [1]) in Form des depositum regulare oder irregulare und Annahme von Einlagen als Zinsdarlehen.

Die Führung der Bücher war eine dreifache. Zunächst wurden die Geschäfte in einem Journal vorläufig notiert. Von hier aus

---

[1]) Vgl. l. 24 D. dep. vel contra 16, 3.

fand eine definitive Uebertragung in das Kassabuch (codex accepti et expensi) statt, wobei die Einnahmen und Ausgaben chronologisch unter Angabe der nähern Umstände verzeichnet wurden. Endlich wurde noch ein eigenes Kontokorrentbuch (liber rationum) geführt. In diesem wurden die Rechtsverhältnisse des Bankiers zu jedem einzelnen Kunden nach Debet und Credit vorgetragen, so daß jederzeit der Saldo ersehen werden konnte.

Wir finden sonach schon an dieser kurzgefaßten Wiedergabe der Bankverhältnisse der ältesten Zeit, daß die Bedürfnisse des Verkehrslebens schon sehr frühe Einrichtungen hervorriefen, welche bereits die Keime der modernen Entwickelung erkennen lassen.

§ 2.

Im Mittelalter bis zur Gegenwart.

Die weltbewegenden Ereignisse des 4. und 5. Jahrhunderts unserer Zeitrechnung (Völkerwanderung) und die damit in Verbindung stehende politische Umwälzung und Verschiebung der bisherigen Zustände haben auch hinsichtlich der Einrichtungen des Verkehrs- und Rechtslebens teils auflösend, teils hemmend gewirkt. In den Stürmen jener Zeiten ist ein guter Teil der hier einschlägigen Einrichtungen infolge der allgemeinen Störung des Erwerbslebens untergegangen; jedenfalls aber war die Zeit nicht dazu angethan, eine weitere Entwickelung zu ermöglichen, so daß auch der Teil, welcher erhalten blieb, verkümmerte und so für eine spätere Entwickelung unfruchtbar und bedeutungslos blieb. Als mit der allmählichen Wiederbelebung geordneter Verhältnisse eine neue Entwickelung sich anzubahnen begann, da waren die Errungenschaften der früheren Kulturepoche mehr oder weniger unbekannt geblieben, so daß es nicht angeht, das neu beginnende Leben als die unmittelbare Fortsetzung der früheren Periode zu betrachten. Wenn trotzdem die Gestaltung der Neubildungen im wesentlichen eine der früheren Entwickelung gleichartige Struktur aufweist, so liegt dies nicht so fest in dem historischen Zusammenhange, als vielmehr darin, daß die menschlichen Verkehrsbedürfnisse wie die Menschen selbst gleich geblieben sind und deshalb auch eine gleiche oder ähnliche Befriedigung der sich ergebenden Bedürfnisse notwendig machten.

Die Neubildung bezw. Weiterbildung erfolgte naturgemäß zuerst da, wo die Bedürfnisse hierzu am ehesten den Impuls gaben, wo die Wirtschaftsverhältnisse, insbesondere Handel und Verkehr wiederum die erste Blüte erlebten, in Italien und zwar speziell in Oberitalien. Von hier aus drang die Entwickelung nach Norden vor, wo derartige Einrichtungen vollkommen unbekannt waren, und eroberte nach und nach das gesamte Gebiet der Kulturwelt.

Die noch heute bei uns wie überall üblichen technischen Ausdrücke im Bankwesen sind zum großen Teile italienischen Ursprungs und weisen damit von selbst deutlich auf den Ausgangspunkt der Entwickelung hin.

In Italien knüpft die Ausbildung des Bankwesens gleichfalls an das Institut der Geldwechsler an.[1]) Diese waren allmählich wieder zu einer hervorragenden Stellung im Verkehrsleben emporgestiegen.

Die Vielgestaltigkeit der politischen Verhältnisse, insbesondere in den oberitalienischen Städterepubliken, der geringe Umfang und die damit zusammenhängende große Anzahl selbständiger Staatsgebiete, die nicht nur besondere politische Verfassungen, sondern jeweils auch ihre besondere Ordnung der Münzverhältnisse besaßen, machten bei dem steten Wachstum des Handels und Verkehrs ganz besonders in Italien den Austausch der Münzen als der Mittel zur Ermöglichung eines allseitigen Tauschverkehrs zu einer höchst wichtigen Verkehrsaufgabe. Diese Aufgabe wurde von den Geldwechslern, argentarii, cambiatores, cambitores oder campsores genannt, erfüllt. Diese hatten auch die Münzprobe vorzunehmen, welche mit der zunehmenden Verschlechterung der Münzen gleichfalls an Bedeutung gewann. So wurde der argentarius rasch zu einem Faktor des italienischen Handels- und Verkehrslebens, das ohne denselben bald nicht mehr gedacht werden konnte. An allen Handelsplätzen und Verkehrspunkten schlug er seinen Geschäftsbetrieb auf. Von der Bank bzw. dem Tische, dessen er sich bei Ausübung seines Gewerbes bediente, ward er bald banccherius geheißen, woraus das moderne Wort Bankier entstanden ist.

Das Gewerbe des Bankiers brachte es mit sich, daß derselbe stets über einen ziemlich bedeutenden, präsenten Geldvorrat verfügte, zumal nachdem derselbe auch Geldtransaktionen von einem Orte zum andern zu übernehmen begann. Letztere Gepflogenheit führte zur Ausbildung des Wechsels. Die genannten Umstände und insbesondere auch die noch herrschende Rechtsunsicherheit machten es dem Bankier zur Notwendigkeit, gegen jeden gewaltthätigen Angriff sichere Aufbewahrungseinrichtungen zu schaffen, die ein einzelner bei den Mitteln der damaligen Zeit anzuschaffen nicht in der Lage war. Dieselben Erwägungen, wie einst im alten Griechenland, führten auch in Italien dazu, daß zunächst die Kaufleute, mehr und mehr aber auch das gesamte Publikum, Wertgegenstände dem banccherius zur Aufbewahrung anvertrauten, um an dessen Schutzvorrichtungen teilzunehmen. Auch bei andern Leuten, welche die entsprechenden Einrichtungen besaßen, so später

[1]) Vgl. E. Nasse, Die Banken im Mittelalter und bis zum 17. Jahrh. im Handwörterbuch der Staatswissenschaften Bd. 2 S. 47 ff.

in Deutschland bei den Goldschmieden, wurden Wertgegenstände hinterlegt, ein Beweis, daß zunächst nur das Bedürfnis nach sicherer Aufbewahrung bestimmend war.

Die Annahme von Depositen zur bloßen Aufbewahrung bildete neben dem Wechselgeschäfte lange Zeit das einzige, jedenfalls das wichtigste Geschäft des Bankiers. Auf diese Weise entstanden mit der zunehmenden Sitte, Wertgegenstände und insbesondere auch bares Geld dem Bankier gegen jederzeitige Rückgabe zur Aufbewahrung anzuvertrauen, förmliche Depositenbanken. Von der reinen Hinterlegebank war nur noch ein kleiner Schritt zur sog. Umschreibebank, der denn auch alsbald gemacht wurde. Die tägliche Beobachtung und Erfahrung verbunden mit dem Wunsche nach möglichster Geschäftsvereinfachung mußte gar bald diesen weitern Schritt zur Verwirklichung bringen.

Hatten zwei Personen einen Vertrag geschlossen, der bei dem einen der Kontrahenten eine Geldleistung erforderte, so ging der zur Leistung Verpflichtete zur Bank, um dort von seinem aufbewahrten Betrage die erforderliche Summe zu erheben und damit seinen Gegenkontrahenten zu befriedigen. Dieser seinerseits hatte nun in zahlreichen Fällen nichts Eiligeres zu thun als denselben Betrag wieder bei der Bank, zumeist derselben Bank, zu hinterlegen. Diese ganze zeitraubende Manipulation konnte man sich dadurch ersparen, daß der Bankier in seinen Büchern den einen Kunden belastete und dem andern den gleichen Betrag gutschrieb. So wurde das ursprüngliche reine Depositengeschäft zugleich die Unterlage für einen abgekürzten Zahlungsverkehr, bei welchem keine Münze in Bewegung gesetzt zu werden brauchte. Damit war die Umschreibebank und mit ihr die Grundlage für die Ausbildung unseres heute so weit verzweigten Giroverkehrs gegeben, der im Laufe der Zeit technisch immer mehr vervollkommnet wurde. Insbesondere führte die Erfahrung dazu, gewisse Grundsätze aufzustellen, deren Beobachtung die Sicherheit des Verkehrs in gleicher Weise wie das Interesse der Deponenten erheischte.

Wie das Depotwesen in Italien seine erste Ausbildung erfuhr, so wurden dort auch die ersten schlimmen Erfahrungen gesammelt, welche die Nichteinhaltung der unbedingt im Geschäftsverkehr zu beobachtenden Grundsätze zeitigte.

Die ersten Hinterlege- und Umschreibebanken finden sich in Venedig bereits im 14. Jahrhundert.

Diese Banken waren zunächst private Erwerbsunternehmungen. Gar bald entstanden große Mißbräuche und durch häufige Bankbrüche kamen die Banken bald ganz in Verruf. Es zeigte sich, daß die Bankiers das anvertraute Geld nicht immer unangetastet ließen, sondern nur zu häufig ganz im Widerspruche mit der bei der Hinterlegung übernommenen Verpflichtung jederzeitiger Rückgabe in kaufmännischen Unternehmungen anlegten, die oft mit großem Risiko verbunden waren, jedenfalls aber eine rasche Flüssigmachung der Mittel, wie dies das Interesse des Deponenten erforderte, nicht gestatteten. [1])

Diese Mißstände brachten in Italien das Bankwesen in Verfall und hemmten auch anderwärts dessen beginnende Entwickelung. Indes die ganze Einrichtung war bereits so sehr mit dem damaligen Verkehrsleben verwachsen und die Bedürfnisse nach derselben bereits so mächtig geworden, daß trotz der gemachten Erfahrungen alsbald an die Neuerrichtung von Bankinstituten gegangen wurde.

Man fühlte, daß nicht die Einrichtung selbst, sondern der Mißbrauch derselben zu den schlimmen Erfahrungen geführt habe. Man suchte deshalb die früheren Uebelstände zu vermeiden und die Neuerrichtung und Durchführung unter feste Grundsätze zu stellen.

Und in der That war es nicht die Verwendung des hinterlegten Geldes an sich, sondern nur die maßlose und falsche Verwendung desselben, was mit den zu beobachtenden Grundsätzen im Widerspruche stand und den Zusammensturz heraufbeschwor. Die Beobachtung lehrt, daß von den Summen, die hinterlegt sind, unter normalen Verhältnissen niemals alle Beträge zu gleicher Zeit zurückverlangt werden, daß demnach immer ein fester Grundstock, dessen Höhe die Erfahrung zu bestimmen lehrt, zurückbleibt. Dieser oft sehr große Betrag ist dem Verkehre entzogen, wirtschaftlich tot. Es steht nichts im Wege, diesen Betrag volkswirtschaftlich durch entsprechende Anlage zu nutzen. Nur muß die Anlage sicher und jederzeit oder in kurzen Fristen realisierbar sein. Dies war es, was in Venedig nicht beobachtet worden war und daher die Katastrophe herbeiführte. Bei Neuerrichtung von Bankinstituten erscholl daher allenthalben der Ruf nach staatlicher Leitung oder Kontrolle, da man in der staatlichen Oberaufsicht allein die Gewähr für die Beobachtung der maßgebenden Grundsätze und die Vermeidung der alten Mißstände erblickte. Diesem Verlangen wurde im Jahre 1587 Rechnung getragen. In diesem Jahre wurde in Venedig der banco di Rialto als Staats-Girobank ins Leben gerufen. Mit Rücksicht auf die gemachten Erfahrungen wurde der Bank jedoch verboten, mit dem hinterlegten Gelde Geschäfte irgend welcher Art zu treiben. Damit war das Richtige im Interesse der Volkswirtschaft allerdings wieder nicht getroffen, immerhin aber war es besser, gar keine Geschäfte zu treiben, als sich in riskierte, langdauernde Unternehmungen einzulassen. Naturgemäß wurde von dem hinterlegten Gelde auch

---

[1]) Vgl. Schönberg a. a. O. S. 457; ferner L. Goldschmidt, Handbuch des Handelsrechts 1. Bd. S. 267, 318 ff. u. 330.

kein Zins entrichtet. Nunmehr faßte die Einrichtung bald festen Boden und schon im Jahre 1619 wurde neben dem banco di Rialto eine zweite öffentliche Bank, der banco Giro, eröffnet. Beide Institute bestanden längere Zeit nebeneinander, allmählich aber ging der banco di Rialto in dem banco Giro auf und diente letzterer allein dem Verkehre. Auch ihm war es verboten, mit dem hinterlegten Gelde Geschäfte zu treiben. Bald aber zeigte sich ein neuer Mißstand, der nicht weniger geeignet war, das Vertrauen des Publikums zu erschüttern. Der banco Giro hatte es nämlich gewagt, wiederholt dem Staate bedeutende Summen vorzuschießen, und hatte hierfür sehr zweifelhafte Schuldverschreibungen erhalten. Die bedeutenden Summen brach liegenden Geldes einerseits, andrerseits das Geldbedürfnis des Staates führte zu diesem Schritte. Man vermutet sogar, daß der banco Giro bereits bei seiner Gründung dem Staate mit beträchtlichen Summen ausgeholfen und dafür zur Deckung Staatsschuldverschreibungen entgegengenommen habe. Dem Interesse des deponierenden Publikums liefen solche Manipulationen jedenfalls zuwider, da der Staatskredit zu damaliger Zeit keinesfalls als so gefestigt zu erachten war, daß jederzeit gegen die Papiere eine entsprechende Summe hätte aufgetrieben werden können. Ueberdies war diese Machination durch das ausdrückliche Verbot sicherlich wie jede andere Verwendung getroffen.

Indes das wirtschaftliche Bedürfnis war zu mächtig und die Wohlthat der Einrichtung wurde zu hoch angeschlagen, als daß hierdurch die Weiterentwickelung hätte aufgehalten werden können.

Von Venedig aus verbreitete sich das Bankwesen nach den oberitalienischen Handelsstädten, vor allem nach **Genua**, woselbst um 1675 der banco St. Giorgio entstand.

Der rege Verkehr, der zwischen den deutschen Handelsstädten und Italien herrschte, brachte die Einrichtung nach **Deutschland**, woselbst dieselbe den Boden bereits vorbereitet fand.

Im Jahre 1619 ward dortselbst die berühmte **Hamburger Bank** gegründet, welche nach wechselvollem Schicksale bis zur Gründung der Reichsbank bestand (1875). Zehn Jahre früher war die **Amsterdamer Bank** gegründet worden, die gleichfalls eine größere Berühmtheit erlangt hat. Auch an anderen Plätzen, wie in den übrigen Hansastädten, ferner in Nürnberg und anderswo wurden bereits früher ähnliche Institute ins Leben gerufen.

Alle diese Gründungen lehnten sich enge an das italienische Vorbild an. Neben den Vorzügen hatten sie aber auch die Mängel und Schwächen derselben in sich aufgenommen.

Auch diese Gründungen vermochten nicht immer von Operationen sich fern zu halten, welche in Venedig das Bankwesen so sehr in Mißkredit gebracht hatten.

Alsbald führte die Thatsache, daß der größere Teil der hinterlegten Gelder unfruchtbar dalag, auf den Gedanken, diese nutzbringend anzulegen. So anerkennenswert dieses Bestreben an sich war, so war doch die Art und Weise, in welcher die Idee durchgeführt wurde, eine total verfehlte.

Zunächst gab die Amsterdamer Bank aus dem deponierten Gelde Darlehen an Private. Die Erfahrungen führten aber bereits im Jahre 1657 zu einem Verbote dieser Darlehensbewilligung. Statt dessen kam man nun auf den noch gefährlicheren Gedanken, mit einem Teile des hinterlegten Geldes in direktem Widerspruche mit den Rechten und Interessen der Deponenten und den wichtigsten Grundsätzen des Bankwesens die Unternehmungen der ostindischen Kompagnie zu finanzieren. Im Jahre 1730 waren von 30 Millionen bar hinterlegtem Gelde nur etwa $^1/_3$ vorhanden; die zwei anderen Drittel waren festgelegt. Daß damit die Grenze, bis zu welcher eine rationelle Verwendung im Interesse des Deponenten möglich erscheint, nicht mehr eingehalten wurde, liegt auf der Hand, abgesehen davon, daß die Art und Weise der Anlage nicht zu billigen war. Auch wurden seitens der Amsterdamer Bank wiederholt größere Kredite an die Stadt Amsterdam bewilligt. Solche Operationen mußten naturgemäß eine Zerrüttung der Verhältnisse der Bank herbeiführen, welche als Depositenbank gegründet auch nach den Grundsätzen einer solchen hätte geleitet werden sollen. Im Jahre 1820 erfolgte denn auch die Aufhebung der Amsterdamer Bank.

Die Hamburger Bank hielt sich von derartigen gefährlichen Unternehmungen im allgemeinen allerdings ferne, sie hatte jedoch mit anderweitigen Schwierigkeiten zu kämpfen.

Sie beschloß ein ehrenvolles Dasein, als sie mit Gründung der deutschen Reichsbank im Jahre 1875 aufgehoben wurde.

Neben diesen öffentlichen Banken entwickelte sich auch der Privatbankbetrieb weiter. Einzelne Kaufhäuser, wie insbesondere die Fugger, Welser u. a., sodann insbesondere auch italienische Geschäftshäuser haben neben ihrem kaufmännischen Handelsbetriebe ihre Stellung als Geldmächte großenteils auch dem Bankbetriebe zu verdanken. Das Ansehen dieser Häuser, zumal der Fugger im 16. Jahrhundert, die geradezu einen unbeschränkten Kredit genossen, führte dazu, daß eine Reihe von Privaten Gelder gegen Verzinsung bei ihnen hinterlegten, die dann mit ausdrücklicher oder stillschweigender Einwilligung des Deponenten in Unternehmungen festgelegt oder auch zur Bewilligung hochverzinslicher Kredite an Fürsten verwendet wurden.[1])

---

[1]) Vgl. Dr. Richard Ehrenberg, das Zeitalter der Fugger 1. Bd. S. 48 u. 392, Jena 1896.

Wenn auch die Anlage nicht immer mit einer unmittelbaren Verlustgefahr verbunden war und zumal die Hingabe für öffentliche Zwecke bei der allmählichen Erstarkung des öffentlichen Kredits eine zunehmende sichere Grundlage zu bekommen anfing, so stand eine derartige Verwendung zu spekulativen Unternehmungen wie auch zur Bewilligung langfristiger Kredite im Widerspruche mit den Interessen derjenigen Deponenten, welche ihr Geld nicht angelegt, sondern aufbewahrt wissen wollten. Indes einerseits waren feste bankmäßige Grundsätze für die einzelnen Geschäftssparten noch nicht zu genügender allgemeiner Anerkennung gekommen und es bestanden oft noch recht sonderbare Anschauungen über die Aufgaben und das Wesen eines Bankinstituts, andererseits führte das stete Geldbedürfnis der Fürsten zu dem genannten Verfahren.

Mit der zunehmenden Geldwirtschaft und der wachsenden Bedeutung des beweglichen Kapitals kam das Bankwesen zu immer größerer Wichtigkeit. Allenthalben finden wir im vorigen Jahrhundert wie insbesondere auch in Bayern und Preußen das Bestreben, Banken zu errichten. Diesen Gründungsbestrebungen lag allerdings vielleicht auch unter dem nachwirkenden Einflusse merkantilistischer Ideen nur zu sehr die Absicht zu Grunde, auf diese Weise durch Ansammlung von Geldmengen den schwer darniederliegenden Staatsfinanzen aufzuhelfen und die Schuldentilgung in geordnete Bahnen zu lenken. Nach den Anschauungen der damaligen Zeit scheint es nicht zu sehr verwerflich gewesen zu sein, Depositengelder sogar für öffentliche Zwecke im Notfalle heranzuziehen.

Welch' sonderbare Vorstellungen man damals noch von den Aufgaben einer Depositenbank hatte, geht deutlich aus den verschiedenen Vorschlägen hervor, welche im vorigen Jahrhundert behufs Begründung einer Bank in Bayern gemacht wurden.

In einem Projekte zur Begründung einer Leih- und Kommerzialbank findet sich unter anderen folgender Vorschlag: „Mit dieser Leihbanko wäre zu vereinigen eine Depositen-, Wechsel- und Giro-Banque, erstere als ein Mittel der Landesherrschaft auf sichere, der Bank angewiesene Revenuen Gelder zu leidentlichen Zinsen darzuleihen und in Notfällen die öffentlichen Kassen zu unterstützen.“ [1])

Erst unserem Jahrhunderte war es vorbehalten, das Bankwesen rasch einer höheren Entwickelung und Vollendung entgegenzuführen. Insbesondere kamen erst jetzt scharf erfaßte Grundsätze zur allgemeinen Anerkennung. Allen anderen Kulturländern ist

[1]) Vgl. Dr. v. Poschinger, Bankgeschichte des Königreichs Bayern 1. Lieferung S. 191, Erlangen 1874.

England in der Entwickelung seiner Bankeinrichtungen vorausgeeilt; dort hat vor allem der Zahlungs- und Checkverkehr seine höchste Ausbildung erreicht.

Mit dem Aufkommen und der allgemeinen Einführung der Wertpapiere, insbesondere der Inhaberpapiere, ist ein neues Objekt in den Bankverkehr eingetreten. Abgesehen von dem Effektenhandel, der damit seine Durchbildung erfuhr, ist vor allem das Depotwesen in seiner Bedeutung über alle Maßen gestiegen. Die Wertpapiere sind geradezu die wichtigsten Gegenstände der Aufbewahrung geworden und an ihnen hat sich zunächst der Begriff des modernen Bankdepotgeschäftes herausgebildet.

Von alters her bildet das depositum im juristischen Sinne die Grundlage des Bankverkehrs, auf Grund dessen Girobanken, Lombardbanken und auch Notenbanken entstanden. Alle von diesen betriebenen Geschäfte lassen sich im letzten Grunde auf ein depositum zurückführen. Der Umstand, daß solche deposita mehr und mehr nicht in der Absicht der Aufbewahrung, sondern der Sicherheitsleistung begründet wurden, brachte ein neues Moment in das Depotwesen. Aeußerlich vollzog sich auch diese Hinterlegung in den Formen des depositum, der Unterschied beruhte lediglich in der Absicht der Parteien. So brachte der gewöhnliche Geschäftsverkehr juristisch ganz Verschiedenes unter ein und denselben Begriff des Depots. Damit war der Begriff des Depotgeschäftes in dem bereits in der Einleitung betonten Sinne gegeben.

Die Jurisprudenz hat zu dieser Verbindung oder, besser gesagt Verwirrung der Begriffe nichts beigetragen; lediglich der Verkehr hat die äußerlich gleichen, innerlich verschiedenen Vorgänge in eine enge Berührung und technische Verbindung gebracht. Diese Entwickelung hat der Jurist als Thatsache hinzunehmen; es wäre eine müßige, ja verkehrte Arbeit, wollte er das, was der Verkehr längst vereinigt hat, noch länger getrennt behandeln. Es erscheint daher angezeigt, den Begriff des modernen Bankdepotgeschäftes auch der juristischen Darstellung zu Grunde zu legen, wobei es Aufgabe der Rechtswissenschaft bleibt, die inneren juristischen Unterschiede der einzelnen Geschäfte auseinander zu halten. Diesem Gedanken ist auch die neueste Gesetzgebung gefolgt, wenn sie bei der neulichen Regelung des Bankdepotwesens den Depotbegriff in seiner modernen Ausgestaltung und Anwendung zu Grunde legte.

Bevor wir jedoch an die rechtliche Würdigung der Depotgeschäfte herantreten, ist das Depotwesen der Gegenwart noch eingehender zu beleuchten, wobei auch die technischen Einrichtungen kurz zu berühren sind.

§ 3.
Das Depotwesen der Gegenwart.[1])

Wenn auch neben das Depotgeschäft im Laufe der Zeit andere Geschäftszweige getreten sind, welche in erster Linie die Kreditvermittelung bezwecken, so ist dasselbe doch auch heute noch für den Bankverkehr von der hervorragendsten Bedeutung. Die Zunahme des beweglichen Kapitals läßt das Bedürfnis nach sicherer Aufbewahrung in stets erhöhtem Maße zur Geltung kommen; andererseits bilden die Wertpapiere eine geeignete Unterlage für Sicherstellung bewilligter Kredite.

Nach dem bereits festgelegten Begriffe fallen heutzutage unter den Begriff des Depotgeschäftes das eigentliche Depositen- oder Aufbewahrungsgeschäft in seinen verschiedenen Formen, dann aber auch die Verpfändung von Wertgegenständen, besonders Wertpapieren in Form der Lombardierung (Lombardgeschäft).

Die eigentlichen Depositen werden im kaufmännischen Verkehre je nach dem verschiedenen wirtschaftlichen Zwecke in Depositen zur Aufbewahrung, Depositen zur Verwaltung und Depositen zur Benutzung eingeteilt. Eine weitere Einteilung, die im gewöhnlichen Verkehre besonders beliebt ist, jedoch der vorigen an Schärfe und wissenschaftlicher Verwertbarkeit weit nachsteht, ist die in verschlossene und offene Depots, je nachdem der Deponent die Sache im verschlossenen oder im offenen Zustand dem Bankier übergiebt. Das Verpfändungsgeschäft wird unter den Begriff der Depositen zur Deckung (Sicherheit) gebracht. Je nach der Art der übergebenen Gegenstände werden Geld- oder Bardepositen von der Deposition von Wertpapieren und anderen Gegenständen unterschieden. Die Wertpapiere sind heute das regelmäßige Objekt der Deposition.[2]) Bei den heutigen Anlage- und Kreditverhältnissen wird Bargeld nur in seltenen Fällen zur bloßen Aufbewahrung übergeben. Es müssen besondere Umstände obwalten, um heute eine solche unwirtschaftliche Hinterlegung noch als angezeigt erscheinen zu lassen. Die deutsche Reichsbank hatte beispielsweise zu Beginn des Jahres 1897 nur etwa $^1/_2$ Million solcher Depositen aufzuweisen.[3]) Bardepositen kommen sonst nur

---

[1]) Vergl. die deutschen Banken im 19. Jahrh. von Moritz Ströll im Handwörterbuch der Staatswissenschaften Bd. 2 S. 71 ff.; ferner: Bankgesetz v. 14. März 1875, insbesondere § 13; Jul. Lehr: Politische Oekonomie 2. Aufl. S. 55, München 1892; Neumann-Hofer, Depositengeschäfte und Depositenbanken, insbesondere 1. Teil S. 1—137, Leipzig 1894; D. Graphens: Kurze systematische Darstellung der wirtschaftlichen Funktion des Geldes und Kredits S. 32 ff., Leipzig 1892.

[2]) Ueber Entstehung der Wertpapiere vgl. L. Goldschmidt a. a. O. S. 385.

[3]) Vgl. Georg Obst, Der Depositen-, Kontokorrent- und Checkverkehr, S. 9, Stuttgart 1898.

in Form der Depositen zur Benutzung oder bei dem auf dem depositum aufgebauten Giroverkehr vor. Der Girokunde erhält sein depositum nicht verzinst. Allein von einer unwirtschaftlichen Verwendung kann hier um deswillen keine Rede sein, weil an Stelle des Zinses eine andere Leistung von ökonomischem Werte, die Zahlungsvermittelung tritt. Die Depositen zur Aufbewahrung sind daher von besonderem Interesse und von besonderer volkswirtschaftlicher Bedeutung im wesentlichen nur für die verschiedenen Formen der Wertpapiere geworden.

Der heutige Kapitalist, auch derjenige, der nur über geringere Summen verfügt, läßt sein Geld nicht unbenutzt liegen, sondern trägt es entweder in eine Sparkasse, wo ihm ein ziemlich hoher Zins bezahlt wird, oder er legt sein Geld in Wertpapieren an, die er alsdann einem Bankinstitute oder einem Privatbankier zur Aufbewahrung anvertraut. Das Sparkassengeschäft dient gleichfalls dem Aufbewahrungszwecke, ohne jedoch damit einen anderen Zweck auszuschließen. Das Verhältnis desselben zu den eigentlichen Depotgeschäften wird an späterer Stelle angemessene Erörterung finden.

An die Depositen zur Aufbewahrung, die dem Bankier meist verschlossen übergeben werden und daher mit den sog. verschlossenen Depots im ganzen zusammenfallen, ohne sich gerade genau mit denselben zu decken, schließen sich die Depositen zur Verwaltung an. Bei ihnen steht gleichfalls der Aufbewahrungszweck im Vordergrunde. Die Papiere werden aber nicht in verschlossenem Zustande, sondern offen dem Bankier übergeben und demselben neben der bloßen Aufbewahrung weiters noch zur Pflicht gemacht, die Papiere zu verwalten, d. h. diejenigen Thätigkeiten vorzunehmen, welche von dem Eigentümer selbst vorgenommen werden müßten, um die sämtlichen Rechte aus der Urkunde sich zu erhalten und in geeigneter Weise geltend zu machen. Dahin gehören beispielsweise das Abtrennen und die Einlösung der Koupons, das Nachsehen der Verlosungslisten, der Umtausch im Falle einer Konvertierung, ferner die Ausübung von Bezugsrechten bei Aktien, Versicherung gegen Kursverlust, die Besorgung des Affidavits bei italienischen Rententiteln[1]) u. dergl. Zu den Depositen zur Verwaltung sind auch die Girodepositen, d. h. die behufs Uebernahme von Zahlungsvermittelungen einer Bank unverzinslich überlassenen Gelder zu zählen.

Die oben erwähnten Funktionen werden vom Bankier gegen eine mäßige Vergütung ganz oder teilweise übernommen. Er haftet dabei für sichere Aufbewahrung der übernommenen Gegenstände und richtige Besorgung der ihm zur Pflicht gemachten Thätig-

[1]) Vgl. Obst, Kapitalanlage und Wertpapiere S. 40, Heilbronn 1897.

keiten, sodaß der Deponent aller Mühe und Sorge überhoben ist. Der Bankier hat die übergebenen Sachen als fremdes Gut zu behandeln und haftet für jegliches Maß von Verschulden. Nur nachgewiesene vis major vermag ihn seiner Haftung zu entbinden. Die großen Gesellschaften, die meist unter tüchtiger Leitung stehen, mit ihren riesigen Vermögen und entsprechenden Reservefonds bieten eine genügende Garantie dafür, daß diese Haftung nicht bloß rechtlich besteht, sondern auch jederzeit wirtschaftlich realisiert werden kann. Beim Privatbankier allerdings muß in dieser Beziehung die persönliche Vertrauenswürdigkeit Manches ersetzen, da dieselben, was Kapital und Einrichtung betrifft, mit den großen Gesellschaften regelmäßig nicht konkurrieren können. Zu den bereits angeführten Momenten kommen noch die Sicherheitsvorrichtungen, welche die großen Banken besitzen und die eine Verlustgefahr durch Feuer oder Diebstahl nach menschlicher Berechnung geradezu ausschließen. Die sog. Tresors der großen Bankinstitute bieten die denkbar größte Sicherheit. In neuester Zeit sind diese Einrichtungen immer mehr vervollkommnet worden und wurde eine Neuerung insbesondere insofern eingeführt, als die Banken vielfach eigene Stahlkammern mit sog. Safes errichtet haben. Es sind dies einzelne Schrankfächer, welche an die Kunden gegen entsprechende Vergütung vermietet werden. Damit ist allerdings der Aufbewahrungszweck in einer Weise erfüllt, daß die Bank lediglich den Raum vermietet, im übrigen jedoch der Kunde unter Mitwirkung bezw. in Gegenwart eines Bankbeamten seine Werte selbst versorgen kann, ohne daß die Bank selbst damit unmittelbar etwas zu thun hat, geschweige denn, daß sie einen Einblick in die Verhältnisse des Kunden bekommt.

Niemand kann zu einer solchen Stahlkammer gelangen, ohne einen Beamten zu passieren, dem gegenüber er das sog. Paßwort oder Schlüsselwort zu nennen hat. Durch einen Vorraum gelangt man durch schwere eiserne Thüren in die eigentliche Kammer, woselbst der Reihe nach in schönster Ordnung eine Anzahl Schränke mit fest verschließbaren Fächern aufgestellt sind. Zu jedem Schrankfach kann man nur mittels zweier Schlüssel gelangen, von denen den einen der Kunde, den andern ein Beamter der Bank besitzt. Will der Kunde zu seinem Fache gelangen, um in demselben irgend eine Regelung vorzunehmen, so wird derselbe in der angedeuteten Weise zu seinem Fache geführt, der in dem Schube befindliche Kasten nach erfolgter Aufsperrung herausgenommen und der Kunde von dem Beamten in einen von innen verschließbaren, mit Tisch, Stuhl und den nötigen Schreibmaterialien, sowie einer Scheere zum Abtrennen der Koupons versehenen Nebenraum, Koje genannt, begleitet, woselbst derselbe in aller Ruhe und ohne von jemand gestört oder beobachtet zu sein, seine

Angelegenheiten erledigt. Ist dies geschehen, so wird von einem Beamten auf ein elektrisches Glockenzeichen hin der Kasten wieder in das Fach zurückgebracht und sorgfältig abgesperrt. Die massive Bauart der zur Aufbewahrung bestimmten Räume läßt jede Gefahr der Vernichtung, auch die durch Brand ausgeschlossen erscheinen. Die größten Safe-Einrichtungen besitzen zur Zeit die Dresdener Bank und die Deutsche Bank in Berlin.[1]) Indes haben dieselben bereits in allen größeren und mittleren Städten Eingang gefunden und sich bis jetzt vorzüglich bewährt. So sind vor allem auch in München in den neuerbauten Bankgebäuden der bayerischen Hypotheken- und Wechselbank und der bayerischen Filiale der deutschen Bank vortreffliche diesbezügliche Einrichtungen zu finden. Neben der Art der Aufbewahrung gibt es noch verschiedene Maßregeln, welche zur Vermeidung von Wertverlusten empfohlen werden können.

Man verwahrt Stücke und Kouponsbogen getrennt von einander an verschiedenen Orten. Da beides nur zusammen verkäuflich ist, ist im Falle eines Verlustes des einen Teiles eine Realisierung des Wertes unmöglich. Unter allen Umständen ist es ratsam, ein Nummernverzeichnis seiner Effekten anzufertigen und gesondert aufzubewahren, um auf Grund desselben das Amortisationsverfahren und die Sperre im Falle eines Verlustes herbeiführen zu können. Eine weitere Maßregel besteht in der sog. Vinkulierung, d. h. in der Außerkurssetzung von Wertpapieren in der Art, daß sie für jeden Dritten völlig wertlos werden.

Eine weitere Einrichtung für die sichere Erhaltung von Vermögenswerten ist in dem preußischen Staatsschuldbuch, sowie in dem Reichsschuldbuche zu erblicken. Die Besitzer preußischer Konsols bezw. deutscher Reichsanlehen können durch Eintrag in die genannten Bücher ihre durch das Wertpapier verkörperte Forderung in eine Buchforderung umwandeln lassen. Nach Vornahme des bezüglichen Eintrages werden die Papiere vernichtet und an deren Stelle tritt der Vortrag im Schuldbuche. Damit ist ein Verlust der Papiere und damit der Forderung ausgeschlossen. Auf Antrag kann der Konto wieder gelöscht werden, worauf die Rückverwandlung und Neuausfertigung der Papiere erfolgt.

Wenn auch alle diese Vorsichtsmaßregeln nicht immer gleich durchführbar sind, so stehen doch im ganzen dem Kapitalbesitzer so viele Mittel und Wege offen, um in jedem einzelnen Falle die denkbar größte Sicherheit für seine Werte sich zu ermöglichen.

Die vorstehenden Ausführungen beziehen sich, soweit die erwähnte Aufbewahrungsmethode und die geschilderten Maßnahmen überhaupt verbunden vorkommen, lediglich auf die Depositen zur

---

[1]) Vgl. Obst, Kapitalanlage u. Wertpapiere S. 60.

Aufbewahrung und zur Verwaltung, teilweise auch auf die Depositen zur Deckung, nicht aber auf die Depositen zur Benutzung. Diese letzteren, sowie die in der Form der letzteren vorkommenden Depositen zur Deckung unterliegen wesentlich anderen Grundsätzen.

Dieselben Beobachtungen und Erfahrungen, welche seinerzeit dazu führten, das deponierte Geld teilweise in Unternehmungen der verschiedensten Art anzulegen und so das Depotwesen in Verruf und Verfall zu bringen, haben auch heute noch für die Behandlung der Depositengelder ihre Bedeutung, indem sie zur Entwickelung der Depositen zur Benutzung führten. Wie seinerzeit, so führt auch heute die Beobachtung zum Gedanken, daß durch bloße Deposition, soweit dieselbe nicht in Wertpapieren geschehen kann oder will, ganz beträchtliche Kapitalien auf längere oder kürzere Zeit dem Verkehre entzogen werden und dem Besitzer hierdurch ein Zinsverlust erwächst. Man sah, daß von den hinterlegten Geldern nur ein kleiner Bruchteil regelmäßig flüssig gemacht werden muß, daß der größere Teil jedoch unbehelligt nutzlos und tot daliegt. Die Höhe des letztgenannten Bruchteils kann auf Grund genauer Beobachtungen unter Zugrundelegung normaler Verhältnisse und mit Berücksichtigung etwaiger außerordentlicher Fälle wohl ermittelt werden. Der Bankier darf einer gewissenhaften Durchschnittsberechnung dasselbe Vertrauen entgegenbringen, mit welchem eine Lebensversicherungsgesellschaft auf Durchschnittstabellen der Sterblichkeit ihren Geschäftsbetrieb aufbaut.[1])

Der so festgestellte Teil wird nun möglichst sicher in der Art verwendet, daß rasch wieder eine Flüssigmachung möglich ist, daß also schlimmsten Falles nur eine kurze Verzögerung der Rückgabe eintreten kann. Diskontierung kurzfristiger guter Wechsel und Lombardierung von Effekten und Wertgegenständen auf kurze Zeit erscheinen als die geeignetsten Geschäfte, um so den Barvorrat nutzbar zu verwenden. Auf diese Weise wird der Bankier auch in den Stand gesetzt, seinerseits dem Deponenten einen kleinen Zins zu bezahlen. Eine auf diesen Grundsätzen aufgebaute Nutzbarmachung ist volkswirtschaftlich vollkommen gerechtfertigt und auch ganz unbedenklich; jedoch darf sie nur im Einverständnisse mit dem Deponenten geschehen. Es werden hierdurch die Grundsätze einer sicheren Verwahrung in keiner Weise verletzt; denn wenn auch der Hinterleger in diesem Falle nicht mehr die von ihm seinerzeit übergebenen Stücke in natura zurückbekommt, so erhält er doch ebenso sicher eine gleich große Quantität derselben Stücke oder denselben Wert in derselben Form, worauf es ihm allein ankommt (depositum irregulare). Die Rechte des

---

[1]) Vgl. Bonamy Price a. a. O. S. 102.

Deponenten erschöpfen sich auf diese Weise schließlich in einer jederzeit fälligen Forderung an den Bankier auf Leistung der hinterlegten Summe in barem Gelde, womit naturgemäß auch die volle Gefahr, selbst die des Untergangs, auf den Depositar übergeht. Dieses Geschäft hat früher bei dem Mangel oder der geringeren Verwendung der Wertpapiere eine wirtschaftlich ungeheure Bedeutung für die Hinterlegung von barem Gelde gehabt. Heute ist die Bedeutung für Bargeld zurückgegangen, dafür hat aber das depositum irregulare insbesondere mit Rücksicht auf die gewaltigen Summen und das Bestreben nach Einfachheit der Geschäftsführung auch eine Ausdehnung auf Wertpapiere des gleichen Typus gefunden. Man ging von der richtigen Anschauung aus, daß auch hier für den Deponenten nur die generellen Merkmale, nicht die speziellen, wie die Nummer rc. von maßgebendem Interesse seien. Es gilt auch hier der Grundsatz: tantundem est idem und das Interesse des Hinterlegers ist vollkommen gewahrt, wenn jederzeit die volle Anzahl der gesamten hinterlegten Papiere vorhanden ist. Insofern ist aber ein Unterschied zwischen diesem Depositum und den Bardepositen zur Benutzung, als beim Depositum von Wertpapieren, da dieselben ja Zinsen bereits bringen und nur die äußere Form eines bereits nutzbar gemachten Kapitals darstellen, eine weitere Verwendung und darum nur teilweise Bereithaltung volkswirtschaftlich nicht geboten erscheint. Die vollständige Gleichstellung des Depots von Wertpapieren mit den Bardepositen, wie sie in neuester Zeit vielfach beliebt wurde, hat eine Reihe von Mißständen hervorgerufen, auf welche an späterer Stelle genauer einzugehen sein wird.

Die dargelegten Grundsätze gelten auch für die sog. Depositen zur Deckung. Wird Bargeld verschlossen zu diesem Zwecke hingegeben, was allerdings nicht leicht vorkommen wird, so gelten im wesentlichen die Grundsätze wie für Depositen zur Aufbewahrung, desgleichen wenn Bargeld offen hingegeben wird, sofern nicht nach ausdrücklicher oder stillschweigender Absicht der Parteien die Grundsätze über Depositen zur Benutzung bezw. Verwaltung zur Geltung kommen. Ebenso sind Depositen von Wertpapieren zum Zwecke der Sicherheit als Depositen zur Aufbewahrung oder Verwaltung zu behandeln. Eine Benutzung kann nur mit ausdrücklicher Einwilligung eintreten.

Aus den gemachten Darlegungen ergibt sich zur Genüge die umfassende Bedeutung des Depotwesens für unser heutiges Verkehrsleben. Das Geld ist vor elementaren Ereignissen in gleicher Weise wie vor dem rechtswidrigen Zugriffe fremder Hand geschützt; es gestattet die größtmögliche Ausnützung entbehrlicher, auch kleinerer Geldbeträge und ermöglicht es in bequemer Weise über das Guthaben durch Checks und Anweisungen zu verfügen.

Eine eigenartige Gestaltung erhalten unsere Depotgeschäfte durch die häufige Verbindung mit einem anderen Geschäfte, dem Kommissionsgeschäfte. Unsere heutigen Bankiers, zumal die Privatbankiers, treten nicht bloß als Depositare auf, welche von ihren Kunden Geld oder Wertpapiere empfangen und verwalten, sondern sie besorgen insbesondere auch den An- und Verkauf von Wertpapieren für dieselben. Das Kommissionsgeschäft hat sowohl rechtlich wie wirtschaftlich eine wesentlich andere Aufgabe; allein da dasselbe nur zu häufig in Beziehung zum Depositengeschäfte tritt und durch seine Verquickung mit demselben die Grenzen zwischen dem Depotgeschäfte und dem Kommissionsgeschäfte verwischt werden, hat die Behandlung der Depotgeschäfte die thatsächlichen Verhältnisse als gegeben hinnehmend naturnotwendig auch das Kommissionsgeschäft innerhalb gewisser Grenzen zu berücksichtigen und insbesondere die Unterschiede und Grenze zwischen beiden scharf zu betonen.

Mit Rücksicht hierauf soll in Folgendem nicht bloß eine abstrakte juristische Darstellung der Depotgeschäfte im streng rechtlichen Sinne gegeben, sondern das Bankdepotgeschäft, wie es uns in seiner konkreten Erscheinung und praktischen Handhabung entgegentritt, rechtlich näher untersucht werden.

Wir halten dies umsomehr für geboten, als gerade in neuester Zeit das Depotgeschäft in seiner Verbindung mit dem Kommissionsgeschäfte für den Verkehr und die Interessen des Publikums vielfach verhängnisvoll wurde und auch die Gesetzgebung in Anlehnung an die praktischen Bedürfnisse den modernen Begriff der Depotgeschäfte zum Ausgangspunkte gesetzgeberischer Maßnahmen machte und dabei auch das Kommissionsgeschäft, soweit dies veranlaßt war, in den Bereich der Regelung zog.

Zweiter Teil.

Das Recht der Depotgeschäfte.

Erster Abschnitt.

Das bisher geltende Recht.

A.

Das gemeine Recht.

I.

Die allgemeinen Grundlagen.

§ 4.

Das römischrechtliche Depositum im allgemeinen.

Das Verkehrsleben bringt entsprechend dem Verkehrsbedürfnisse der Menschen unablässig neue Geschäftsformen hervor. Das Verkehrsleben ist so vielgestaltig und dabei in einem dauernden Flusse begriffen, daß die alten Formen stets durch neue ersetzt oder wenigstens entsprechend ausgebildet und modifiziert werden müssen. Solange diese neuen Formen und neuen Erscheinungen des alten Gedankens nicht auch von der Rechtsordnung anerkannt und sanktioniert sind, fehlt denselben die rechtlich verbindende Kraft. Wir finden daher allenthalben, daß neue Erscheinungen des Wirtschaftslebens, um dieselben auch der Rechtsordnung zu unterstellen, solange wie nur möglich unter einen bestehenden überbrachten Rechtsbegriff subsummiert zu werden pflegen.

Dieser Erfahrungssatz findet seine volle Bestätigung an der Ausgestaltung des Depotbegriffes. Kaum ein anderer Begriff hat im Laufe der Zeit soviele Modifikationen erfahren, als der des depositum, und unter kaum einen andern Begriff sind so mannigfaltige neuere Erscheinungen des Verkehrslebens eingereiht worden, wie unter den des depositum. An diesem Gedanken, der sich jedem Kenner der geschichtlichen Entwickelung aufdrängt, muß man unbedingt festhalten, um zu einem klaren Verständnisse und zu einem festen Ergebnisse in manchen auftauchenden Fragen zu gelangen.

Wenn auch das moderne Depotgeschäft dem alten, römischen Rechte fremd ist, so ist doch der eigentliche Kern und das Wesen des Begriffes bereits im römischen Rechte enthalten und das römische Recht deshalb als die Grundlage der Entwickelung zu betrachten.

Die Darstellung hat daher vom römisch-rechtlichen depositum auszugehen.

Depositum heißt seinem Wortbegriffe nach das Hinterlegte. In der Sprache der Juristen versteht man darunter aber nicht nur den Gegenstand einer Hinterlegung, sondern den Akt der Hinterlegung selbst; es wird also gleichbedeutend mit depositio gebraucht.[1]) Noch genauer ist hierunter ein Vertrag zu verstehen, der die unentgeltliche Aufbewahrung einer Sache durch einen Dritten zum Inhalte hat. Man hat also bei dem Begriffe keineswegs an ein Bankdepot zu denken. Das depositum schließt vielmehr an die Bedürfnisse des täglichen Verkehrs an; es ist nicht einmal auf Geld beschränkt; jede beliebige Sache ohne Ausnahme kann als depositum gegeben werden. Ja gerade die individuell bestimmten Sachen sind als regelmäßige Objekte des depositum im ersten Stadium der Entwickelung anzusehen.

Der Depositalvertrag ist nach römischem Rechte einer der vier sog. Realkontrakte, d. h. der Vertrag erhielt seine rechtsverbindliche Kraft erst damit, daß der eine der Kontrahenten erfüllte. Es genügte also nicht die bloße Willenseinigung der Parteien. Derjenige, welcher die Sache zur Aufbewahrung hinterlegt, ist der Deponent, derjenige, welcher die Sache zur Aufbewahrung übernimmt, der Depositar. Zweck der Hingabe ist lediglich und ausschließlich die Aufbewahrung; und zwar muß die Aufbewahrung unentgeltlich geschehen. Hieraus ergibt sich, daß bei diesem Vertrage das Interesse des Deponenten allein bezweckt wird. Die Thätigkeit des Depositars ist lediglich ein Akt der Freundschaft, der Gefälligkeit. So erscheint uns das depositum ursprünglich im römischen Rechte.

Hiernach ist es scharf von andern, ähnlichen Verträgen zu scheiden. Es kommen hierbei zunächst das Darlehen (mutuum) und die Leihe (commodatum) in Betracht.

Auch diese beiden Verträge zählen zu den Realkontrakten. Das Darlehen aber setzt als Gegenstand des Vertrags notwendig eine vertretbare Sache (res fungibilis) voraus, während beim depositum der Hinterlegungsgegenstand gleichgiltig ist. Der Darlehensempfänger wird Eigentümer der übergebenen Sache und ist lediglich verpflichtet tantundem ejusdem generis zu restituieren, während der Depositar die hinterlegte Sache in natura zurückgeben muß. Die Rückgabe der hinterlegten Sache muß überdies auf Verlangen jeden Augenblick geschehen, beim Darlehen ergibt sich aus dem ganzen Zwecke, daß dieselbe erst entsprechende Zeit nach der Uebergabe erfolgen soll. Während beim Depositum lediglich das Interesse des Deponenten gewahrt werden soll, steht

---

[1]) Vgl.: Voltz, Ueber das depositum irregulare S. 4, München 1858.

beim Darlehen im Vordergrunde das Interesse des Darlehensempfängers.

Mit der Sachleihe hat das depositum das Merkmal der Unentgeltlichkeit gemein. Auch hat bei der Leihe wie beim depositum die Restitution in natura zu erfolgen. Beide unterscheiden sich jedoch wiederum vollkommen im Zwecke der Hingabe. Während beim depositum lediglich das Interesse des Deponenten, also desjenigen, welcher die Sache übergibt, gewahrt werden soll, hat der Uebergeber der Sache bei der Sachleihe (Kommodant) nicht den mindesten Vorteil; vielmehr wird hierbei lediglich auf das Interesse des Empfängers (Kommodatars), welcher die Sache unentgeltlich gebrauchen darf, Bedacht genommen. Der Kommodatar darf die Sache gebrauchen, während der Gebrauch beim depositum ausgeschlossen ist; und zwar ergibt sich dieses Verbot aus dem Wesen des depositum, es bedarf keiner besondern Vereinbarung. Würde der Depositar trotzdem eine Gebrauchshandlung an dem hinterlegten Gegenstande vornehmen, so würde er sich eines furtum usus schuldig machen.

Alle diese Grundsätze sind im römischen Recht nicht nur scharf ausgebildet und zum klaren Ausdruck gekommen, sondern auch in ihren Konsequenzen streng durchgeführt worden.[1])

Der Darlehensempfänger wird Eigentümer und haftet daher für omnis casus, auch für den Untergang.

Der Kommodatar und der Depositar wird bloß Detentor; beide haben die Sache als eine fremde zu behandeln. Jedoch ist nach dem ganzen Zweck und Wesen der beiden Verträge das Maß der zu prästierenden Diligenz ein verschiedenes. Der Kommodatar zieht unentgeltlich Vorteil aus der Sache, er muß daher nicht für ein gewöhnliches Maß von Diligenz aufkommen, sondern hat omnis diligentia zu prästieren; der Depositar dagegen hat keinen Vorteil, er übt lediglich eine Gefälligkeit aus. Danach wäre es unbillig, von ihm ein gleiches Maß von Diligenz zu verlangen. Er haftet daher auch nur für dolus und culpa lata, nicht für culpa levis. Das Deponieren ist vom Standpunkte des Deponenten aus eine Sache persönlichen Vertrauens; deshalb trafen im alten römischen Rechte denjenigen, welcher es auf eine Klage auf Rückgabe ankommen ließ, die Folgen der Infamie. Der Deponent braucht nicht Eigentümer der deponierten Sache zu sein; denn er will ja nur Besitz, nicht Eigentum übertragen. Der Depositar darf nicht Eigentümer werden; denn sobald er Eigentümer ist, besitzt er nicht mehr alieno nomine, sondern suo nomine.

---

[1]) Siehe den Digestentitel: depositi vel contra D. 16, 3; ferner den Titel: depositi C. 4, 34.

Würde ein Entgelt bezahlt, so wäre nicht mehr ein depositum, sondern ein Mietkontrakt gegeben.

„Depositum est, quod custodiendum alicui datum est“.[1]) Der Depositar hat also die Sache zu verwahren d. h. die Sache dem Willen des Deponenten bezw. den jeweils herrschenden billigen Verkehrsanschauungen entsprechend gut aufzuheben und so schädlichen Einflüssen aller Art sowie dem rechtswidrigen Zugriffe Dritter zu entziehen, um sie möglichst in dem überkommenen Zustande zu erhalten. Allen diesen Verpflichtungen kommt der Depositar schon allein durch Verbringung an einen passenden Raum nach; eine besondere Mühewaltung kann von ihm nicht verlangt werden. Er ist nur zur Beobachtung der Sorgfalt verbunden, deren Außerachtlassung culpa lata sein würde. Was darüber hinaus geht, ist dem Begriffe des depositum fremd. Wird eine besondere Sorgfalt verlangt, so muß diese ausdrücklich vereinbart werden. In diesem Falle wäre jedoch nicht mehr ein depositum, sondern ein mandatum anzunehmen. So wird in den meisten Fällen die Thätigkeit des Depositars in einer bloßen Raumgewährung sich erschöpfen, wenn wir auch nicht gerade der Meinung Windscheids und anderer beipflichten, welche annehmen, der Depositar sei schlechthin nur zur Raumgewährung verpflichtet.[2]) Denn das Verhalten des Depositars ist nach Lage der Umstände doch nicht immer bloß ein rein passives, vielmehr liegt in dem Begriffe der custodia immerhin soviel Aktives, daß er im einzelnen Falle zu einer gewissen Mitwirksamkeit verbunden sein kann.

Gegenstand des depositum können nur bewegliche Sachen sein. Dernburg[3]) will zwar auch bei unbeweglichen Sachen ein depositum zulassen; wir halten jedoch diese Anschauung für nicht zutreffend. Wenn auch in den Quellen hierüber nichts Ausdrückliches enthalten ist, so folgt dies doch aus dem Wesen und Begriff des ponere = niederlegen von selbst. Gerade das Schweigen der Quellen scheint uns darauf hinzudeuten, daß man an die Möglichkeit, die Grundsätze des depositum auch auf unbewegliche Sachen anzuwenden, gar nicht gedacht hat.[4])

Die Verwahrung der beweglichen Sache muß Selbstzweck sein.[5]) Ist ein anderer Zweck mit der Hinterlegung verknüpft, stellt sich die Hinterlegung also als Ausfluß eines anderweitigen

---

[1]) S l. 1 pr. D. depositi vel contra 16, 3.

[2]) Windscheid, Pandekten Bd. 2 S. 429, 5. Aufl., Frankfurt 1882.

[3]) Dernburg, Pandekten 3. Aufl. Bd. 2 S. 245, Berlin 1892.

[4]) Auch Sachen, die keinen selbständigen Vermögenswert haben, können Gegenstand der Hinterlegung sein, s. R.G.E. f. CS. Bd. 23 S. 312.

[5]) S. Seufferts Archiv Bd. 16 Nr. 211, Bd. 19 Nr. 176.

Rechtsverhältnisses dar, so ist die Verwahrung nach dem jeweiligen andern Vertragsverhältnis zu beurteilen.[1])

Der Depositar hat die Sache jederzeit auf Verlangen zurückzugeben. Die Rückgabe hat mit allem Zubehör und an dem Orte zu erfolgen, wo sich die Sache zur Zeit befindet, vorausgesetzt daß der Depositar dieselbe nicht dolo malo an einen Ort gebracht hat. Allenfallsige Kosten der Restitution, wie solche entstehen, wenn die Rückgabe nicht am Orte der Uebergabe geschehen oder wenn die Sache dem Deponenten auf Verlangen zugeschickt werden soll, hat der Deponent zu tragen.[2]) Kann oder will der Depositar auf Verlangen nicht sofort restituieren, so treffen ihn die Rechtsfolgen des Verzugs, welche eine qualitative und quantitative Steigerung seiner Verpflichtung mit sich bringt. Der Deponent, welcher mit der Uebergabe einen Akt besondern Vertrauens übte, sollte möglichst gesichert sein. Er hatte daher nach älterem Rechte gewisse Konkursprivilegien.[3]) Heutzutage ist dies nicht mehr erforderlich, da der Deponent als Eigentümer nach den Bestimmungen der Konkursordnung an sich schon ein Aussonderungsrecht besitzt.[4])

Die beiden wichtigsten Eigentümlichkeiten des römischen Rechts, welche noch heute den Depositalvertrag zu einem ausgezeichneten Vertrag machen, sind in dem absoluten Verbote der Geltendmachung eines Kompensationsrechtes und in der nur beschränkten Zulassung eines Retentionsrechtes gegenüber Ansprüchen des Deponenten aus dem Depositum zu erblicken.[5])

Das Verbot der Kompensation hängt einmal damit zusammen, daß der Depositar gehalten ist, jederzeit und bedingungslos die hinterlegte Sache zurückzugeben, andrerseits kommt in Betracht, daß das Depositum eine Sache des besondern Vertrauens ist und die Uebergabe in dem Vertrauen auf jederzeitige Rückgabe erfolgt. Es wäre ein Mißbrauch des in jemand gesetzten Vertrauens, wollte der letztere hierin ein Mittel der Selbsthilfe zur Geltendmachung anderweitiger Rechte gegen den Deponenten sehen.[6])

Die meisten Schriftsteller wie auch Dernburg wollen mit Rücksicht auf l. 11 C. dep. t. 4, 34 ebenso allgemein auch die Geltendmachung eines Retentionsrechtes ausgeschlossen wissen.[7])

---

[1]) Seuffert, Pandektenrecht 4. Auflage Bd. 2 S. 202 Anm.; vgl. auch R.G.E. f. CS. Bd. 12 S. 85 ff.

[2]) l. 12 pr. § 1 D. depositi vel contra 16, 3.

[3]) l. 7 §§ 2 u. 3, l. 8 D. 16, 3, l. 24 § 2 D. de reb. auct. jud. poss. 42, 5; Neustetel, Römisch-rechtliche Untersuchungen Bd. 1 S. 27 ff., Heidelberg 1821.

[4]) Siehe Reichskonkursordnung § 35; ferner: Wilmowski: Deutsche Reichskonkursordnung 5. Auflage S. 173 ff., Berlin 1896.

[5]) S. l. 11 C. dep. 4, 34.

[6]) S. § 30. J. de act. 4, 6. Vgl. auch R.O.H.G. Bd. 9 S. 437, R.G.E. f. CS. Bd. 12 S. 90.

[7]) Vgl. auch Holzschuher, Theorie und Kasuistik des gemeinen Rechts S. 526; Windscheid, Pandekten S. 432.

Allein hiergegen sprechen gewichtige Bedenken. Wenn man das Depositum unter dem Gesichtspunkte des Vertrauens auffaßt und in der Geltendmachung jeglichen Retentionsrechtes also auch in dem Falle, daß ein solches auf Verwendungen, die auf den Depositalgegenstand gemacht wurden, gestützt wird, einen Treubruch erblickt, so ist demgegenüber darauf hinzuweisen, daß damit an den Depositar starke Zumutungen gestellt werden. Wir sind der Ansicht, daß demjenigen Deponenten gegenüber, der sich auf diesen Standpunkt stellend die Herausgabe der Sache verlangt, jedoch den gleichzeitigen Ersatz der vom Depositar gemachten notwendigen Verwendungen und Auslagen verweigert, ohne Zweifel die exceptio doli entgegengestellt werden kann, daß es also nicht erst einer besondern Klage bedarf, die möglicherweise ihren Zweck nicht mehr erreicht. Der Wortlaut der const. 11 cit. scheint allerdings die gegenteilige Ansicht zu unterstützen, allein nach dem ganzen Sinn und Zusammenhange hat Justinian nur solche Gegenforderungen im Auge, welche nicht aus dem in Frage stehenden Depositum selbst hervorgegangen sind. Der Gerichtsgebrauch der ältern Zeit stellte sich auch im wesentlichen auf den hier verfochtenen Standpunkt, während die Rechtsprechung der neuern Zeit wiederum der entgegengesetzten Theorie den Vorzug einräumt.[1])

Ist der Depositar Eigentümer der übergebenen Sache, so ist das Depositum nichtig.[2]) Es erhebt sich jedoch die Frage, wie zu entscheiden ist, wenn der in Anspruch genommene Depositar sich darauf beruft, daß er Eigentümer der Sache sei oder geworden sei. Windscheid läßt unter Bezugnahme auf l. 11 C. cit. diesen Einwand nicht zu. Indes es ist, wie Dernburg[3]) richtig betont, nicht an dem, daß der Depositar in diesem Falle eine Klage in rem dem Deponenten entgegenstellen wollte, sondern der Depositar leugnet in diesem Falle überhaupt den Rechtsgrund und damit den Rechtsbestand der Klage mit der Begründung, ein Depositum an der eigenen Sache sei unmöglich, die actio depositi darum überhaupt nicht gegeben. Man muß jedoch in einem solchen Falle, um im übrigen mit den Grundsätzen des Depositum nicht in Konflikt zu geraten, verlangen, daß die Einrede des Eigentums sofort liquid gestellt werden kann.[4])

---

[1]) S. Seuffert J. A., Praktisches Pandektenrecht 4. Aufl. 2 Bd. S. 203 Anm. 16, Würzburg 1867. Ueber das Retentionsrecht an Geld nach dem Handelsgesetzbuche vgl. R.G.E. f. CS. Bd. 12 S. 90. Geldsummen sind darnach nur zur Kompensation, nicht zur kaufmännischen Retention geeignet. Ferner: Seufferts Archiv Bd. 12 Nr. 28, Bd. 20 Nr. 191; R.G.E. f. CS. Bd. 36 S. 35.

[2]) l. 15 D. 16, 3.

[3]) Dernburg a. a. O. S. 247 Anm. 22; vgl. R.G.E. f. CS. Bd. 15 S. 210.

[4]) S. Holzschuher, Theorie und Kasuistik des gemeinen Civilrechts Bd. 2 S. 527.

Dernburg hat auch die an sich nicht unwichtige Frage aufgeworfen, ob der Depositar die bei ihm deponierte Sache wegen einer ihm an den Deponenten zustehenden Forderung dürfe pfänden lassen. Wir möchten diese Frage mit Dernburg gleichfalls bejahen.[1]) Man kann allerdings einwenden, daß ein derartiges Handeln im Widerspruche mit dem bereits wiederholt betonten Vertrauen stehe, das der Deponent dem Depositar mit der Uebergabe der Sache bekunde. Indes dieses Vertrauen bezieht sich lediglich auf die sofortige jederzeitige Rückgabe. Diesem Verlangen kann mit Einwilligung des Gerichtsvollziehers jederzeit nachgekommen werden, auch wenn die Sache gepfändet ist; der Pfandnexus bleibt bestehen. Dieses Recht muß dem Depositar schon um deswillen zugebilligt werden, weil er die Sache auch pfänden lassen könnte, wenn sie im Gewahrsam des Schuldners (Deponenten) geblieben wäre und der Depositar dadurch, daß er dem Deponenten einen Gefallen erweist, in seiner Rechtslage nicht schlechter gestellt werden darf.

Selbstverständlich ist, daß zur Begründung eines Depositum eine hierauf gerichtete Willensübereinstimmung der beiden Kontrahenten gegeben sein muß. Würde jemand eine Sache bei einem Dritten hinterlegen, ohne daß dieser hiervon eine Kenntnis hat, so würde hierdurch ein Depositum im Rechtssinne nicht begründet werden.

Dem Deponenten steht zur Geltendmachung seiner Rechte aus dem Depositum die actio depositi directa zur Seite, während der Depositar Gegenansprüche aus demselben Vertrage mit der actio depositi contraria geltend machen kann.

Die im Vorstehenden wiedergegebenen Grundsätze können im ganzen als die zur Zeit herrschende opinio angesehen werden, wenn auch im einzelnen insbesondere bezüglich der Zulässigkeit des Retentionsrechtes, aber auch über eine Reihe weitere Punkte Meinungsverschiedenheiten bestehen. Auf diese jedoch hier einzugehen liegt außerhalb des Rahmens und des Zweckes unserer Aufgabe.

§ 5.
Die Arten des Depositum.

Vom Depositum finden sich mehrfache Einteilungen und Unterscheidungen, die aber nicht immer einen begrifflichen Unterschied aufweisen, sondern unter Beibehaltung des Wesens einen besondern Anlaß oder einen besondern Fall der Anwendung bedeuten. Diese Unterschiede sind darum auch in den Quellen meist noch nicht ausgebildet, sondern nur angedeutet. Die dafür üblichen technischen Bezeichnungen rühren meistens aus späterer Zeit her.

---

[1]) Dernburg a. a. O. S. 247.

Man unterscheidet manchmal ein depositum in specie sic dictum und ein Sequestrum. Während ersteres das eigentliche Depositum bezeichnet, ist unter letzterem der besondere Fall zu verstehen, daß von mehreren im Streite über eine Sache begriffenen Personen der Gegenstand des Streites (res litigiosa) bei einem Dritten hinterlegt wird.[1]) Diese Unterscheidung hat für unsern Zweck keine weitere Bedeutung.

In l. 1 §§ 1—4 D. h. t. 16, 3 werden als besondere Anlässe eines Depositum tumultus, incendium, ruina und naufragium hervorgehoben. Ein aus einem solchen oder ähnlichen Grunde hervorgegangenes Depositum ist gemeiniglich unter dem Namen depositum miserabile bekannt. Es ist von dem gewöhnlichen Depositum nur durch seine besondere äußere Veranlassung (Notstand), nicht begrifflich verschieden. Es wird auch dem gewöhnlichen Depositum, das aus einer freien Willensentschließung des Deponenten hervorgangen ist, als depositum necessarium gegenübergestellt und ersteres dann auch im Gegensatze hierzu als depositum voluntarium bezeichnet. Auch dieser Unterscheidung kommt nur eine untergeordnete Bedeutung zu.

Die bei weitem wichtigste und auch tiefer gehende Unterscheidung ist die in depositum regulare und irregulare. Diese Einteilung ist nicht nur die gewöhnliche, sondern sie hat für unsere Aufgabe eine erhöhte Bedeutung. Der Unterschied gründet sich auf die Beschaffenheit der deponierten Sache in Verbindung mit einer besonderen Willensrichtung der Parteien. Gegenstand eines depositum regulare kann jede beliebige bewegliche Sache sein. Es ist dabei die Absicht der Parteien, daß die hinterlegte Sache in natura, also genau die hinterlegte species zurückgegeben werden soll. Das depositum irregulare jedoch besteht darin, daß eine vertretbare, also nach generellen Merkmalen bestimmte Sache zur Aufbewahrung übergeben wird und es ausdrückliche oder stillschweigende Absicht der Parteien ist, daß nicht die übergebenen species, sondern ein gleich großes Quantum desselben genus zurückerstattet werde. Als solche generell bestimmte Sache kommt, um von anderen abzusehen, insbesondere das Geld in Betracht. Geld kann in der Art hinterlegt werden, daß die übergebenen Stücke zurückgegeben werden sollen (depositum regulare), es kann aber auch die Intention der Parteien sein, daß nicht dieselben Stücke, sondern nur gleich viel Stücke derselben Art oder gar nur die gleiche Wertsumme in bestimmter Währung zurückgegeben werden soll (depositum irregulare). Nach ursprünglichem strengen römischen Rechte mußte jede Sache in natura restituiert werden. Man kann daher von einem depositum regu-

---

[1]) l. 6 D. 16, 3.

lare auch in dem Sinne sprechen, daß die starren ursprünglichen Rechtssätze darauf Anwendung finden sollen. Hier haben wir die Gelegenheit, zu beobachten, daß das Verkehrsbedürfnis neue Geschäftsformen hervorbringt und dieselben unter bestehende Rechtsbegriffe und Normen subsumiert. Gerade das depositum irregulare, das noch mehrfache Wandlungen durchgemacht hat, ist für uns von der allergrößten Bedeutung, weil dasselbe die rechtliche Grundlage des modernen Bankdepotgeschäftes geworden ist. Es ist daher angezeigt, diese besondere Art des Depositum noch besonders kennen zu lernen.

II.

Das depositum irregulare insbesondere.

§ 6.

Dessen Stellung im Pandektenrechte.

Die Bezeichnung depositum irregulare kommt in den Quellen nicht vor; dieselbe ist verhältnismäßig sehr späten Datums. Der Ausdruck findet sich zuerst bei Jason de Maino, einem Postglossator des 15. Jahrhunderts, ohne daß er allgemein in Gebrauch kam.[1]) Nur in Italien kam er zur allgemeineren Anwendung, in der deutschen Jurisprudenz aber findet er sich lange nur vereinzelt vor und gewinnt erst im Laufe dieses Jahrhunderts die Bedeutung eines terminus technicus. Gleichwohl ist die Sache den Quellen keineswegs fremd; vielmehr findet sich eine ganze Reihe von Quellenstellen insbesondere in den Digesten, in denen mehr oder weniger deutlich das, was man später depositum irregulare nannte, behandelt und anerkannt ist. Statt der neueren Bezeichnung finden sich Ausdrücke, wie contractus, qui pecuniae depositae modum excedit,[2]) qui notissimos terminos depositi egreditur[3]) und ähnliche Umschreibungen. Die Wissenschaft ist auch darüber einig, daß dieses Rechtsinstitut dem römischen Rechte bereits bekannt war; jedoch wird in der Doktrin insbesondere mit Rücksicht auf die weitere Ausgestaltung und Anwendung von manchen Seiten bezweifelt, ob das sog. depositum irregulare im römischen Rechte bereits und noch mehr nach gemeinem Rechte als Depositum oder als Darlehen aufzufassen sei, und die Ansicht vertreten, daß vollends beim modernen Depositengeschäfte von einem Depositum keine Rede mehr sein könne, dasselbe vielmehr ganz und gar im Darlehensbegriffe aufgegangen

---

[1]) S. Niemeyer a. a. O. S. 110.
[2]) l. 26 § 1 D. 16, 3.
[3]) l. 24 D. 16, 3.

sei. Insbesondere wurde von Niemeyer[1]) alles aufgeboten, den Begriff des depositum irregulare vollständig aus der Rechtswissenschaft zu verbannen und der Versuch gemacht, darzuthun, daß es nur ein reguläres Depositum gebe, da das sog. depositum irregulare nichts Anderes als ein Darlehen sei. Diesen Versuchen gegenüber muß daher neuerdings auf die Grenze zwischen Darlehen und Depositum hingewiesen und gezeigt werden, daß der Begriff immer noch seine Berechtigung hat und haben wird, mag auch derselbe im Laufe der Zeit noch soviel von dem strengen Wesen des römischen Rechtsbegriffes des Depositum verloren haben. Insbesondere muß betont werden, daß das römische Recht selbst keinesfalls diesen Begriff dem Darlehen gleichstellte.

Es mag hier im voraus schon bemerkt werden, daß unser ganzes Depotwesen und damit auch der Depotbegriff unter dem überwältigenden Einflusse moderner Verkehrsbedürfnisse eine Entwickelung genommen hat, welche den Begriff des regulären Depositum bei Seite setzend eine neue Art des Depositalbegriffes schuf, der die Abstammung und den Zusammenhang mit dem strengen römisch-rechtlichen Depositum deutlich erkennen läßt, zugleich aber eine Reihe fremder Merkmale, insbesondere auch Bestandteile des Darlehensbegriffes in sich aufgenommen hat. Und die Ansätze hierzu sind gleichfalls bereits im römischen Rechte gegeben. Es entspricht auch keineswegs der volkstümlichen Auffassung, diese Neubildung als Darlehen zu bezeichnen; vielmehr handelt es sich um ein Mittelding, das wir vorläufig noch als depositum irregulare bezeichnen wollen.

Was ist nun des Näheren hierüber zu sagen?

Wir haben beim depositum regulare eine Reihe von Merkmalen festgestellt, welche nach strengem römischen Rechte gegeben sein müssen. Diese Merkmale sind näher betrachtet teils solche, welche wesentlicher Natur sind (essentialia negotii), welche also unter allen Umständen gegeben sein müssen, soll überhaupt noch von einem depositum die Rede sein, teils solche, welche die Natur des Geschäftes derart mit sich bringt, daß sie als selbstverständlich erachtet werden (naturalia negotii), solange dieselben nicht durch eine zulässige entgegenstehende Vereinbarung aufgehoben und durch andere Bestimmungen ersetzt werden. Der Unterschied zwischen depositum regulare und irregulare knüpft nun an ein solches naturale negotii an.[2]) Es ist als selbstverständlich anzusehen, daß bei Uebergabe auch einer res fungibilis dieselbe in natura zurückgegeben werden muß, solange nicht der Deponent ausdrücklich oder durch konkludente Handlungen zu erkennen gibt,

---

[1]) Niemeyer, depositum irregulare, Halle a. S. 1889.
[2]) S. Glück, Ausführliche Erläuterung der Pandekten Bd. 15 S. 146 ff.

daß er auch mit der Restitution einer anderen mit der übergebenen nach Qualität und Quantität vollständig übereinstimmenden Sache einverstanden ist.

Das Hauptmerkmal des depositum irregulare ist also darin zu erblicken, daß statt der übergebenen Stücke nicht mehr dieselben corpora, sondern nur gleichviel Stücke derselben Art restituiert werden sollen. Alles Uebrige, was dem depositum irregulare sonst noch Eigenartiges anhaftet, stellt sich lediglich als Folgerung aus diesem Hauptrequisite dar. So ergibt sich naturnotwendig, daß der Depositar in diesem Falle Eigentümer der übergebenen Sache wird, während er sonst nur Detentor der Sache ist; hieraus folgt weiter, daß die Haftung des Depositars sich auch auf das periculum interitus erstreckt. Der tieferliegende Grund für die genannte Erscheinung ist ein Gebot des Verkehrslebens, dem es nicht immer um die Erhaltung derselben Gegenstände, sondern im wesentlichen nur um einen in bestimmter Form in die Erscheinung tretenden Wert zu thun ist. Die Gegenstände des Rechtsverkehrs sind zugleich wirtschaftliche Güter. Wenn nun nicht bloß das Gut und dessen Wert, sondern auch die Form dieses Gutes genau gleichgeblieben ist, so ist dem Bedürfnisse des Verkehrslebens genügend Rechnung getragen und der Deponent ist darum mit der hieraus sich ergebenden Modifikation des Vertrags ohne weiteres einverstanden. Diesem Bedürfnisse hat sich nun auch der Rechtsverkehr durch Ausprägung einer besonderen Rechtsform anbequemt. Dieser ganze Gedankengang kommt in dem bezeichnenden Satze zum Ausdrucke: Tantundem est idem. Rein physisch betrachtet ist der Satz in seiner Anwendung auf das Depositum nicht richtig. Es sind nicht dieselben corpora. Er enthält aber eine der vielen Fiktionen, mit denen das Recht so und so oft operieren muß. Man kann sich mit ihr recht wohl abfinden, da auf diese Weise den Anforderungen des Rechts wie den Bedürfnissen des wirtschaftlichen Verkehrs Rechnung getragen wird. Dieser Gedanke findet seine eminente Verwirklichung beim Gelde. Die gleichen Geldstücke eines und desselben Münzsystems sind vertretbar. Mit der angeführten Fiktion ist aber auch dem Rechtsbegriffe des Depositum vollkommen genügt, der doch keine starre Kategorie sein soll, sondern den praktischen Bedürfnissen zu dienen bestimmt ist. Tantundem est idem. Es weisen die zurückgegebenen Stücke in jeder Beziehung dieselben Merkmale auf; ja selbst ein aufmerksames Auge vermag auch in der äußern Erscheinung einen Unterschied nicht festzustellen. Daß es nun trotzdem andere corpora sind, darüber vermag die Fiktion recht wohl hinwegzuhelfen. So betrachtet schrumpft der wirkliche Unterschied zwischen depositum regulare und irregulare auf ein Minimum zusammen und es ist wahrlich bei der Ausgestaltung, wie sie uns auf der dargelegten Stufe der Entwickelung entgegentritt, noch nicht an den Darlehensbegriff zu denken.

Der Unterschied zwischen dem depositum irregulare und dem Darlehen läßt sich näher dahin formulieren, daß beim Darlehen, welches zudem stricti juris-Charakter hat, die Absicht der Kontrahenten notwendig auf die Uebertragung des Eigentums gerichtet ist, die Uebertragung des Eigentums also wesentlicher Vertragsinhalt sein muß. Außerdem dient dieser Vertrag vorwiegend dem Interesse des Darlehensempfängers. Beim depositum irregulare ist nicht die Uebertragung des Eigentums das Primäre, sie ist überhaupt nicht Zweck, nicht Inhalt des Vertrages. Zweck des Vertrages ist vielmehr lediglich die sichere Verwahrung und Erhaltung der Sache in der Form der eventuellen Substitution einer anderen Sache. Die Uebertragung des Eigentums ist nur zufällige, selbstverständliche Rechtsfolge des Vertrags. Das Interesse liegt hier auf Seite des Deponenten.

Der Darlehensempfänger braucht nicht die Summe geliehenen Geldes und wenn nicht eine Sicherheit bestellt ist, auch nicht den entsprechenden Wert bereit zu halten. Es kann einem ein Darlehen rein mit Rücksicht auf seine persönliche Tüchtigkeit gewährt werden. Dagegen muß der Depositar, wenn auch nicht dieselben Stücke, so doch die gleiche Anzahl gleicher Art jederzeit bereit haben. Wenn ich einem Geldstücke übergebe in der Absicht, ein depositum irregulare zu begründen, der Depositar verfügt aber nicht über so viel anderes Geld, daß er mich jederzeit auf Verlangen befriedigen kann, so muß er in diesem Falle eben die übergebenen Stücke bereit halten und kann von der ihm aus dem depositum irregulare hervorgehenden Erlaubnis keinen Gebrauch machen. Der Vertrag läuft in diesem Falle auf ein depositum regulare hinaus. Verwendet der Depositar trotzdem die Stücke, so macht er sich einer Unterschlagung schuldig.

So sehr daher das depositum irregulare in manchen Punkten dem mutuum ähnlich ist und die Leugnung jeglichen Unterschiedes auf den ersten Blick manches für sich zu haben scheint, so ergeben sich bei näherem Zusehen doch tiefgreifende, prinzipielle Unterschiede, welche den Begriff des depositum irregulare rechtfertigen.

• Ein weiterer Punkt, in dem das dep. irregulare von dem gewöhnlichen depositum sich unterscheidet und den dasselbe mit dem Darlehen gemein hat, ist die Zulässigkeit einer vertragsmäßigen Zinsverpflichtung. Nach unserer ursprünglichen Aufstellung ist das römisch-rechtliche Depositum unentgeltlich. Es folgt dies aus dem Umstande, daß der Depositar mit der Aufbewahrung lediglich einen Gefallen erweist. Gleichwohl findet sich bereits im römischen Rechte an verschiedenen Stellen die Zulässigkeit einer Zinsenstipulation ausgesprochen,[1]) ohne daß dabei angedeutet würde, daß es sich nun nicht mehr um einen Depositalvertrag handle. Vielmehr wird ausdrücklich die actio depositi zugelassen.

Daß der Depositar, wenn er mit der Herausgabe in Verzug geraten ist, Verzugszinsen zu entrichten hat, leuchtet schon aus allgemeinen Grundsätzen ein und ist zudem in den Quellen ausdrücklich hervorgehoben. Daß aber hiervon abgesehen eine Verpflichtung des Depositars zur Entrichtung von Zinsen zulässig ist, scheint mit dem Depositum unvereinbar zu sein. Allerdings ist eine solche Vereinbarung beim dep. regulare ausgeschlossen: sie hätte auch gar keinen Sinn, da ja beim dep. regulare der Depositar die Sache nicht gebrauchen kann. Wir sind aber auch mit Voltz[2]) der Ansicht, daß eine solche Bestimmung der Natur des strengen dep. irregulare widerstreitet. Denn wenn auch der Depositar die übergebene Summe gebrauchen kann, so muß er doch auf der anderen Seite jederzeit eine ebenso große Summe bereit halten, die er infolgedessen nicht nutzbringend anlegen kann. Wenn nun trotzdem das römische Recht diese Verabredung zuläßt und dabei ausdrücklich bestimmt, daß die Zinsen gleichfalls mit der actio depositi eingeklagt werden können, so kann dies lediglich damit erklärt werden, daß bereits damals die Entwickelung einen weiteren Schritt gethan hatte, der sich auf die Erfahrung aufbaut, daß bei mehreren hinterlegten Summen es genügt, einen Bruchteil der ganzen Summe zu jederzeitiger Rückgabe bereit zu halten, während der Rest vom Depositar angelegt werden kann. Ist dies der Fall, dann hat die Zinsverpflichtung ihren guten Sinn. Solche Nebenverabredungen beeinträchtigen allerdings das Wesen des Depositum, ohne es jedoch zu vernichten. Das Depositum ist damit wieder um einen Schritt näher dem Darlehen gekommen, ohne es jedoch erreicht zu haben. Denn nach dem Gesagten wird es sofort einleuchten, daß die Höhe des Zinses keineswegs die bei einem Darlehen übliche erreichen kann. Außerdem wird auch bei dem verzinslichen Depositum der Verwahrungszweck die Hauptsache bilden, die Zinsabrede dagegen eine gelegentliche willkommene Beigabe sein.

Demnach finden wir, daß bereits im römischen Rechte das Depositum unter dem Einflusse wirtschaftlicher Erwägungen eine Ausbildung gewonnen hat, daß es unserm modernen Bankdepotgeschäft ziemlich gleichkommt, daß daher das depositum in dieser Gestalt begreiflicherweise zur rechtlichen Grundlage des Depotgeschäftes verwertet wurde.

Es kann nun nicht unsere Aufgabe sein, an dieser Stelle

---

[1]) S. l. 24, l. 26 § 1 D. 16, 3.

[2]) Voltz a. a. O. S. 25; ferner Seufferts Archiv, Neue Folge 1. Bd. Nr. 28.

das ganze einschlägige Quellenmaterial, das in seinen Einzelheiten vielfach bestritten ist, einer eingehenden Prüfung und Kritik zu unterwerfen, da die Rechtssätze an sich ziemlich unbestritten sind und die berührte Streitfrage für unsern Zweck immerhin nur als Incidentpunkt sich darstellt. Es ist dies auch bereits wiederholt geschehen, ohne daß damit eine allgemein befriedigende Verständigung erzielt worden wäre.

Wir begnügen uns vielmehr damit, in aller Kürze auf die wichtigsten grundlegenden Quellenstellen hinzuweisen.

Es kommen hier insbesondere in Betracht:

l. 24, l. 25 § 1 und l. 26 § 1 D. depositi 16, 3 und l. 31 D. locati 19, 2. In diesen Stellen kommen die aufgestellten allgemeinen Grundsätze zum Ausdrucke, während eine Reihe anderer Stellen besondere Fälle behandeln und vielfach Veranlassung gaben, an einem klar zum Ausdrucke gekommenen Prinzipe zu zweifeln.[1])

l. 24 D. depositi 16, 3. Papinianus libro IX. Quaestionum.

Lucius Titius Sempronio salutem. Centum nummos quos hac die commendasti mihi annumerante servo Sticho actore, esse apud me, ut notum haberes, hac epistola manu mea scripta tibi notum facio, quae quando voles, et ubi voles, confestim tibi numerabo. Quaeritur propter usurarum incrementum. Respondi, depositi actionem locum habere; quid est enim aliud commendare quam deponere? Quod ita verum est, si id actum est, ut corpora nummorum eadem redderentur; nam si, ut tantundem solveretur, convenit, egreditur ea res depositi notissimos terminos. In qua quaestione, si depositi actio non teneat, cum convenit tantundem, non idem reddi rationem usurarum haberi non facile dicendum est. Et est quidem constitutum, in bonae fidei judiciis, quod ad usuras attinet, ut tantundem possit officium arbitri, quantum stipulatio; sed contra bonam fidem et depositi naturam est, usuras ab eo desiderare temporis ante moram, qui beneficium in suscipienda pecunia dedit; si tamen ab initio de usuris praestandis convenit, lex contractus servabitur.

Diese Stelle, welche für unsern Zweck von wesentlichem Gewichte ist, ist eine wahre crux für die Auslegung geworden und Vangerow[2]) hat sie wegen der enthaltenen Schwierigkeiten geradezu als „berüchtigt" bezeichnet. Der Fall ist folgender:

---

[1]) Vgl. insbesondere l. 28, l. 29 § 1 und l. 1 § 34 D. depositi 16, 3, ferner l. 4 pr., l. 9 § 9, l. 10 de reb. cr. D. 12, 1, l. 34 pr. D. mandati 17, 1.

[2]) S. Vangerow, Lehrbuch der Pandekten 3. Bd. S. 436 6. Auflage, Marburg 1856.

Lucius Titius benachrichtigt brieflich den Sempronius, er habe durch dessen Sklaven Stichus die centum nummos erhalten und verpflichte sich, diese Summe wann und wo Sempronius wolle, zurückzubezahlen.

Das Geschäft ist ohne Zweifel nach seinem ganzen Thatbestande ein depositum irregulare, da die Geldstücke hingezählt, also nicht verschlossen übergeben worden waren. Es war also nicht beabsichtigt, daß die gleichen Stücke restituiert werden sollen.[1])

Papinian wirft nun die Frage auf, was mit einem Zinsenzuwachs zu geschehen habe.

Seine Antwort, also die Thesis, die er im Folgenden beweisen will, geht unter allen Umständen dahin: depositi actionem locum habere, es greife die Depositalklage hierwegen Platz. Er stellt sich die beiden möglichen Fälle vor, daß dieselben Stücke restituiert werden sollen und daß nur tantundem zurückgegeben werde.

Der Jurist steht zunächst unter dem Eindrucke des vorausgehenden incrementum und spricht nun ganz allgemein, also ohne spezielle Beziehung auf die Zinsen, daß im ersten Falle die actio depositi Platz greife. Quid est enim aliud commendare quam deponere?

Im zweiten Falle aber egreditur res depositi notissimos terminos; die Frage ist darum nicht mehr so einfach wie im ersten Falle. Gesetzt die actio depositi sei nicht anwendbar, dann kann von Zinsen nicht wohl die Rede sein. Denn dann könnte man, ist der Sinn, nur an das mutuum denken, wo aber Zinsen ausdrücklich stipuliert sein müssen, was nicht zutrifft. Der Jurist verneint aber die actio depositi nicht, sondern bejaht dieselbe, indem er darauf hinweist, daß wir es mit einem contractus bonae fidei zu thun haben, bezüglich der Zinsen daher das arbitrium judicis maßgebend sei. Nun sei es aber unbillig Zinsen (Gebrauchszinsen) von jemand zu verlangen, der nur aus Gefälligkeit das Geld angenommen hat, also keinen Nutzen davon zieht. Es trifft sonach die actio depositi zu und Zinsen können nicht verlangt werden, sofern der Depositar keinerlei Vorteil hat. Wohl aber hat der Depositar im andern Falle, wenn er selbst Zinsen gezogen hat, zumal wenn von Anfang an Zinsen ausgemacht sind, solche zu leisten; lex contractus servabitur.

Diesen Sinn glauben wir der Stelle entnehmen zu sollen. Hiernach ist für das depositum irregulare mit der Bezeichnung notissimos terminos egrediens die actio depositi für zulässig erklärt; demnach wird dasselbe auch als depositum anzusehen sein.

---

[1]) Vgl. l. 25 § 1 D. 16, 3.

Gleichzeitig ist die Zulässigkeit einer Vereinbarung einer Zinsverpflichtung ausgesprochen.[1])

l. 25 § 1 D. depositi 16, 3.

Papinianus libro III. responsorum:

Qui pecuniam apud se non obsignatam, ut tantundem redderet, depositam ad usus proprios convertit, post moram in usuras quoque judicio depositi condemnandus est.

Diese Stelle ist ihrem Sinne nach ziemlich klar, wenn auch nicht so klar, wie Mühlhäuser[2]) und Voltz[3]) glauben.

Wir sind schon der Ansicht, daß der Sinn der Stelle etwas in Zweifel gezogen werden kann, je nachdem man ut tantundem redderet konsekutiv oder wie Niemeyer[4]) final auffaßt. In beiden Fällen aber ist soviel gewiß, daß ein Vertrag, bei welchem Geld in unversiegeltem Zustande hingegeben wird und nicht dieselben Stücke, sondern nur tantundem restituiert werden solle, unter den Begriff des Depositum falle.

l. 26 § 1 D. depositi 16, 3.

Paulus libro IV. Responsorum:

Lucius Titius ita cavit: *ἔλαβον, καὶ ἔχω εἰς λόγον παρακαταθήκης τὰ προγεγραμμένα τοῦ ἀργυρίου δηνάρια μυρία καὶ πάντα ποιήσω καὶ συμφωνῶ, καὶ ὡμολόγησα, ὡς προγέγραπται· καὶ συνεθέμην χορηγῆσαι σοὶ τόκον ἑκάστης μνᾶς ἑκάστου μηνὸς ὀβόλους τέσσαρας μέχρι τῆς ἀποδόσεως παντὸς τοῦ ἀργυρίου.*[5]) Quaero, an usurae peti possunt? Paulus respondit, eum contractum, de quo quaeritur, depositae pecuniae modum excedere; et ideo secundum conventionem usurae quoque actione depositi peti possunt.

Auch diese Stelle gibt recht wohl einen guten Sinn, ohne daß an derselben, wie dies versucht wurde, Emendationen vorgenommen werden.[6])

---

[1]) Vgl. auch im wesentlichen übereinstimmend O. F. Mühlhäuser, Ueber Umfang und Geltung des depositum irregulare, Erlangen 1879, S. 16 ff. und S. 47; ferner Frz. Voltz, Ueber das depositum irregulare, München 1858, S. 12 u. 25; auch Niemeyer a. a. O. S. 30 ff., insbesondere S. 38 u. 39.

[2]) a. a. O. S. 13.

[3]) a. a. O. S. 11.

[4]) a. a. O. S. 7.

[5]) Vulg. versio: Suscepi habeoque apud me titulo depositi supra scripta denarium argenti decem millia, meque ad praescriptum omnia praestiturum et promitto et profiteor, conventione scilicet inita, ut quoad omne argentum reddatur, in singulos menses singulasque libras usurarum nomine quaternos tibi obolos subministrem.

[6]) Voltz a. a. O. 10.

Lucius Titius bekennt in einem Scheine, von X. 10000 Denare als Depositum erhalten zu haben und verpflichtet sich, dieselben nach den Grundsätzen des Depositum wieder zurückzugeben. Ueberdies verpflichtet er sich aber, monatliche Zinsen im Betrage von 4 Obolen pro Pfund zu entrichten. Auf die Frage, ob Zinsen verlangt werden können, antwortet Paulus: Allerdings; der in Frage stehende Vertrag sei kein gewöhnliches Depositum, sondern gehe über ein solches hinaus. Deshalb könnten auch Zinsen vereinbart und diese mit der actio depositi eingeklagt werden. Mit dem gewöhnlichen Depositum (depositum regulare), ist der Sinn, stehe allerdings eine solche Vereinbarung im Widerspruche.

Es ist richtig was Neustetel[1]) mit Bezug auf diese Stelle gesagt hat, nämlich daß das depositae pecuniae modum excedere keinesfalls eine Leugnung des Depositalcharakters des fraglichen Geschäftes involviere; der Jurist hat ja auch ausdrücklich die actio depositi für zutreffend erklärt. Es ergibt sich auch aus dieser Stelle, daß die Hinterlegung von vertretbaren Sachen noch unter den Begriff des Depositum falle und daß bei diesem Depositum sogar Zinsen vereinbart und mit der Depositalklage geltend gemacht werden können.

l. 31 D. locati 19, 2.

Der Teil der Stelle, welcher hier zunächst von Bedeutung ist, lautet:

Alfenus libro V Digestorum a Paulo epitomarum. In navem Saufeii cum complures frumentum confuderant, Saufeius uni ex his frumentum reddiderat de communi, et navis perierat; quaesitum est, an ceteri pro sua parte frumenti cum nauta agere possunt oneris aversi actione? Respondit, rerum locatarum duo genera esse, ut aut idem redderetur sicuti cum vestimenta fulloni curanda locarentur, ant eiusdem generis redderetur, veluti cum argentum pusulatum fabro daretur, ut vasa fierent, aut aurum, ut anuli; ex superiore causa rem domini manere, ex posteriore in creditum iri. Idem juris esse in deposito; nam si quis pecuniam numeratam ita deposuisset, ut neque clausam neque obsignatam traderet, sed adnumeraret, nihil aliud eum debere, apud quem deposita esset, nisi tantundem pecuniae solvere. . .

Nachdem Alfenus ausgeführt, daß es zwei Arten der locatio conductio operis gebe, je nachdem sich dieselbe auf nicht vertretbare oder vertretbare Sachen beziehe, fährt er fort: idem juris

---

[1]) Neustetel a. a. O. S. 15.

esse in deposito, dasselbe sei Rechtens beim Depositum; also auch beim depositum gebe es zwei entsprechende Arten. Auch Niemeyer erkennt an, daß diese Stelle geeignet sei, den Nachweis für das Bestehen eines depositum irregulare zu erbringen, wenn man dieselbe als geltenden Rechtssatz des justinianischen Rechtes betrachte.[1]) Letzteres hält nun Niemeyer für unzutreffend. Er sagt a. a. O. S. 14: „Es wird sich zeigen, daß jener Satz des Alfenus in der That ein Rechtssatz und nur deswegen für das justinianische Recht nicht anzuerkennen ist, weil er im Widerspruch zu anerkannten Grundsätzen des klassischen und des justinianischen Rechtes steht und ihm durch zahlreiche entgegengesetzte Quellenäußerungen die Geltung entzogen ist."

Wir vermögen nun allerdings einen Widerspruch der Stelle des Alfenus „mit anerkannten Grundsätzen" nicht zu erkennen, sondern sehen vielmehr in derselben die von uns aufgestellten und in den früheren Stellen ausgesprochenen Grundsätze nur noch deutlicher bestätigt. Es ist allerdings bequem, einer Stelle die mit einer zu beweisenden Thesis im Widerspruche steht, die Eigenschaft eines zwingenden geltenden Rechtssatzes abzuerkennen und sie damit aus der Reihe der Argumente zu eliminieren. Wir können nicht umhin die diesbezüglichen allerdings sehr eingehenden Ausführungen Niemeyers nicht als überzeugend zu erachten. Wir halten vielmehr nach wie vor die Stelle als geltenden Rechtssatz und erkennen damit auch das depositum irregulare für das justinianische und für das gemeine Recht an, ohne daß uns dasselbe als „widersinnig" erscheint.[2]). Wenn Niemeyer[3]) schließlich behauptet: „Alfenus gewährt nicht die actio depositi, sondern versagt sie", so erscheint uns diese Behauptung immerhin etwas gewagt. Wenn Niemeyer die Frage, welche actio der Jurist im Auge habe, zu beantworten offen gelassen hätte, so wäre dies mit dem Wortlaute der Stelle noch vereinbar gewesen; indes nach dem unverkennbaren Sinne der Stelle ist kein Zweifel, daß die actio depositi gemeint ist.

Diese Stellen, in denen wir die klassischen Zeugen dafür erblicken, daß das römische Recht der Sache nach das depositum irregulare wohl kannte und als depositum behandelte, mögen genügen. Andere vielfach in Bezug genommene Stellen behandeln mehr oder weniger spezielle Fälle und können an dem klar zum Ausdrucke gekommenen Prinzipe nichts ändern; wieder andere, so insbesondere l. 9 § 9 und l. 10 D. de R. C. 12, 1 können nur bei oberflächlicher Betrachtung als Gegenargumente angeführt

---

[1]) Niemeyer a. a. O. S. 13.
[2]) Niemeyer a. a. O. S. 13.
[3]) a. a. O. S. 28.

werden.[1]) Gründliche Forscher wie Niemeyer nehmen auf dieselben überhaupt nicht mehr Bezug.

Wir kommen somit zu dem Ergebnisse, daß trotz der gemachten entgegengesetzten Versuche daran festzuhalten ist, die Lehre vom depositum irregulare sei bereits in den Quellen des römischen Rechtes als ein besonderes Rechtsinstitut, als eine Abart des depositum regulare und nicht als mutuum behandelt. Die wirtschaftlichen Bedürfnisse haben allerdings dazu geführt, gewisse Merkmale des Darlehens auch dem Depositum zuzuerkennen; allein das Wesen des Depositum wurde hierdurch nur modifiziert, nicht aufgehoben.

Die in Vorstehendem berührte Streitfrage hat keineswegs bloß theoretische, sondern eine eminent praktische Bedeutung auch für unser heutiges Rechtsleben. Denn ist das depositum irregulare seinem Wesen nach kein Darlehen, sondern ein wirkliches, wenn auch modifiziertes depositum, so ist auch heute noch gegenüber einer Forderung aus einem solchen Depositum die Geltendmachung eines Kompensationsrechtes oder Retentionsrechtes unzulässig bzw. beschränkt.

§ 7.

Das depositum irregulare in der spätern Jurisprudenz.

Die mittelalterliche Jurisprudenz hat dem dep. irregulare gegenüber vielfach eine schwankende und zweifelhafte Stellung eingenommen.[2])

Statt scharf die Grundsätze der römischen Quellen zu erfassen und festzuhalten, verliert sie sich häufig in eine einseitige Erörterung und Betonung dieser oder jener Eigentümlichkeit. Gleichwohl ist der Begriff des depositum irregulare keineswegs aufgegeben; es finden sich vielmehr auch manche eifrige Verteidiger desselben.

Das kanonische Recht und die Reichsgesetzgebung haben sich mit unserm Gegenstande nicht befaßt; daher können diese ohne weiteres übergangen werden.

In den Schriften der Juristen der verschiedenen Länder und Jahrhunderte finden wir dagegen unsern Begriff regelmäßig lebhaft erörtert. Jedoch gehen die Meinungen oft weit auseinander.

Azo und Accursius neigen der Anerkennung des depositum irregulare zu, wenn auch ihre Haltung als wenig klar erachtet werden muß. Die Postglossatoren schließen sich meist an Accursius an.[3])

---

[1]) Vgl. Voltz a. a. O. S. 8.

[2]) S. Niemeyer a. a. O. S. 111 ff., woselbst eine Reihe von Aussprüchen bedeutender Juristen angeführt ist.

[3]) S. Niemeyer a. a. O. S. 111 u. 112.

Jason de Maino ist unter andern ein eifriger Verfechter des Instituts und hat ihm den nunmehr geläufigen Namen gegeben,[1]) während sein Schüler Philippus Decius als ebenso ausgesprochener Gegner auftritt.

Der Jurist Zasius wiederum ist ein Freund des Instituts, ohne daß er den Namen desselben nennt.[2])

Cuiacius widerspricht sich, indem er sich bald gegen das depositum irregulare erklärt, bald dasselbe anzuerkennen scheint. Donellus umgeht unsern Begriff ganz; Balduinus hält die Verzinslichkeit mit dem Begriffe des depositum unvereinbar.

Duarenus und insbesondere Molinäus sind wieder Verfechter des irregulären Depositum.[3])

Im Laufe des 16. und 17. Jahrhunderts wird das depositum irregulare mit der zunehmenden Geldwirtschaft insbesondere an den Handelsplätzen Italiens immer mehr ein Institut von großer praktischer Wichtigkeit. Mit der zunehmenden Bedeutung, insbesondere auch mit der Ausbreitung des Bankdepotwesens von Italien nach Deutschland wird auch der Begriff des depositum irregulare, welcher die rechtliche Grundlage des Depositenwesens bildete, immer lebhafter diskutiert, ohne daß eine Klärung oder auch nur eine überwiegende Anschauung für eine bestimmte Charakterisierung desselben zu finden wäre. Der Rechtszustand wurde dadurch ein derart zweifelhafter, daß das allgemeine juristische oraculum der Leipziger Fakultät dem Deponenten empfehlen zu sollen glaubt, die Privilegien des depositum für das depositum irregulare ausdrücklich in jedem Falle auszubedingen.[4]) Daher kommt es auch, daß einzelne Schriftsteller geradezu das depositum irregulare von der Intention der Parteien abhängig sein lassen.

So wurde denn der Begriff unserm Jahrhundert in einer Form überliefert, welche an Unklarheit und Unsicherheit nichts zu wünschen übrig ließ, die aber gerade deshalb unter dem Einflusse der zunehmenden wirtschaftlichen Bedeutung des Depotwesens alsbald die erhöhte Aufmerksamkeit der Juristen in Anspruch nehmen mußte.

---

[1]) S. Savigny, Geschichte des römischen Rechts Bd. 6 S. 410; Niemeyer, a. a. O. S. 110 Anm. 21.

[2]) Zasius: in usus feudorum epitome, Francoforti 1590 tom. IV p. 76 ff. bemerkt: „depositum, licet a suis finibus degeneret, depositum tamen manet“.

[3]) S. Niemeyer a. a. O. S. 120 ff.

[4]) S. Niemeyer a. a. O. S. 130.

§ 8.

Das depositum irregulare in der Jurisprudenz dieses Jahrhunderts.

Auch die Jurisprudenz dieses letzten Jahrhunderts hat sich mit dem Begriffe des dep. irregulare auf das lebhafteste beschäftigt, aber auch ihr ist es nicht gelungen, eine entschiedene und der Bedeutung desselben angemessene feste Auffassung von dem Wesen desselben und dessen Verhältnis zum Darlehen zu gewinnen. Wenige Blicke in die Pandektenlehrbücher oder sonstige civilrechtliche Werke genügen, um zur Ueberzeugung zu gelangen, daß die Meinungen hierüber sehr geteilt sind.

Wollen wir einige wenige der bekanntesten Schriftsteller in ihrer eigenen Sprache vernehmen:

Seuffert:[1]) „Daß der Depositar die hinterlegte Sache benutzen oder verbrauchen dürfe, ist gegen die Natur des depositum. Indes können die Kontrahenten eine Abweichung in der Art belieben, daß dem Depositar die gelegentliche Benutzung gestattet wird.

Findet 1. dieses „unregelmäßige“ Depositum mit vertretbaren Sachen statt und der Depositar soll nur zur Zurückgabe derselben Summe bezw. in derselben Quantität und Qualität verbunden sein, so wird derselbe Eigentümer des Empfangenen und trägt die Gefahr. Eine Verabredung dieser Art liegt 2. stillschweigend darin, daß eine Summe Geldes unverschlossen hinterlegt wird. Geschah 3. die Hinterlegung mit der ausdrücklichen Bestimmung, der Empfänger möge, wenn es ihm künftig genehm, das Uebergebene benutzen, so geht auf denselben Eigentum und Gefahr erst mit der wirklichen Benutzung über, wogegen 4. dies sofort mit der desfallsigen Verabredung eintritt, wenn diese Gestattung des Gebrauchs erst später erfolgte.

Für die Fälle Nr. 3 (von der Zeit der Benutzung an) und 4 wird angenommen, das depositum sei in ein Darlehen übergegangen, was die Folge hat, daß das vom depositum in Betracht auf Kompensation und Retention Geltende hier keine Anwendung findet.“

Mühlenbruch:[2]) „Unter dem irregulare depositum versteht man die Hingabe fungibler Sachen unter der Bedingung, daß ihre Rückgabe in gleicher Gattung und Güte, allein nach den für das depositum geltenden Grundsätzen erfolgen kann. Diese Kontraktsform, welche wahrscheinlich nur dazu diente, die sonst an die Stipulationsform gebundenen verzinslichen Darlehensgeschäfte zu

---

[1]) Seuffert a. a. O. S. 204.

[2]) Mühlenbruch, Pandekten Bd. 2 S. 383 4. Aufl., Halle 1844.

erleichtern, muß ihrer Irregularität halber auf die Kontrakte beschränkt werden, wobei fungible Sachen den Gegenstand des Kontraktes bilden. Wenn gestattet wird, daß der Depositar die Sachen auch gebrauchen dürfe, so verwandelt sich das depositum in ein wirkliches Darlehen."

Unterholzner:[1]) „Ausnahmsweise kann es bei vertretbaren Gegenständen doch vorkommen, daß der Absicht nach bloß ebenso viel in gleichwertigen Sachen erstattet werden soll und dann pflegt man das Ueberlassen zum Gewahrsam ein unregelmäßiges zu nennen. Doch steht dieser Begriff nicht ganz fest; man hat daher auch wohl noch andere Fälle, wo die gewöhnliche Natur dieses Geschäftes verändert ist, unter denselben aufgenommen."

„Das Ueberlassen zum Gewahrsam begründet kein Nutzungs- und Gebrauchsrecht; doch können Nutzung und Gebrauch besonders bewilligt werden, wodurch freilich ein depositum irregulare entsteht."

Holzschuher:[2]) Ist es beim Mangel einer bestimmten Erklärung der Kontrahenten ungewiß und streitig, welches von beiden Geschäften sie eigentlich gewollt haben (sc. mutuum oder dep. irregulare), so ist es vorzüglich für ein mutuum entscheidend, wenn der Geber nicht schlechterdings nach Willkür zurückfordern kann. Außerdem ist darauf zu sehen, ob durch das Geschäft der Nutzen des Gebers oder des Empfängers vorzugsweise erzielt wurde."

Neustetel:[3]) Das Geschäft ist ein mutuum, so oft Geld in der Absicht gegeben wird, dessen Eigentum auf den Empfänger zu übertragen und ebensoviel (tantundem, non eadem corpora) wieder zu erhalten, unregelmäßiges Depositum hingegen, wenn Geld zur Aufbewahrung übergeben wird mit der stillschweigend oder ausdrücklich dem Depositar gestatteten Erlaubnis, statt derselben Geldstücke den gleichen Betrag zurückzugeben. Die Erteilung dieser Erlaubnis wird aus der Uebergabe unversiegelten Geldes zur Aufbewahrung vermutet."

Glück:[4]) „Es ist die fungible Sache als eine solche deponiert, also das Geld entweder unter der ausdrücklichen Bedingung, daß nicht eadem nummorum corpora, sondern nur tantundem zurückgezahlt werden solle, oder unversiegelt in gemeinen Münzsorten. Man nennt dieses ein depositum irregulare im eigentlichen Sinn. Hier bleibt das Geschäft ein depositum und geht nicht in ein Dar-

[1]) Unterholzner, Lehre von den Schuldverhältnissen Bd. 2 S. 661, Leipzig 1840.

[2]) Holzschuher, Theorie und Kasuistik des gemeinen Civilrechts Bd. 2 S. 517.

[3]) Neustetel a. a. O. S. 5.

[4]) Glück a. a. O. S. 157.

lehen über. Zwar wird durch den Vertrag stillschweigend auch der Gebrauch des Geldes übertragen, allein da hier nach der Natur fungibler Sachen ebensoviel das nämliche ist, so wird hier wirklich idem depositum restituiert, weil das Geld nicht als corpus, sondern als quantitas war deponiert worden."

Puchta:[1]) „Der Deponent braucht nicht Eigentümer zu sein, der Depositar darf nicht Eigentümer sein; auch durch den Kontrakt wird er es nicht. Doch ist es möglich, daß fungible Sachen dergestalt deponiert werden, daß sie nicht in specie sondern in genere restituiert werden sollen (irreguläres Depositum). Hier geht Eigentum und Gefahr auf den Depositar über, sonst aber wird das Geschäft der Intention der Kontrahenten gemäß wie ein depositum behandelt."

Arndts:[2]) „Der Depositar erhält regelmäßig weder das Eigentum der hinterlegten Sache, noch die Befugnis sie zu gebrauchen oder zu verbrauchen. Indessen können vertretbare Sachen auch in der Weise hinterlegt werden, daß der Empfänger nur dieselbe Summe oder Quantität zurückzugeben schuldig sein soll und dies wird als stillschweigend verabredet angenommen, wenn eine Summe Geldes unverschlossen hinterlegt wird. Alsdann geht das Eigentum des Empfangenen wie beim Darlehen auf den Empfänger über, das Geschäft wird aber übrigens der Absicht der Kontrahenten gemäß wie ein depositum (sog. depositum irregulare) behandelt."

Heimbach:[3]) „Ein depositum irregulare gibt es ebensowenig der Sache als den Worten nach in den römischen Rechtsquellen in dem Sinne, wie es die meisten neueren Gelehrten angenommen haben."

Gruchot:[4]) „Sind vertretbare Sachen mit der Bestimmung deponiert, daß ihre Rückgabe in gleicher Gattung und Güte erfolgen solle, so spricht man von einem sog. depositum irregulare. Dieses Institut fand seine Ausbildung schon im römischen Recht."

v. Schey:[5]) „Obgleich die fast schon verschollen gewesene Lehre, daß dasselbe (sc. dep. irregulare) ein Darlehen sei, neuestens wieder Vertreter gefunden hat, wird es doch wahr bleiben, daß im Leben „Hinterlegen und Leihen" als verschiedene Dinge gelten. Und auch wer irregulär deponiert, will das erstere, nicht das letztere.

---

[1]) Puchta, Pandekten S. 479, 8. Auflage, Leipzig 1856.

[2]) Arndts, Lehrbuch der Pandekten S. 578, 4. Auflage, Stuttgart 1889.

[3]) Heimbach, Die Lehre vom Kreditum nach den gemeinen in Deutschland geltenden Rechten S. 431.

[4]) Gruchot, Beiträge zur Erläuterung des preußischen Rechts Bd. 15 S. 836.

[5]) v. Schey, Die Obligationsverhältnisse des österreichischen allgemeinen Privatrechts Bd. 1 S. 56/7.

Die nächste causa des Geschäftes bleibt die Uebergabe und Uebernahme in „Obsorge“, nicht die Gebrauchsüberlassung, „custodia“, nicht „utendum dare“. Bezüglich der Verzinslichkeit fährt er fort:

„Allein damit (mit der Verzinsung) entrichtet er (der Depositar) nicht, wie der Geldschuldner, den Preis für den ihm geleisteten Dienst, sondern damit übernimmt er die Pflicht, das Kapital seines Deponenten auf eigene Gefahr zinstragend zu machen.“

Cosack:[1]) „Das Depositengeschäft ist nicht Darlehen, sondern dep. irregulare; denn die vorwiegende Absicht der Parteien geht nicht dahin, daß der Bankier das Geld für sich nutzbar verwenden, sondern dahin, daß der Bankier eine gleichwertige Geldsumme stets zur Verfügung des Gläubigers halten solle.“

Thöl:[2]) „Der Kaufmann gibt keine Darlehen, aber nimmt sie als Schuldner. Das Kapital heißt dann Depositengeld, die Rechnung conto a deposito; der Name ändert aber das gemeinte Darlehen nicht.“

Dernburg:[3]) „Aeußerlich ist das Geschäft einem Darlehen ähnlich.“ „Aber die Zwecke und damit auch die juristische Gestaltung sind verschieden.“

„Von dem Darlehen unterscheidet es sich grundsätzlich durch die den Abschluß bestimmende Absicht.“[4])

Windscheid:[5]) „Bei der Hinterlegung vertretbarer Sachen kann ausgemacht werden, daß der Empfänger Eigentümer derselben werden und nur verpflichtet sein solle, eine gleiche Quantität gleicher Sachen zurückzugeben. In diesem Falle trägt der Empfänger die Gefahr des Hinterlegten, hat aber dafür auch den Vorteil des Gebrauchs, ohne daß jedoch Ausbedingung einer Zinsvergütung für diesen Vorteil ausgeschlossen ist. Von dem Darlehen unterscheidet sich ein solches Geschäft durch die Verschiedenheit seiner Intention und es steht daher auch im Einzelnen unter dem Rechte nicht des Darlehens-, sondern des Hinterlegungsvertrags.“

Vangerow:[6]) „Ein sog. depositum irregulare wird dann angenommen, wenn Geld oder andere Fungibilien so deponiert werden, daß nicht die deponierten Sachen in specie, sondern nur tantundem ejusdem generis zurückgegeben werden soll.“

„Wenn manche die Realität dieses Begriffes ganz leugnen, indem in solchem Falle nicht sowohl ein depositum, als vielmehr ein

---

[1]) Cosack, Lehrbuch des Handelsrechts 3. Aufl. S. 337, Stuttgart 1895.
[2]) Thöl a. a. O. S. 437.
[3]) Dernburg a. a. O. Bd. 2 S. 248.
[4]) Dernburg, Preuß. Privatrecht 3. Aufl. Bd. 2 § 311.
[5]) Windscheid, Pandekten S. 432 5. Aufl., Frankfurt 1882.
[6]) Vangerow, Lehrbuch der Pandekten 3. Bd. S. 431 6. Auflage, Marburg 1856.

mutuum begründet sei, so ist diese Ansicht sicher unhaltbar und mit unsern Quellen in unauflöslichem Widerspruche".

„Zergliedert man ein solches Geschäft (nämlich dep. irreg.) so ist es seinem Grundcharakter nach offenbar ein depositum; man will im wesentlichen nichts als sein Geld der größeren Sicherheit wegen in fremden Gewahrsam bringen. Aber man will so zu sagen nur die Summe, nicht die einzelnen Geldstücke deponieren und wenn der Depositar nur dafür sorgt, daß in jedem Augenblicke die hingegebene Summe von ihm erhoben werden kann, so mag er über die hingegebenen Geldstücke nach Belieben disponieren, denn daß es dem Deponenten auf die letzteren nicht ankommt, zeigt sich ja eben darin, daß er sie offen dem Depositar zuzählt. Gerade in dieser letzteren Beziehung nähert sich nun allerdings unser Geschäft dem mutuum, indem dort wie hier der Empfänger Eigentümer wird und auch die Gefahr auf ihn übergeht; aber in allem übrigen ist es doch ein wahres depositum, und ganz nach den Grundsätzen des letzteren zu behandeln."

Diese wenigen Aeußerungen bekannter Juristen, welche noch durch zahlreiche ähnliche Aussprüche vermehrt werden könnten, mögen genügen, uns ein Bild von den verschiedenartigen Anschauungen und Auffassungen von dem Wesen des depositum irregulare in der neuern Jurisprudenz zu gewähren.

Zwar finden wir das Institut bei den meisten neueren Schriftstellern im Prinzip anerkannt; aber trotzdem sind im einzelnen die Auffassungen mehr oder weniger verschieden; manche wollen überhaupt den Begriff aus der Rechtswissenschaft verbannt wissen.

Es kann nicht unsere Absicht sein, die Zahl der Meinungen über unser Institut um eine weitere zu vermehren. Indessen will es uns bedünken, als ob das in den Quellen ziemlich klar zum Ausdruck gekommene Rechtsinstitut des sog. depositum irregulare durch die spätere Wissenschaft mehr verdunkelt als in seinem innersten Wesen und seiner tiefgehenden Bedeutung für das wirtschaftliche Leben strenge erfaßt und gewürdigt worden wäre.

Wir stehen nicht an gestützt auf die im vorausgehenden näher betrachteten Quellenbelege das dep. irregulare als ein im römischen Rechte begründetes und gerade mit der Entwickelung des Geld- und Kreditwesens der modernen Zeit zu immer höherer Bedeutung gelangendes Institut zu halten, das seinem ganzen Zwecke und auch seiner juristischen Gestaltung und innern Struktur nach wesentliche Unterschiede vom Darlehen zeigt.

Diese Anschauung gründet sich vor allem auf die historische Entwickelung des Instituts.

Es ist richtig, daß das dep. irregulare eine Reihe von Merkmalen des Darlehensbegriffes in sich aufgenommen hat. Es hat sich damit von dem Begriffe des **depositum** mehr und mehr entfernt, allein es ist trotzdem nicht zum Darlehen geworden. Eigentumsübergang, Gewährung eines Zinses, Beobachtung von Kündigungsfristen sind zunächst spezifische Merkmale des Darlehensbegriffs.

Allein der Eigentumsübergang ist, wie bereits erörtert wurde, beim **dep. irregulare** etwas Zufälliges, auf der Fungibilität der Objekte Beruhendes: Verzinsung und Kündigungsfristen bringen es dem Darlehen nahe. Aber der Zinsfuß ist seiner Höhe nach ein wesentlich anderer als beim Darlehen und auch die Kündigungsfrist, wo eine solche vereinbart ist, erscheint lediglich als ein Mittel, einerseits das **depositum** im Interesse des Deponenten und der gesamten Volkswirtschaft thunlichst in den Dienst des Kredits zu stellen, andererseits trotzdem eine ordnungsgemäße und pünktliche Rückzahlung zu ermöglichen. Damit wird auch dem Aufbewahrungszwecke genügend Rechnung getragen.

Mag das **dep. irregulare** dem Darlehen noch so sehr ähnlich sein, den Ausgangspunkt der Entwicklung bildete das **depositum** und solange es nicht vollständig mit dem Darlehensbegriff sich deckt, muß schon mit Rücksicht auf diesen historischen Hergang, noch mehr aber im Hinblicke auf die wirtschaftliche Funktion des Instituts für dasselbe Existenzberechtigung gefordert werden.

Die Tendenz der Entwickelung geht allerdings dahin, allmählich die noch bestehenden juristischen Unterschiede zwischen **mutuum** und **depositum irregulare** vollständig aufzuheben. Die Theorie hat die Aufgabe, diese Entwickelung, die unter dem Einflusse des Verkehrsbedürfnisses und der Verkehrsanschauungen steht, zu beobachten und den Zeitpunkt als gegeben zu bezeichnen, in welchem durch einen formellen Akt der Gesetzgebung die Unterschiede als beseitigt zu erklären seien. Bis in die neueste Zeit ist ein solcher Akt nicht erfolgt, das **dep. irregulare** genoß immer noch gewisse Privilegien des **depositum**. Aber auch dann, wenn die juristischen Unterschiede wegen ihrer Geringfügigkeit als aufgehoben erklärt werden und damit äußerlich beide Begriffe in einander übergehen, so bleibt doch noch ein innerer Unterschied bestehen, der aus dem Zwecke, der erreicht werden soll, sich ergibt[1]).

Zur Zeit aber ist auch äußerlich in der juristischen Form und den Rechtswirkungen noch ein merklicher Unterschied. Welchen Standpunkt das bürgerliche Gesetzbuch einnimmt, soll an späterer Stelle gezeigt werden.

---

[1]) Vgl. Rießer, Das Bankdepotgesetz vom 5. Juli 1896 S. 23 Anm. 4, Berlin 1897.

III.

Die einzelnen Depotgeschäfte.

§ 9.

Im allgemeinen.

Das dep. regulare und irregulare sind keineswegs konkrete Geschäftsformen, deren Anwendung an sich ausschließlich oder auch nur vorzugsweise auf einem bestimmten Gebiete liegt. Beide Formen bezeichnen nach allgemeinem Rechte bestimmte Eigenarten eines Vertrags, der in jedem Geschäftskreise vorkommen kann. Keine der beiden Formen hat ursprünglich eine ausschließliche Beziehung zu dem, was man heute Bankverkehr heißt. Erst als die wirtschaftliche Entwickelung dazu führte, die Aufbewahrung von Sachen, insbesondere von Geld und anderen Wertsachen zu einer berufsmäßigen Beschäftigung herauszubilden, näherte sich das Depositum mehr und mehr dem, was wir heute unter einem Depot verstehen. Der Begriff des Bankdepotgeschäftes war damit in seinen Grundlagen gegeben, ohne daß der juristiche Begriff eine Aenderung dadurch erlitt, daß er seine Anwendung vorzugsweise auf dem Gebiete des Bankverkehrs fand.

Geld ist lange Zeit der typische Gegenstand für das depositum irregulare gewesen. So ist es denn auch nicht zu verwundern, wenn der letztere Begriff bei Zunahme des Geldverkehrs an Bedeutung gewann und selbst die juristische Form bieten sollte, in welche eine Anzahl von Bankgeschäften gekleidet wurde. So hat das dep. irregulare seine vorzugsweise Anwendung alsbald im Bankwesen gefunden. Diese Thatsache mußte ihm aber notwendig den Charakter eines Bankgeschäftes aufprägen. Dies trifft auch heute noch zu und heute noch nimmt das Depositum in den verschiedenen Formen die erste Stelle unter den Bankgeschäften ein. Da nun aber, wie wir oben gesehen haben, der moderne Depotbegriff über den des römischen Depositum hinausgehend, auch andere juristisch ganz verschiedene Geschäfte unter den Depotbegriff befaßte, ergibt sich die Notwendigkeit, die einzelnen Arten, wenigstens die wichtigsten derselben, im Anschlusse an den Sprachgebrauch auch auf ihren juristischen Inhalt zu prüfen.

Was die Einteilung der Depositen betrifft, so ist außer der Unterscheidung von dep. regulare und irregulare besonders die Einteilung in offene und verschlossene Depots geläufig. Gleichwohl ist diese Einteilung in einer Darstellung nicht verwertbar,[1]) weil dieselbe lediglich an die äußere Art der Aufbewahrung anschließt, dagegen

[1]) Vgl. oben S. 18.

die verschiedenen Arten der Verwaltung sowie die damit zum Ausdrucke gelangenden verschiedenen wirtschaftlichen Zwecke unberührt läßt. Wir glauben daher eine andere im Bankwesen ebenfalls geläufige Einteilung, der eigentlichen Depotgeschäfte im folgenden zu Grunde legen und darnach auch die Geschäfte, welche über den juristischen Begriff hinausgehen, näher betrachten zu sollen.

§ 10.

Das Depositum zur Aufbewahrung.

Das **depositum** zur Aufbewahrung kommt wirtschaftlich und juristisch mit dem römisch-rechtlichen Depositum überein. Wie sein Name besagt ist der wirtschaftliche Zweck lediglich der der sichern Aufbewahrung und der jederzeitigen Verfügbarkeit von Werten. Die juristische Form, in welcher dieser Zweck erreicht wird, ist entweder die des **depositum regulare** oder die des **dep. irregulare**. Beide Formen kommen in unserm modernen Bankverkehre vor. Wenn Geld oder andere Gegenstände verschlossen (geschlossenes Depot) oder individuell bestimmte Gegenstände offen übergeben werden, so hat der Bankier die übergebene Sache und keine andere auf Verlangen jederzeit oder mit den in Geschäftsbedingungen normierten zeitlichen Beschränkungen dem Deponenten herauszugeben. Der Umstand, daß im modernen Verkehre die Aufbewahrung nicht mehr unentgeltlich geschieht, hängt damit zusammen, daß diese Aufbewahrung nunmehr nicht mehr als Freundschaftsdienst angesehen, sondern berufs- und gewerbsmäßig organisiert und ausgeübt wird. An dem Wesen des Depositum und den begrifflichen Merkmalen wurde im übrigen hierdurch nichts geändert.

Werden generell bestimmte Sachen, also vertretbare (fungible) Sachen offen übergeben, so ist die Intention der Parteien maßgebend dafür, ob dieselben gesondert aufzubewahren sind und demnach **in specie** restituiert werden müssen, oder ob anzunehmen ist, daß die generell bestimmten Sachen als **genus** und nicht als **species** behandelt werden sollten, also **in genere** restituiert werden dürfen. Aus dem Umstande allein, daß die hingegebenen Sachen generell bestimmte sind, kann demnach noch nicht ohne weiteres auf die Intendierung eines **dep. irregulare** geschlossen werden. Eine **praesumptio juris** gilt nur bei hingezählten Geldstücken. Hier wird mangels besonderer Erklärung angenommen, daß der Depositar nur zur Rückgabe eines gleichgroßen Quantums derselben Art, also der gleichen Summe in Währungsgeld verbunden sein soll.[1])

Was die Haftung betrifft, so muß mit der ganzen Aenderung in der Einrichtung und insbesondere im Hinblicke auf die heutige

---

[1]) S. l. 31 D. loc. cond. 19, 2.

Entgeltlichkeit des depositum eine höhere Haftung des Depositars angenommen werden. Im römischen Rechte haftete der Depositar lediglich für diligentia quam suis rebus adhibere solet (diligentia in concreto). Heute wird man ohne Bedenken Haftung für omnis diligentia verlangen müssen. Regelmäßig wird dann auch in den Geschäftsbedingungen der Bankiers ausdrücklich die Haftung für omnis diligentia, vis major ausgenommen, übernommen.

Die Uebernahme einer solchen Haftung widerspricht keineswegs dem Wesen des depositum. Schon im römischen Rechte konnte durch besonderen Nebenvertrag das Maß der Haftung erhöht werden,[1]) umsoweniger kann eine solche Verabredung bei den heutigen veränderten Verhältnissen entbehrt werden.

Diese Haftung hat übrigens nur Bedeutung für das dep. regulare. Beim dep. irregulare wird der Depositar Eigentümer und damit trifft ihn von selbst jegliche Haftung, selbst die Haftung für Zufall. Rein rechtlich betrachtet ist der Deponent daher bei dieser Form des Depositum am sichersten gestellt, da er rechtlich seinen Anspruch nie verlieren kann.

Beide Formen spielen heute eine hervorragende Rolle. Bares Geld, auch Wertpapiere werden in Form des dep. irregulare hinterlegt; bei letzterem ist jedoch die Form des dep. regulare häufiger, jedenfalls aber die gewöhnlich von seiten der Parteien intendierte Form, während Geld nicht in dieser Weise hinterlegt zu werden pflegt. Andere Wertgegenstände werden naturgemäß nur als dep. regulare zur Aufbewahrung übergeben.

§ 11.

Das Depositum zur Verwaltung.

Während das Depositum zur Aufbewahrung seitens des Depositars keinerlei positive Thätigkeit erfordert und sich daher zumal in der Form des depositum regulare dem von Windscheid aufgestellten Begriffe des Depositum, wonach der Depositar zur bloßen Raumgewährung verbunden sein soll, sehr nähert, ist beim Depositum zur Verwaltung bereits ein wichtiges Merkmal des römischrechtlichen Begriffes aufgegeben. Das Wesen des wirtschaftlichen Instituts des Depositum zur Verwaltung besteht gerade darin, daß der Depositar zur Vornahme gewisser positiver Thätigkeiten verbunden sein soll, welche die Uebernahme der Verwaltung der hinterlegten Gegenstände mit sich bringt. Die Ausbildung dieser Art des Depositum hängt mit der Entwickelung der Wertpapiere zusammen.

---

[1]) S. auch Windscheid a. a. O. S. 431 Anm. 8.

Wer Wertpapiere zur Verwaltung hinterlegt, will insbesondere die Detachierung der Zinskoupons, ferner die Ausübung von Bezugsrechten, die Kontrolle der Auslosungen, Umtausch von verlosten Papieren rc. von dem Depositar besorgt wissen.

Dieses Depositum kann sowohl in der Form des **dep. regulare** wie der des **dep. irregulare** vorkommen.

Nach römischem Rechte konnte ein durch diese Art des Depositum angestrebter Zweck nur durch Abschluß eines sog. **pactum adjectum** zum Hauptvertrage oder eines selbständigen Mandatsvertrages erreicht werden.

Auch heute noch müssen bei einem solchen Vertrage zwei Seiten auseinander gehalten werden, von denen die eine den Vertrag als reinen Aufbewahrungsvertrag zeigt, die andere dem Depositar die Vornahme der gewollten Verwaltungsthätigkeiten zur Pflicht macht. Der letztere Vertragsinhalt für sich allein müßte, da die Verwaltung nicht unentgeltlich erfolgt, wohl unter den römisch-rechtlichen Begriff der **loc. conductio** gebracht werden.

In der Wirklichkeit treten diese beiden Seiten des Vertrages nicht hervor; vielmehr erscheint nach außen hin ein solcher Vertrag als eine vollkommen geschlossene Einheit. Der Deponent übergibt die zu hinterlegenden Gegenstände und häufig ergibt sich aus den Umständen von selbst diese oder jene Art der Hinterlegung, ohne daß es einer besonderen Willensäußerung bedarf.

Trotz dieser häufigen, engen Verknüpfung einer Verwaltungsthätigkeit mit der bloßen Verwahrung, ist diese Thätigkeit nicht zu einem wesentlichen Begriffsmerkmal eines einheitlichen gesonderten Vertrages geworden; dieselbe erscheint vielmehr als ein in den Verwahrungsvertrag hineingelegter Bestandteil eines fremden Vertrags und durch die herbeigeführte häufige, aber nichtsdestoweniger zufällige Verbindung wird ein einheitlicher wirtschaftlicher Zweck erreicht.

§ 12.

Das Depositum zur Benutzung.

Dieser Begriff scheint an sich paradox zu sein, gleichwohl hat ihn die Praxis des Bankverkehrs entwickelt. Naturgemäß kann ein solches **depositum** nur in der Form des **dep. irregulare** vorkommen. Ja diese Art des Depositum ist nichts Anderes, als eine Weiterbildung des **depositum irregulare**. Beim **depositum irregulare** braucht der Depositar nicht die hinterlegte Sache **in specie** zurückzugeben, immerhin aber darf er die übergebene Sache nicht beliebig verwenden; er muß jedenfalls dafür sorgen, daß jederzeit die vorhandenen Gegenstände gleicher Art der Summe der hinterlegten Gegenstände gleichkommen. Will er eine so deponierte Sache gebrauchen, so kann er dies nur dann thun, wenn er gleichzeitig eine andere Sache derselben Art bereit hält. Eine solche Gebrauchsgestattung, welche mit dem Verzicht auf den Gebrauch einer gleichen Sache verbunden und erkauft ist, kann als ein dep. irregulare, aber nicht als ein depositum zur Benutzung im modernen banktechnischen Sinne erachtet werden.[1])

Hierunter versteht man vielmehr ein depositum, bei welchem mit Rücksicht auf die Menge der gleichartigen Depositen und im Hinblicke auf die Unwahrscheinlichkeit, daß alle Depositen gleichzeitig zurückverlangt werden, sowie den steten Zugang neuer Depositen dem Depositar gestattet wird, innerhalb gewisser Grenzen und auf gewisse Art und Weise die hinterlegten Gegenstände zu gebrauchen, ohne hierfür sofort andere Gegenstände der gleichen Art bereit halten zu müssen. In diesem Falle ist also die Summe der wirklich jederzeit bereitliegenden Gegenstände bedeutend kleiner als die Summe der Depositalforderungen. Auf diese Weise wird der Bankier in die Lage versetzt, einen Teil der Depositen verzinslich anzulegen und auch dem Depositar einen mäßigen Zins zu bewilligen. Um die Rückforderung zu regeln, sind häufig Kündigungsfristen eingeführt. Jedenfalls aber muß der Depositar sofort auf Verlangen bezw. unter den näher normierten Geschäftsbedingungen die deponierten Sachen zurückgeben. Die Haftung ist die gleiche wie beim dep. irregulare.

Ein solcher Vertrag, der die Interessen beider Kontrahenten verfolgt, unterscheidet sich unter Umständen nur wenig mehr von einem Darlehensvertrag.

Das, was denselben von dem Darlehen noch unterscheidet, ist die regelmäßige Höhe des Zinsfußes, sowie die Intention der Parteien, welche in einem solchen Falle, wenn auch nicht mehr ausschließlich, so doch noch vorwiegend und hauptsächlich auf die Verwahrung gerichtet ist und nur nebenbei auch eine nutzbringende Anlage anstrebt.

§ 13.

Das Depositum zur Deckung.

Das Depositum zur Deckung hat mit dem römisch-rechtlichen Depositum lediglich den Namen gemein. Aeußerlich kann man nur insofern von einem Depositum reden, als bei demselben Sachen, regelmäßig Wertpapiere, übergeben, also hinterlegt werden. Die Hinterlegung ist aber hierbei nicht Selbstzweck, sondern lediglich Mittel zum Zwecke, nämlich zur Sicherstellung einer Forderung. Es ist in diesem Falle daher ein pignus (Faustpfand) gegeben und

---

[1]) Schey, Die Obligationsverhältnisse des österr. allg. Privatrechts S. 377, Wien 1895, nennt die erstere Art nicht dep. irregulare, sondern reguläres Summendepositum.

die Verwahrung geschieht seitens des Empfängers nicht als Depositar, sondern als Pfandnehmer. Daher ist in diesem Falle auch nicht die Depositalklage, sondern die Pfandklage, actio pigneraticia einschlägig. Das ganze Verhältnis ist nach dem Pfandrechte zu beurteilen. Seine häufigste Anwendung findet dieses Geschäft bei Sicherstellung von Forderungen (meist Darlehensforderungen) durch Hingabe von Wertpapieren, Traditionspapieren u. dergl. (Lombardgeschäft).[1]) Deponieren wird hierbei gleichbedeutend mit Verpfänden gebraucht.[2]) Vom Depositum im rechtlichen Sinne kann man hier nur dann und solange allenfalls reden, als Wertpapiere zum Zwecke der Sicherstellung von Forderungen hingegeben worden sind, diese Forderungen gegen den Hinterleger aber noch nicht entstanden sind. Erst in dem Momente, als der Empfänger gegen den Hinterleger eine Forderung erwirbt, wird in diesem Falle die Verpfändung perfekt.[3]) Aehnlich und unter den gleichen Voraussetzungen, wie das depositum kann auch das pignus in diesem Falle die Form des pignus irregulare annehmen.[4])

Das Depotgeschäft in der Form des depositum zur Deckung ist sonach keine besondere, von anderen Rechtsformen verschiedene Rechtsform. Es handelt sich überhaupt nicht um einen Rechtsbegriff, sondern, wie der moderne Depotbegriff überhaupt, so ist auch das depositum zur Deckung ein durch den Verkehr geschaffener Begriff, der aber bereits derart das Verkehrsleben beherrscht, daß auch eine rechtliche Darstellung der Depotgeschäfte ihn nicht umgehen kann. Das Depotgesetz hat ihn, wie später gezeigt wird, auch in die Rechtssprache eingeführt. Im Hinblicke hierauf rechtfertigt sich auch die Behandlung an gegenwärtiger Stelle.

§ 14.

Das Girogeschäft.

Auch das moderne Girogeschäft muß den Bankdepotgeschäften zugezählt werden. Dasselbe hat ein Depositum zur Grundlage und zwar nicht nur im Verkehrssinne, sondern auch im Rechtssinne.[5])

Das Wesen des Girogeschäftes beruht darin, daß die Bank ihrem Kunden auf Ansuchen gegen Hinterlegung eines bestimmten Betrages ein Konto eröffnet und unentgeltlich führt. Mittels An=

---

[1]) Cosack a. a. O. S. 337. Ueber die Pfandberechtigung im Falle eines Umtausches von Wertpapieren vgl. R.G.E. f. CS. Bd. 33 S. 105 ff.

[2]) S. Puchelt, Handelsgesetzgebung 2. Bd. S. 841, R.G.E. f. CS. Bd. 19 S. 159.

[3]) Vgl. Windscheid, Pandekten Bd. 1 S. 720 Anm. 7.

[4]) Vgl. Dernburg, Pandekten Bd. 1 S. 665.

[5]) RG.E. f. CS. Bd. 12 S. 85 ff., insbesondere S. 88.

weisungen (Checks) kann der Kontoinhaber bis zum Betrage seines Guthabens verfügen.

Es ist richtig, daß bei diesem Verhältnisse auch Mandate der verschiedensten Art vorkommen. Allein dies berechtigt noch nicht, das ganze Verhältnis als ein Mandatsverhältnis hinzustellen. Durch Uebergabe des einzuzahlenden Betrages entsteht ein von einem Mandatsverhältnis vollständig verschiedener Realkontrakt, der auch nicht als Darlehen qualifiziert werden darf. Eine Verabredung, daß das hinterlegte Geld nicht in natura zurückgegen werden muß, widerstreitet, wie früher gezeigt wurde, nicht dem Wesen des depositum; es entsteht hierdurch lediglich ein depositum irregulare.

Denn bei Abgrenzung des Depositum von verwandten Verträgen ist das unterscheidende Merkmal darin zu finden, ob der Vertrag die Pflicht zur Aufbewahrung eines beweglichen Gegenstandes dergestalt begründet, daß sie nicht die Folge eines außerdem bestehenden Rechtsverhältnisses, sondern lediglich Ausfluß des Hinterlegungsvertrages ist und ob die Aufbewahrungspflicht zu Gunsten des Hinterlegenden dergestalt übernommen ist, daß demselben jederzeit, selbst bei Verabredung einer bestimmten Dauer der Aufbewahrung den hinterlegten Gegenstand zurückzufordern freisteht. Diese Merkmale treffen bei Eröffnung eines Girokonto vollkommen zu. Anstatt die verfügbaren Gelder bei sich aufzubewahren, übergeben die Inhaber von Girokonten sie der Bank zur Aufbewahrung mit Vorbehalt der Befugnis, jederzeit darüber durch Anweisungen an die Bank zur Auszahlung an sich oder andere, oder Umschreibung auf andere zu verfügen. Während ein Vertrag dieses Inhalts die Merkmale des depositum an sich trägt, kann er weder als Kontokorrentvertrag noch als Mandat, noch als Darlehensvertrag aufgefaßt werden.[1])

Mit Recht hebt die angezogene Entscheidung noch besonders hervor daß der Umstand, daß bei den Banken der Girokonto und der Depositenkonto getrennt geführt werden, hieran nichts ändert. Diese Unterscheidung beruht nicht auf einem rechtlichen Unterschiede der beiden Konten, sondern die Trennung hat lediglich wirtschaftliche, kaufmännische Gesichtspunkte zur Grundlage.

§ 15.

Das Sparkassengeschäft.

Das Sparkassengeschäft, welches der Aufbewahrung kleinerer Geldbeträge dient, gehört ohne Zweifel gleichfalls in die Reihe der

---

[1]) R.G.E. f. CS. Bd. 12 S. 85 ff. Anderer Meinung Cosack a. a. O. S. 375, welcher das Girogeschäft als Geldzahlung eigener Art, als „Zahlung auf Girokonto" bezeichnet.

heutigen Bankdepotgeschäfte. Dagegen ist die rechtliche Qualifizierung dieses Geschäftes sehr zweifelhaft.

Daran, daß die Sparkassen Einrichtungen im öffentlichen Interesse sind und daher nicht den kaufmännischen Charakter der Banken an sich tragen, darf man sich nicht stoßen. Die ganze Einrichtung der Sparkasse ist die einer Bank, welche einseitig ein Geschäft besonders pflegt, nämlich die Annahme von Geldbeträgen gegen jederzeitige oder auf Kündigung gestellte Rückzahlung, jedoch mit der Verabredung, das hinterlegte Geld nutzbringend anlegen zu dürfen. Nur so kann eine Sparkasse auch verhältnismäßig hohe Zinsen bezahlen. Gerade hierin liegt aber zugleich das Moment, welches die rechtliche Qualifizierung dieses Geschäftes so sehr erschwert. Einerseits hat es viel mit dem Depositum gemein, sofern es das Interesse des hinterlegenden Publikums bezweckt, andererseits grenzt es wieder durch den gleichfalls erreichten Zweck einer verzinslichen Kreditgewährung so sehr an das Darlehen an, daß es durch nichts von demselben sich unterscheidet, als durch das gleichzeitige Interesse der hinterlegenden und der ganzen sparenden Gesellschaft. Das depositum irregulare ist hier dem mutuum, oder auch das mutuum dem dep. irregulare so nahe gekommen, daß ein erheblicher begrifflicher Unterschied sich schwer finden läßt.

Um den Charakter dieses Geschäftes richtig zu beurteilen, hat man das Wesen des depositum und den Begriff des Darlehens sich nochmals zu vergegenwärtigen.

Das Wesen des Depositum erschöpft sich in dem ausschließlichen oder doch weitaus vorwiegenden Aufbewahrungszweck und damit in dem ausschließlich oder doch vorwiegend einseitigen Interesse des Hinterlegers. Alles andere muß beim depositum diesem obersten Zwecke sich unterordnen und ist Fremdartiges nur soweit unbeschadet des rechtlichen Charakters des depositum mit diesem vereinbar, als dadurch die Erfüllung des primären Zweckes der Aufbewahrung nicht gehindert oder beeinträchtigt wird.

Das Darlehen kann allerdings gleichfalls das Interesse des Darlehensgebers bezwecken, allein im Vordergrunde steht hier das Interesse des Darlehensnehmers, welcher Kapital zu Eigentum und damit zur unbeschränkten Verfügung übergeben erhält und sich verpflichtet, die gleiche Summe nicht jederzeit auf Verlangen, sondern an einem bestimmten Zeitpunkte oder jedenfalls innerhalb angemessener, nach dem Zwecke der Hingabe zu beurteilenden Frist auf erfolgte Aufforderung hin zurückzubezahlen.

Wendet man diese wesentlichen Merkmale auf die Spareinlagen an, so ist man geneigt zu sagen, daß im gewissen Sinne hier Beides gleichzeitig vertreten sich findet. Trotzdem muß man aber Folgendes im Auge behalten:

Das Interesse des Publikums und zwar der unteren Klassen, welches den Sparkassen das Gepräge von Wohlfahrtseinrichtungen verleiht,[1]) ist ein soziales Moment, das nicht in den Rechtsbegriff des Geschäftes hineingetragen werden darf. Die kleinen Summen, die nutzbringend anderweitig keine Anlage finden, sollen hier nutzbar gemacht werden. Um diesen kleinen Summen eine Anlage zu verschaffen und weil der Staat bezw. die Allgemeinheit ein Interesse daran hat, den in Betracht kommenden unteren Klassen eine Anlagegelegenheit zu bieten, sind diese Einrichtungen ins Leben gerufen worden. Die kleinen Beträge werden zu großen Summen gesammelt und von der Gemeinde oder einem sonstigen öffentlich-rechtlichen Verbande unter entsprechender Haftung nutzbringend verwendet. Der Umstand nun, daß besondere sozialpolitische Erwägungen dazu führten, für besondere Klassen ein Institut zur Beförderung der Kapitalbildung zu schaffen und die Betonung des Interesses des einlegenden Publikums an dieser Einrichtung darf den Rechtsbegriff des Hinterlegungsgeschäftes, die Rechtsform, in welcher diese Anlage geschieht, nicht alterieren. Es ist richtig, daß der Einleger sein Geld gut verwahrt wissen will und daß er auch den oft rasch eintretenden Wechselfällen Rechnung tragend rasch wieder die Verfügung über sein Geld erlangen will und daß hierdurch das Geschäft dem Depositum nahe gebracht wird. Ja, es mag sogar zugegeben werden, daß mancher Einleger sich dessen gar nicht bewußt ist, daß sein Geld auch Verwendung findet. Allein im wesentlichen beabsichtigt der Einleger doch nichts anderes, als sich einen Sparpfennig zurückzulegen und denselben nicht gleichbleibend, sondern mit der Zeit auch vermehrt zu sehen. Mit anderen Worten, der Sparer will Kapital bilden. Damit nun gleichzeitig das Interesse der wirtschaftlich Schwachen an einer raschen Flüssigmachung des Guthabens gewahrt wird, sind für die eingelegten Summen gar keine oder nur kurze Kündigungsfristen bestimmt. Jedenfalls aber kann der Einleger bei Verzicht auf einen kleinen Zins rasch, ja sofort wieder in den Besitz seines Geldes gelangen. Auch hierdurch sieht das Sparkassengeschäft dem Depositum sehr ähnlich; allein um diesen Zweck zu erreichen, ist das depositum nicht die allein mögliche Rechtsform, es gibt auch kurzfristige Darlehen, ja auch Darlehen, die jeden Augenblick auf Verlangen zurückbezahlt werden müssen. Hierin ist also das ausschlaggebende Unterscheidungsmerkmal nicht zu erblicken. Dieses liegt vielmehr in der ausdrücklichen oder vermuteten Intention der Parteien. Diese Intention muß aber als auf Kapitalsbildung und daher nutzbringende Anlage gerichtet erachtet werden. Hierfür ist das Darlehen die entsprechende Rechtsform. In der That thut der Einleger wesentlich und begrifflich nichts Anderes,

[1]) Vergl. Neumann-Hofer a. a. O. S. 200.

als derjenige, der größere Summen zur Verfügung hat, wenn er diese Summe einem Unternehmer, einem Privaten, einer Gesellschaft oder dem Staate gegen ein Zinsversprechen in dieser oder jener Form darbietet. Beide geben ihr Geld hin in der Voraussetzung und in der Erwartung, daß hierdurch nicht bloß ihr Vermögensstand sicher gewahrt sei, sondern derselbe noch eine Mehrung erfahren werde. Beide geben das Eigentum an ihren Geldstücken auf und begnügen sich mit einer Forderung auf den gleichen Betrag. Und zwar ist die Aufgabe des Eigentums nicht bloß eine zufällige Folge der Fungibilität des übergebenen Geldes, sondern ein wesentliches Merkmal des abgeschlossenen Vertrages. In beiden Fällen ist sonach ein Darlehen und nicht ein Depositum im Rechtssinne gegeben. Nichtsdestoweniger muß aber das Sparkassengeschäft als ein Depotgeschäft im Verkehrssinne erachtet werden.

Ist auch die Rechtsprechung in dieser Beziehung nicht vollständig klar und bestimmt, so neigt sich dieselbe doch in letzterer Zeit gleichfalls der Auffassung zu, daß bei Spareinlagen ein Darlehen als intendiert anzunehmen sei.[1])

B.

Das Preußische Allgemeine Landrecht, der Code civil und das bayerische Landrecht.

§ 16.

Wie in der neuesten Zeit die Entwickelung der wirtschaftlichen Verhältnisse mehr oder weniger allgemein eine Aenderung des Rechtszustandes notwendig macht, so wurde bereits vor hundert und mehr Jahren allenthalben das Bedürfnis empfunden, den Rechtszustand mit den vorgeschrittenen wirtschaftlichen Verhältnissen in Einklang zu setzen. Aus diesem Bedürfnis sind in mehreren Staaten umfassende Neuordnungen des Privatrechts hervorgegangen, von denen an dieser Stelle das Preußische Allgemeine Landrecht, der Code civil und bayerische Landrecht Erwähnung finden mögen.

Der Inhalt dieser Gesetzgebungen ist keineswegs origionärer Natur; vielmehr war der Zweck derselben lediglich den bisherigen Rechtszustand den veränderten Verhältnissen anzupassen. Damit ist das römische Recht in weitem Umfange auch die Grundlage des neuen Rechtes geblieben.

Es ist daher nicht zu verwundern, wenn uns in den angeführten Gesetzen vielfach die bekannten Grundsätze des römischen Rechtes begegnen. Gerade in der hier einschlägigen Materie des Ver-

---

[1]) Vgl. R.G.E. f. CS. Bd. 1 S. 208.

wahrungsgeschäftes stimmen die in Bezug genommenen Gesetze unter sich und mit dem römischem Rechte in den Grundprinzipien überein, so sehr formell die bezüglichen Bestimmungen von einander abweichen mögen. Die Abweichungen sind von nicht allzu einschneidender Natur, weshalb eine kurze Anführung der wichtigsten bezüglichen Gesetzesstellen genügen kann.

1. Das Preußische Allgemeine Landrecht:[1]) Der Verwahrungsvertrag ist ein Realvertrag. Gegenstand des Vertrags kann sowohl eine bewegliche als unbewegliche Sache sein. Die Verwahrung ist nicht wesentlich unentgeltlich. Ist sie unentgeltlich, so haftet der Depositar nur für **diligentia in concreto**; ist sie entgeltlich, so hat er mäßiges Versehen zu vertreten. Der Deponent kann die hinterlegte Sache jederzeit zurückfordern, auch wenn die Hinterlegung auf eine bestimmte Zeit vereinbart wurde, sofern nicht die frühere Rückforderung ausdrücklich durch Verabredung ausgeschlossen wurde. Dem Verwahrer steht zur Geltendmachung eines Vergütungsanspruchs ein Retentionsrecht zu. Das **dep. irregulare** ist dem A.L.R. an sich fremd.[2]) Doch bestimmt A.L.R. a. a. § 82, daß die Natur des Kontrakts noch einen unschädlichen Gebrauch der Sache gestattet. Sobald jedoch der Verwahrer von der ihm eingeräumten Erlaubnis Gebrauch macht, geht das Geschäft bei verbrauchbaren Sachen in ein Darlehen über.[3])

2. Der Code civil: Er enthält wie das A.L.R. ausführliche Bestimmungen über den Verwahrungsvertrag.[4])

Der Verwahrungsvertrag ist gleichfalls ein Realvertrag; Unentgeltlichkeit ist nicht begriffliches Erfordernis desselben. Gegenstand des Vertrags können nur bewegliche Sachen sein. Der Verwahrer hat nicht bloß den Raum zu gewähren, sondern die Pflicht die Sache aufzubewahren (custodia). Ist die Verwahrung unentgeltlich, so hat der Depositar nur **diligentia quam suis rebus adhibere solet**, zu präftieren. Dem Depositar ist der Gebrauch der hinterlegten Sache untersagt. Auch dem Code civil ist an sich das **dep. irregulare** unbekannt.[1]) Gleichwohl ist im Gebiete des französischen Rechts der thatsächliche Rechtszustand bezüglich der Hinterlegung vertretbarer Sachen im ganzen derselbe wie im Gebiete des gemeinen Rechts da die französische Praxis dazu geführt, auch

---

[1]) Vgl. A.L.R. Teil I, Tit. 14, 1. Abschnitt: Vom Verwahrungsvertrag. Leske: Vergleichende Darstellung des Bürgerlichen Gesetzbuches und des Preußischen Allgemeinen Landrechts S. 282 ff., Berlin 1899.

[2]) R.G.E. f. CS. Bd. 11 S. 322, Bd. 23 S. 95 ff.

[3]) Vgl. A.L.R. a. a. O. § 83.

[4]) S. Code civil: Liv. III Tit. XI: Du dépôt et du séquestre; Förtsch: Der Code civil und das Bürgerliche Gesetzbuch S. 286 ff., Berlin 1897.

[5]) Art. 1932 bestimmt ausdrücklich, daß hinterlegtes, gemünztes Geld in den nämlichen Stücken zurückgegeben werden muß.

für den Fall des dep. irregulare die Grundsätze des dépôt, nicht die des prêt de consommation (Darlehen) anzuwenden.[1])

Der Deponent hat das Recht, die hinterlegte Sache jederzeit, regelmäßig selbst dann zurückzufordern, wenn in dem Vertrage eine bestimmte Zeit für die Rückgabe festgesetzt ist. Der Depositar kann Ersatz der auf die Erhaltung der Sache verwendeten Kosten sowie des etwa erlittenen Schadens beanspruchen und hierwegen auch ein Retentionsrecht an der deponierten Sache geltend machen. Ein Kompensationsrecht steht dem Depositar nicht zu.[2])

3. Das bayerische Landrecht:[3]) Dasselbe lehnt sich am engsten an das gemeine Recht an und huldigt insbesondere auch dem Sprachgebrauch des römischen Rechts. Ein Depositum ist gegeben, wenn jemand unentgeltlich eine Sache in Verwahr nimmt oder wenn bei Uebergabe einer Sache nach den Umständen anzunehmen ist, daß bloß die Verwahrung bezweckt wird. Sowohl liegendes Gut als fahrende Habe kann deponiert werden.

Die Gewährung eines Honorars schließt den Begriff des Depositum, nicht aus. Die Pflicht des Depositars besteht teils „in getreulicher Bewahrung“ teils in „unweigerlicher Wiederausantwortung“ der ihm anvertrauten Sache. Der Depositar haftet für omnis culpa; für culpa levis jedoch nur wenn er sich zur Uebernahme der Verwahrung angeboten hat. Der Depositar darf die Sache nicht gebrauchen und hat dieselbe jederzeit auf Verlangen zurückzugeben.

Das dep. irregulare ist im bayrischen Landrechte ausdrücklich anerkannt. Es wird hierunter die Deponierung einer res fungibilis mit der ausdrücklichen oder stillschweigenden Verabredung verstanden, daß der Depositar die Sache gebrauchen dürfe. In diesem Falle nimmt der Vertrag die Natur eines Darlehen an und ist schon vom Zeitpunkte der Uebergabe an darnach zu beurteilen. Ein solches Depositium wird besonders vermutet, wenn bares Geld unverschlossen hinterlegt wird.

C.

Das Bankdepotgeschäft in Verbindung mit dem kaufmännischen Kommissionsgeschäfte.

§ 17.

Im allgemeinen:

Die bisherige Darstellung hat ergeben, daß die unter dem Begriffe der Bankdepotgeschäfte zusammengefaßten Geschäfte keines-

[1]) S: Förtsch a. a. O. S. 288.

[2]) Code civil: art. 1293.

[3]) S. Codex Maximilianeus Bavaricus civilis (bayer. Landrecht) Teil IV. 2 cap. §§ 7 u. 8.

wegs einen einheitlichen, rechtlichen Charakter an sich tragen, sondern vielmehr das begriffliche Wesen verschiedener Rechtsinstitute teilen. Das Verkehrsleben hat ohne Rücksicht auf diese rechtliche Verschiedenheit einen zusammenfassenden Begriff der Bankdepotgeschäfte entwickelt und hierin liegt der rechtfertigende Grund für eine gemeinsame Behandlung und Darstellung.

Die wichtigsten in Betracht kommenden Geschäfte wurden in den vorausgehenden Paragraphen kurz behandelt.

Eine Darstellung der Bankdepotgeschäfte müßte indes als unvollständig erscheinen, wenn nicht zugleich ein weiteres Geschäft entsprechend berücksichtigt würde, das seinem juristischen Charakter nach zwar gar nichts mit einem Depotgeschäfte gemein hat, das aber äußerst häufig in Verbindung mit Depotgeschäften vorkommt. Dieses Geschäft ist das kaufmännische Kommissionsgeschäft.[1]) Die Bankdepotgeschäfte behandeln, ohne zugleich dem Kommissionsgeschäfte eine kurze Betrachtung zu widmen, hieße das Depotgeschäft aus seiner eigensten Umgebung herausreißen und die Verhältnisse des Verkehrslebens vollständig verkennen. Kommen doch die Bankdepotgeschäfte, insbesondere die eigentlichen Aufbewahrungsgeschäfte, sowie das Lombardgeschäft nicht immer rein, sondern sehr häufig in Verbindung mit dem Kommissionsgeschäfte derart vor, daß beide Geschäfte zu einer Einheit verschmolzen erscheinen und es sehr schwer ist, die Grenze zwischen beiden zu ziehen. Gerade das Kommissionsgeschäft ist es, welches das Depotgeschäft in seinem reinen Charakter oft verdunkelt und eine äußerst komplizierte Verquickung zwischen beiden herbeiführt. Die thatsächliche häufige Verbindung der beiden Geschäfte läßt es daher nicht bloß für angezeigt, sondern geradezu für unumgänglich notwendig erscheinen, die beiden Geschäfte für sich und in ihrem Verhältnis zu einander zur Darstellung zu bringen.

§ 18.

Begriff und Wesen des Kommissionsgeschäftes.

Das Kommissionsgeschäft[2]) zählt nach dem zur Zeit noch geltenden H.G.B. zu den sogenannten relativen oder subjektiven Handelsgeschäften. Kommissionär ist derjenige, welcher Handelsgeschäfte im eigenen Namen, aber für fremde Rechnung betreibt.[3]) Der Kommissionär tritt also dem dritten Kontrahenten gegenüber selbständig auf und das abgeschlossene Geschäft ist zunächst ein Geschäft zwischen dem Dritten und dem Kommissionär. Das Verhältnis zwischen dem

---

[1]) S. Cosack a. a. O. S. 223 ff.

[2]) S. L. Gschwindt, Börsenreform in Deutschland S. 159, Münchener Volkswirtschaftl. Studien herausgegeben von L. Brentano und W. Lotz, Stuttgart 1897.

[3]) H.G.B. Art. 272, 360; Cosack, Lehrbuch des Handelsrechts S. 223.

Kommittenten und dem Kommissionär ist ein internes nach außen nicht in die Erscheinung tretendes, nichtsdestoweniger aber rechtswirksames Verhältnis.

Je nach der Art der Kommission unterscheidet man Einkaufs- und Verkaufskommission. Kauft jemand im Auftrage eines andern (Kommittenten) von einem Dritten eine Sache, ohne dem Dritten gegenüber als Vertreter des Kommittenten aufzutreten, so liegt Einkaufskommission vor. Verkauft jemand aber in dieser Art für einen andern eine Sache, so liegt Verkaufskommission vor.

Der Verkaufskommissionär erhält den Besitz an der Sache mit der Befugnis, Eigentum an den Dritten zu übertragen; der Einkaufskommissionär erwirbt zunächst selbst Eigentum an der gekauften Sache jedoch mit der Verpflichtung, dieses Eigentum auf den Kommittenten zu übertragen. Dies Eigentum geht demnach nicht von selbst auf den Kommittenten über, sondern es bedarf eines besondern Uebereignungsaktes. Der Kommissionär tritt in beiden Fällen in ein Verhältnis zur Sache, das ihm die Möglichkeit einer Verfügung über dieselbe gewährt. Damit ist wenigstens vorübergehend eine Verwahrung der Sache verbunden. Diese Verwahrung erfolgt aber nicht auf Grund eines Verwahrungsvertrags (depositum), sondern auf Grund des Kommissionsvertrags, demzufolge der Kommissionär die Sorgfalt eines ordentlichen Kaufmanns anzuwenden, also auch die Sache ordentlich zu verwahren hat.

Bei der Verkaufskommission dauert die Verwahrung vom Zeitpunkte der Uebergabe durch den Kommittenten bis zur Aushändigung an den Dritten bzw. wenn eine Veräußerung nicht zu stande kommt, bis zur Rückgabe an den Kommittenten. Bei der Einkaufskommission wird der Kommissionär zunächst Eigentümer. Erst von dem Zeitpunkte des Eigentumsübergangs auf den Kommittenten kommt hier die gesonderte Verwahrungspflicht in Frage.

Wann das Eigentum auf den Kommittenten übergeht, ist nicht nach dem Handelsgesetzbuche, sondern nach dem einschlägigen bürgerlichen Rechte zu beurteilen.[1]) Maßgebend für die Beurteilung ist das Recht des Ortes, an welchem das Kommissionsgut sich befindet. Das Recht des Kommittenten beschränkt sich demnach auf einen obligatorischen Anspruch gegenüber dem Kommissionär, ihm die durch die Einkaufskommission erworbene Sache zum Eigentum zu übertragen, bei der Verkaufskommission entweder die nicht verkaufte Sache oder deren Erlös im Falle des Verkaufes herauszugeben. Maßgebend für den Eigentumsübergang ist bei der Einkaufskommission niemals der Zeitpunkt der Uebergabe der Sache seitens des Dritten an den Kommissionär selbst dann nicht, wenn der Kommissionär die Sache annimmt in der Absicht, Eigentum auf den

---

[1]) Vgl. R.O.H.G. Bd. 16 S. 212.

Kommittenten zu übertragen. Dies wäre nur dann der Fall, wenn der Kommissionär als Stellvertreter des Kommittenten handeln würde. In diesem Falle wäre aber nicht mehr von einem Kommissionsvertrage die Rede, sondern es wäre ein mandatum anzunehmen.

Das Eigentümliche des Kommissionsgeschäftes besteht eben in dem Paktieren im eigenen Namen, jedoch für fremde Rechnung und dies liegt auch dann noch vor, wenn der Kommissionär beim Abschlusse des Vertrags Eigentum auf den Kommittenten übertragen will, dies aber nach außen nicht bekundet.

Bei speziell bestimmten Sachen hat der Kommittent (bei der Einkaufskommission) ein Recht auf Ausantwortung dieser Sachen; er hat aber noch kein dingliches Recht an diesen Sachen, sondern nur einen obligatorischen Anspruch auf diese Sachen gegen den Kommissionär. Die Pflicht, gerade diese Sachen zu übergeben, ergibt sich aus dem Kommissionsvertrage; nur durch Uebergabe dieser Sachen wird der Kommissionär seiner Verbindlichkeit gerecht.[1])

Auch bei generisch bestimmten, also fungiblen Sachen erwirbt der Komissionär Eigentum und ist verpflichtet, alsbald entsprechend den ausdrücklichen oder stillschweigenden Bedingungen des Kommissionsvertrags das Eigentum an den Kommittenten zu übertragen, sofern er in Ausführung der Kommission gehandelt hat. Auch in diesem Falle hat der Kommittent einen obligatorischen Anspruch auf die speziell bestimmten, an sich fungiblen Sachen. Es muß hierbei aber unzweideutig die Absicht des Kommissionärs gewesen bzw. zum Ausdrucke gekommen sein, beim Erwerb der bezüglichen generischen Sachen der Kommissionsverpflichtung genügen zu wollen. Hat er diesen animus nicht gehabt oder kann diese Willensrichtung, was auf dasselbe hinauskommt, nicht bewiesen werden, so muß dem Kommissionär das Recht eingeräumt werden, innerhalb der bestimmten oder vermuteten Frist durch Uebergabe von Sachen der beanspruchten Art, also auch durch Uebergabe von bereits in seinem Besitze befindlichen, diesen Anforderungen genügenden Sachen sich von seiner Verpflichtung zu befreien.

Der Kommissionär hat ferner unter gewissen Voraussetzungen das Recht, als Käufer bzw. Verkäufer in den Vertrag einzutreten (Selbsteintrittsrecht) und so das Kommissionsausführungsgeschäft in sich abzuschließen.[2])

Der Eigentumsübergang auf den Kommittenten bestimmt sich, wie bereits betont wurde, nach bürgerlichem Rechte.

Nach bürgerlichem Rechte geht aber Eigentum über durch Uebergabe der Sachen in der Absicht Eigentum übertragen zu wollen oder durch sogenanntes constitutum possessorium d. h. durch die

---

[1]) Vgl. Art. 361 H.G.B.; nicht dagegen R.O.H.G. Bd. 1 S. 77.
[2]) S. H.G.B. Art. 376.

äußerlich bekundete Absicht des Kommittenten, nunmehr die Sachen nicht mehr für sich, sondern für den Kommittenten besitzen zu wollen. Die Erfordernisse, welche an ein solches **constitutum possessorium** gestellt werden, sind im gemeinen Rechte und preußischen Landrechte verschieden. Nach gemeinem Rechte genügt jede Handlung,[1]) wodurch der Kommittent diese Absicht, für den Kommittenten besitzen zu wollen, zum Ausdrucke kommt, z. B. Absonderung, Bezeichnung mit dem Namen des Kommittenten ꝛc. Nach preußischem Landrechte ist außerdem noch eine Aufbewahrungserklärung seitens des Kommissionärs an den Kommittenten erforderlich. In dem Momente des Eigentumsübergangs ist der Kommissionsvertrag erfüllt und vom gleichen Momente an erfolgt die weitere Aufbewahrung nicht mehr auf Grund des Kommissionsvertrages, sondern eines ausdrücklichen oder stillschweigenden Depositalvertrages.

Es ist also vom Zeitpunkte des Erwerbes bis zur wirklichen Uebergabe der in Ausführung der Kommission erworbenen Sache ein Zustand der Schwebe gegeben, der rechtlich allerdings genauestens abgegrenzt ist, der aber vermöge des psychischen Moments, auf dem die Abgrenzung beruht, und der so gegebenen Möglichkeit, den Zeitpunkt der Vornahme des **constitutum** entsprechend zu wählen, bezüglich der thatsächlichen Bestimmtheit vieles zu wünschen übrig läßt. Trotz der Bestimmung des Art. 361 H.G.B. kann bei der Schwierigkeit des Beweises der Kommissionär doch seine Stellung entsprechend ausnützen. Hierin liegt eine Schwäche des Rechtszustandes, der die Interessen des Kommittenten nicht genügend wahrt. Diese Schwäche wird noch durch das bereits berührte Selbsteintrittsrecht des Kommissionärs zu Ungunsten des Kommittenten gesteigert und zu allem kommt noch die Praxis, welche insbesondere im Bankierverkehr dem Kommissionär die weitgehendsten Befugnisse mit einem gewissen Scheine des Rechts zuerkannt hat, und welche umso bedeutungsvoller erscheint, als gerade das kaufmännische Kommissionsgeschäft im Bankierverkehre seine vorzugsweise Anwendung findet.

§ 19.

Das Kommissionsgeschäft in seiner Beziehung zum Bankgeschäft, insbesondere dem Depotgeschäft.[2])

Schickt jemand seinem Bankier eine Anzahl Wertpapiere mit dem Auftrage, dieselben zu verkaufen, umzutauschen oder Bezugsrechte auszuüben, oder erteilt ein Kunde dem Bankier den Auftrag, für ihn Wertpapiere bestimmter Art und Zahl anzukaufen, so liegt

[1]) Vgl. auch R.G.E. f. CS. Bd. 5 S. 181; Bd. 11 S. 57.

[2]) S. L. Gschwindt a. a. O. S. 161 ff.

eine Verkaufs- oder Einkaufskommission oder vielleicht eine Kombination beider vor.

In jedem Falle bekommt der Bankier wenigstens die Detention an den Wertpapieren und hat die Verpflichtung, dieselben mit der Sorgfalt eines ordentlichen Kaufmanns aufzubewahren. Zugleich hat der Kommissionär damit aber auch die thatsächliche Möglichkeit über die Papiere zu verfügen.

Bei der Einkaufskommission insbesondere wird der Bankier zunächst sogar Eigentümer der Papiere, behält aber auch nach der Uebereignung, wenn diese durch constitutum possessorium erfolgte, den Gewahrsam der Papiere.

In dem mit diesem Geschäfte so regelmäßig verbundenen Gewahrsam des Bankiers an fremden Wertpapieren liegen die Berührungspunkte mit dem Depotgeschäfte.

Die bereits dargelegten allgemeinen Grundsätze bezüglich des Kommissionsgeschäftes finden auch bei dem bankmäßigen Kommissionsgeschäfte (Effektenkommissionsgeschäfte) voll und ganz Anwendung. Diese letztere Art des Kommissionsgeschäftes weist rechtlich betrachtet überhaupt keinerlei Verschiedenheiten vom allgemeinen Kommissionsgeschäfte auf. Wohl aber ist diese Art des Geschäftes wirtschaftlich so wichtig und so häufig und es finden dabei die Rechtssätze des Kommissionsgeschäftes dergestalt ihre typische Anwendung, daß auch eine gesonderte rechtliche Betrachtung geboten erscheint.

Im Vordergrunde des Interesses steht die Frage nach den Eigentumsverhältnissen am Kommissionsgute. Der Einkaufskommissionär wird Eigentümer, ist aber verpflichtet, das Eigentum auf den Kommittenten zu übertragen. In welcher Weise dies geschieht, wurde bereits erörtert. Ein Zeitpunkt für die Besitzes- und Eigentumsübertragung ist gesetzlich nicht normiert. Der Kommittent hat lediglich das langwierige Mittel der Klage. Dieser Umstand sowie die ganze Art des Geschäftes bringt es daher mit sich, daß der Bankier diese Uebertragung hinausschieben und den Zeitpunkt allenfalls nach Belieben wählen kann. Auf diese Weise ist der Kommittent lediglich auf die Gewissenhaftigkeit und das Pflichtbewußtsein des Kommissionärs hingewiesen. Indes das pflichtbewußte Handeln des Bankiers ist nicht genauer durch eine Rechtspflicht bestimmt. Damit kann möglicherweise eine Manipulation des Bankiers vorkommen, welche vielleicht nicht im Sinne des Gesetzes liegt und dem Interesse des Kommittenten widerstreitet, die aber durch Rechtsbestimmungen nicht ausdrücklich ausgeschlossen und nicht mit Rechtsnachteilen bedroht ist. Der Kommissionär darf unter Umständen in sich selbst abschließen (Selbsteintrittsrecht); er darf aber dem Kommittenten nur denjenigen Preis in Rechnung stellen, der bei entsprechender Sorgfalt als der günstigste für den Kommittenten erzielt werden konnte.

Der sog. Schnitt, der in manchen Kreisen vorzukommen pflegt, steht im Widerspruche mit den bestehenden Rechtsvorschriften.[1])

Aehnlich wie mit der Frage des Eigentumsverhältnisses liegt es mit der Unterscheidung zwischen **depositum regulare** und **irregulare**. Bei Vertragsschluß werden diese beiden technischen Ausdrücke nicht gebraucht, sondern mehr oder weniger unzutreffende andere Bezeichnungen angewendet. So kann es von vornherein zweifelhaft sein, ob die eine oder andere Art den Intentionen der Parteien entsprach. Ja der Komittent ist häufig über den Unterschied und die rechtliche Tragweite derselben im Unklaren; daher wird er nur zu häufig durch den Bankier zum Abschlusse der dem Bankier vorteilhafteren Art des **dep. irregulare** bestimmt werden können. Der Bankier braucht hierbei keinerlei schlimme das Interesse des Kunden benachteiligende Absichten zu hegen, der Vorteil einer größeren Bewegungsfreiheit genügt ihm, den Kunden zum Abschlusse dieses Geschäftes zu veranlassen. Sehr häufig bedarf es hierzu keiner besonderen Verabredung, da die Bankiers häufig in den allgemeinen Geschäftsbedingungen die Form des **dep. irregulare** vorsehen. Diese Bedingungen gelten als **lex contractus** und der Kunde ist hieran gebunden, wenn er nicht ausdrücklich etwas Anderes vereinbart. Da er über die Bedeutung nicht immer unterrichtet ist, so unterwirft er sich stillschweigend den Geschäftsbedingungen. Es bedarf sonach nicht einmal einer positiven Verabredung, sondern es genügt eine ganz stillschweigende Behandlung, die den Charakter der Selbstverständlichkeit gewinnt, um dem Bankier in rechtlich völlig untastbarer Weise die Befugnisse des irregulären Depositars einzuräumen, welche in einer von dem Kunden vielleicht nicht gewollten Aktionsfreiheit bestehen. Dazu kommt, daß über die Befugnisse, welche in diesem Falle dem Depositar zukommen, sowie über die rechtlichen Verpflichtungen keinerlei völlige Klarheit besteht. Die Befugnisse wurden in der Praxis teilweise unter dem Schutze der Rechtsprechung ausgedehnt, sodaß vielfach laxe Anschauungen eingerissen sind. Damit ist eine völlig ungleichartige Behandlung der einzelnen Fälle möglich geworden, je nachdem der Bankier einer strengeren oder mildern Anschauung über seine Befugnisse huldigt, ohne daß diese Behandlung im einzelnen Falle gerade immer als eine Verletzung der bestehenden Rechtsvorschriften erachtet werden könnte.

Damit ist der bisherige Rechtszustand nicht so fast durch den wirklichen Inhalt der rechtlichen Bestimmungen als vielmehr durch eine zu milde Auslegung derselben ins Schwanken geraten; die Unkenntnis des Publikums über die Tragweite einzelner Geschäfts-

---

[1]) Vgl. hierüber Staub, Kommentar zum Handelsgesetzbuch Art. 377 § 14 S. 981.

formen trug das Ihrige dazu bei, die Verhältnisse noch zu verschlimmern.

Dazu kommt, daß die vielen verschiedenartigen Geschäfte im praktischen Geschäftsbetriebe vielfach derart in einander übergehen, daß es schwer zu sagen ist wann und wo das eine Geschäft aufhört und das andere beginnt.

Lombardierte Wertpapiere werden vom Verwahrer in seiner Eigenschaft als Kommissionär veräußert, andere Papiere dafür erworben, die an Stelle der verkauften in den Pfandnexus treten. In einem Falle einfacher Verwahrung werden später dem Depositar Verwaltungshandlungen aufgetragen oder die deponierten Papiere werden jetzt als Unterpfand für eine Forderung gesetzt. Die Verwickelung wird noch gesteigert, wenn, wie dies häufig der Fall ist, bei der Ausführung eines Geschäftes mehrere Bankiers beteiligt sind. Der kleine, sog. Provinzialbankier, der fern von einem Börsenplatze seine Geschäftsniederlassung hat, steht regelmäßig in geschäftlicher Verbindung mit einem größeren Bankhause an einem Börsenplatze, dessen Vermittelung er sich bei Realisierung von Aufträgen zu bedienen pflegt. Die zu besorgenden bzw. zu verkaufenden Papiere gehen daher möglicherweise durch mehrere Hände bis sie in den Besitz des Kunden gelangen.

Nach Art. 374 des H.B.G. hat der Kommissionär an dem Kommissionsgute unter den dortgegebenen Voraussetzungen ein gesetzliches Pfandrecht wegen der auf das Gut verwendeten Kosten und Auslagen sowie wegen aller Forderungen aus laufender Rechnung in Kommissionsgeschäften.

Auf Grund dieser Bestimmung hat auch der Bankier des Hauptplatzes an den Papieren des Provinzialbankiers bzw. an den für diesen besorgten Papieren ein gesetzliches Pfandrecht; denn auch er befindet sich dem Provinzialbankier gegenüber in der rechtlichen Stellung eines Kommissionärs.

Unter den Voraussetzungen des Art. 306 Abs. 2 H.G.B. wird in diesem Falle Pfandrecht demnach auch begründet an Papieren, die dem Provinzialbankier nicht eigentümlich gehören, also auch an Papieren die er kommissionsweise übergeben hat, soferne der Bankier des Hauptplatzes nur bonae fidei war, also nicht wußte, daß die Papiere fremde waren. Nun kann es allerdings mit der Vertrauensstellung, die der Verkaufskommissionär genießt, kaum vereinbart werden, daß der Provinzialbankier den Bankier des Hauptplatzes über die Eigentumsverhältnisse der Papiere im Ungewissen läßt. Allein hier stehen sich die Interessen des Bankiers, seinen eigenen Kredit dem Bankier des Hauptplatzes gegenüber entsprechend zu steigern, und die Interessen des Kunden gegenüber. Bei diesem Zwiespalt der Interessen braucht der Provinzialbankier gar nicht die Absicht zu haben, seinen Kunden rechtlich schlechter zu stellen, ein bloßes Versehen oder nur fahrlässiges Unterlassen genügt um in diesem Falle die Papiere des Kunden einer pfandrechtlichen Haftung zu unterwerfen, für welche diese keineswegs bestimmt waren. Diese Haftung beschränkt sich gemäß Art. 374 l. c. keineswegs auf die aus diesem Kommissionsgeschäfte sich ergebenden Ansprüche des hauptstädtischen Bankiers gegen den Provinzialbankier, sondern erstreckt sich auf alle Forderungen aus Kommissionsgeschäften zwischen diesen beiden Kontrahenten. Durch Errichtung sogenannter Kundendepots wurde diese weitgehende Haftung allerdings auf engere Grenzen beschränkt, aber die Rechtslage des Kunden ist auch in diesen Fällen noch prekär genug.

Gerät der Provinzialbankier in Konkurs oder kommt derselbe nur seinen Verbindlichkeiten gegen den Bankier des Hauptplatzes nicht nach, so macht der letztere von seinem Pfandrecht entsprechenden Gebrauch, und der Kunde ist auf den Regreß gegen seinen Kommissionär verwiesen. Auf dem Wege des Strafrechts kann gegen ein solches Gebahren wohl nur in den seltensten Fällen eingeschritten werden, jedenfalls aber hat dieser Weg wie der zivilrechtliche Regreß für den Kunden meist nur einen zweifelhaften Wert.

Durch die vereinbarten bezw. üblichen Geschäftsbedingungen kommt es meist darauf hinaus, daß der Kunde kein dingliches Recht, sondern nur ein Rückforderungsrecht in genere besitzt. An diesem Zustande trägt aber nicht das Gesetz, das Recht an sich die Schuld. Die gesetzlichen Bestimmungen und die geltenden Rechtssätze sind derart beschaffen, daß sich der Kunde vor Rechtsnachteilen recht wohl zu schützen vermag: Es muß ausdrücklich konstatiert werden, daß die kapitalkräftigen und soliden Geschäfte, in erster Linie die großen Banken, regelmäßig das Interesse ihrer Kunden in thatsächlicher und rechtlicher Beziehung auch unter dem bisherigen Rechtszustande zu wahren verstanden; ein Beweis, daß in erster Linie nicht die bestehenden Einrichtungen an sich, nicht die Rechtsgrundsätze an sich, sondern „die Beschaffenheit der Personen und die Kapitalkraft derjenigen, welche das Kommissionsgeschäft betrieben“, die Auswüchse gezeitigt haben. Diese beiden Faktoren werden aber auch durch eine Aenderung der rechtlichen Bestimmungen nicht geändert. Auf der andern Seite ist es die bereits mehrfach berührte Unerfahrenheit des Publikums, durch geeignete bereits gegebene Geschäftsformen seine eigenen Interessen entsprechend zu wahren.

Diese Thatsachen darf eine angemessene Reform des Depotwesens nicht verkennen.

Die Reformvorschläge, deren Veranlassung und Beurteilung, sind an späterer Stelle zur Darstellung zu bringen; insbesondere wird sich dort die Gelegenheit bieten, auf verschiedene Manipulationen, welche als unsolides Geschäftsgebahren bezeichnet werden müssen, noch besonders hinzuweisen.

D.

Der Rechtsschutz der Depotgeschäfte.

§ 20.

a) Der zivilrechtliche Schutz.

Schon nach dem bisher geltenden Rechte ist ein weitgehender zivilrechtlicher Schutz der Bankdepotgeschäfte vorhanden, der sich je nach der rechtlichen Qualifikation des einzelnen Geschäftes enge an die allgemeinen Grundsätze des entsprechenden Rechtsinstituts anschließt.

Die Grundsätze der verschiedenen in Betracht kommenden Rechtsinstitute wurden im Vorausgehenden in Kürze dargestellt und das Maß der gegenseitigen Rechte und Pflichten angedeutet. Insoferne wurde auch der Rechtsschutz der einzelnen Geschäfte in zivilrechtlicher Beziehung bereits implicite berührt. Wer das Maß seiner Rechtspflichten nicht genau erfüllt, der macht sich seinem Gegenkontrahenten gegenüber rechtlich haftbar. Diese Haftung kann von dem Berechtigten im Wege der Anrufung des Gerichts, der Klage, geltend gemacht werden.

Je nach der rechtlichen Natur des jeweiligen Geschäftes ist die Art und der Umfang der Haftung verschieden.

Liegt ein Vertrag vor, der die begrifflichen Merkmale des römisch-rechtlichen Depositum aufweist, so bestimmt sich die Art und der Umfang nach den bereits ausführlich besprochenen Grundsätzen des Depositum. Der Deponent macht die ihm zukommenden Ansprüche auf Herausgabe der Sache bzw. auf das Interesse mit der actio depositi directa, der Depositar seine Gegenansprüche mit der actio depositi contraria geltend.

Ist das jeweilige Depotgeschäft seiner rechtlichen Natur nach ein Pfandvertrag oder ein Darlehensvertrag, so dienen die actio pigneraticia directa bezw. contraria oder die condictio mutui dazu, die Interessen der Berechtigten rechtswirksam zu schützen. Auch die Grundsätze des Mandats sind unter Umständen mit der actio mandati directa oder contraria geltend zu machen, um den berechtigten Ansprüchen der Parteien Rechnung zu tragen. Diese letztern Grundsätze können insbesondere beim Kommissionsgeschäfte sowie beim Depositum zur Verwaltung von Bedeutung werden. Die Bestimmungen des Handelsgesetzbuches über das Kommissionsgeschäft insbesondere über die vom Kommissionär zu prästierende Diligenz sind im wesentlichen von den Ideen des römisch-rechtlichen Mandats getragen.

Hiernach hat der Mandatar den Auftrag genau und sorgfältig nach der Natur des aufgetragenen Geschäfts und entsprechend den Anweisungen des Mandanten auszuführen. Insbesondere muß der Mandatar stets den Vorteil des Mandanten im Auge behalten und das aus dem Auftrage Erworbene dem Mandanten erstatten. Für den durch seine Schuld verursachten Schaden hat er vollen Ersatz zu leisten.

Der Mandant seinerseits hat dem Mandatar den gemachten Aufwand zu ersetzen und die von demselben eingegangenen Verbindlichkeiten zu übernehmen und ev. auch Ersatz für verschuldeten Schaden zu leisten.

Bei der Pfandklage bleibt das Eigentum des Verpfänders an der verpfändeten Sache bestehen; der Eigentümer kann daher eine **vindicatio pignoris** nach Tilgung der Schuld vornehmen; nur beim **pignus irregulare** geht das Eigentum auf den Pfandnehmer über und an dessen Stelle tritt eine Forderung auf gleiche Quantität derselben Sachen, zu deren jederzeitigen Befriedigung der Pfandnehmer Sachen dieser Art in der erforderlichen Menge jederzeit bereit halten muß. Der Pfandnehmer hat keinen Anspruch auf den Gebrauch oder die Früchte der Pfandsachen, braucht aber auch für die gemachten Aufwendungen nicht aufzukommen.

Beim Darlehen geht von vornherein Eigentum sofort auf den Darlehensempfänger über; damit hat er hinsichtlich der Darlehensvaluta keinerlei Pflichten, wohl aber muß er den Verzinsungs- und Rückzahlungsverbindlichkeiten in der vorgeschriebenen Art und Zeit nachkommen; zu deren Erfüllung kann er mit der Darlehensklage angehalten werden.

Das Verhältnis des Deponenten zum Depositar wurde bereits an früherem Orte entsprechend dargestellt und hierbei insbesondere die gegenseitigen Rechte und Verbindlichkeiten betont. Es genügt daher, an dieser Stelle darauf hinzuweisen.[1])

So feststehend nun an sich die allgemeinen Grundsätze der erwähnten Rechtsinstitute auch sind, so kann doch im einzelnen Falle über deren Anwendung Zweifel entstehen und damit eine gewisse Rechtsunsicherheit verbunden sein.

Die bereits gelegentlich berührte Verschiedenheit in der Auffassung der Rechte nnd Pflichten des Depositars bezw. des Kommissionärs und insbesondere auch der teilweise abweichende Standpunkt der Rechtsprechung legen hierfür beredtes Zeugnis ab.

So wird vielfach die Anschauung vertreten, der Bankier, welcher in Ausführung einer Einkaufskommission Wertpapiere gekauft habe, könne sich durch Unterlassen der Nummernaufgabe der Pflicht entziehen, sobald wie möglich eine gesonderte Aufbewahrung für den Kommittenten vorzunehmen. Gleichwohl findet diese Ansicht im Rechte keine Unterstützung.

Ja man ging soweit, im Falle unterlassener Nummernaufgabe trotz vorausgegangener allgemeiner Anzeige an den Kommittenten, die Papiere für ihn in „Depot“ genommen zu haben, sich zur be-

---

[1]) Vgl. oben S. 25.

liebigen freien Verfügung über das Kommissionsgut noch berechtigt zu erachten. Es wurde einfach auf die allgemeine Anzeige hin (ohne Nummernbenennung) das Einverständnis des Kommittenten angenommen, daß er nicht ein dingliches Recht, sondern nur einen persönlichen Anspruch auf Lieferung eines seinem Auftrage entsprechenden Quantums der bezeichneten Papiere haben wolle.

Ein derartiger Standpunkt, der ohne Bedenken als ungeheuerlich bezeichnet werden darf und der, wie Goldschmidt[1]) sagt, anscheinend zu einem Glaubenssatze gewisser Bankkreise geworden ist, ist im Rechte nicht begründet und steht schon mit den Grundsätzen des römisch-rechtlichen Mandats in offensichtlichem Widerspruche. Gleichwohl ist es die Rechtsprechung gewesen, welche eine derartige Auffassung zwar nicht hervorgerufen und unterstützt hat, welche aber dieser Auffassung nicht mit der nötigen Schärfe und Entschiedenheit entgegengetreten ist.

Das Reichsoberhandelsgericht hat[2]) die gewagte und jedenfalls sehr gefährliche Anschauung vertreten, der Kommissionär brauche insolange bezüglich der in Ausführung einer Einkaufskommission erworbenen Sachen auf den Kommittenten keine Rücksicht zu nehmen, als nicht der Kommittent durch einen entsprechenden Uebereignungsakt Eigentümer dieser Sachen geworden sei. Der Kommissionär genüge seiner Verpflichtung vollkommen, wenn er nur jederzeit bereit und in der Lage sei, die aufgetragene Zahl der Stücke der vereinbarten Gattung zu liefern. Die Erklärung, Papiere für den Kommittenten ins Depot genommen zu haben, lasse bei der Mehrdeutigkeit des Wortes „Depot" noch nicht auf einen Verwahrungsvertrag schließen. Dieser Standpunkt stellt aber zu sehr Eigentum und Nichteigentum gegenüber. Deswegen, weil der Kommittent noch nicht Eigentümer, also der Kommissionär noch Eigentümer ist, braucht der Kommissionär noch nicht ohne weiteres die weitgehendsten Verfügungsrechte bezüglich des Kommissionsgutes zu haben. Wenn auch das Gut selbst noch nicht unmittelbar der (dinglichen) Herrschaft des Kommittenten unterworfen ist, so ist immerhin der Kommissionär obligatorisch mit besonderer Beziehung auf das Kommissionsgut verbunden. Der Kommittent hat also keinen dinglichen Anspruch auf die eingekauften Sachen, wohl aber einen obligatorischen Anspruch auf Leistung dieser Sachen. Es ergibt sich dies aus den allgemeinen Grundsätzen des Mandats und noch mehr aus der im Handelsgesetzbuche geregelten Rechtsstellung des Kommissionärs, welcher die Sorgfalt eines ordentlichen Kaufmannes anzuwenden hat.

Die eben gerügte Auffassung wurde auch in der Rechtsprechung verlassen.

---

[1]) L. Goldschmidt, „Börsen und Banken" in den Preußischen Jahrbüchern 1891 S. 876 ff.

[2]) Vgl. Entsch. d. R.O.H.G. Bd. 16 S. 207 ff., Bd. 19 S. 78.

Im dem Erkenntnisse des Reichsgerichts vom 2. Dezember 1880 (Sammlung Bd. 5, S. 1) finden wir der Anschauung Ausdruck gegeben, daß der Kommittent auch vor der Uebereignung der Kommissionssachen bereits einen Anspruch auf die speziell gekauften Sachen besitze, sich also nicht mit einem Anspruche auf tantundem ejusdem generis zu begnügen brauche.

Man wird der Rechtsauffassung dieses Erkenntnisses jedenfalls vor der oben genannten des Reichsoberhandelsgerichtes den Vorzug geben müssen.

Es ist dabei allerdings keineswegs ausgeschlossen, daß der Kommittent mit einem Anspruche auf eine gleich große Quantität derselben Art sich zufrieden gibt. Allein hierzu bedarf es einer besonderen Vereinbarung, die natürlich sowohl ausdrücklich als stillschweigend abgeschlossen werden kann. Falsch ist dagegen an der bemängelten Anschauung, ganz allgemein und ohne weiteres aus der Vertretbarkeit der gekauften Sachen eine stillschweigende Vereinbarung der genannten Art zu folgern.

Aus den hier mitgeteilten bzw. angedeuteten Grundsätzen über die Rechte und Verbindlichkeiten der Kontrahenten beim Abschluß sog. Depotgeschäfte ergibt sich zur Genüge, daß das bisher geltende Recht richtig erfaßt und angewendet dem Schutze der Interessen der Beteiligten in weitgehendem Maße Rechnung trug, daß aber immerhin nicht nur die Möglichkeit bestand, sondern es thatsächlich vorkam, daß durch eine unrichtige Handhabung des Rechtes die Rechtssicherheit gefährdet und einer weniger strengen Auffassung von den Pflichten des Depositars und Kommissionärs mittelbar Vorschub geleistet wurde. Wurde auch die hier als irrig bekämpfte Auffassung durch ein späteres Erkenntnis reprobiert, der ideelle Schaden, der durch die einmal erfolgte Proklamierung der bezeichneten Grundsätze gestiftet worden war, konnte hierdurch nur teilweise wieder gut gemacht werden.

b) Der strafrechtliche Schutz.

§ 21.

Im allgemeinen.

Die Bankdepotgeschäfte genießen neben dem zivilrechtlichen Schutze auch nach dem bisherigen Rechte bereits ein hohes Maß strafrechtlichen Schutzes.

Der Strafrechtsschutz muß aber, wie derselbe auch geartet sein mag, hinter dem Schutze des Zivilrechtes zurücktreten.

Der Zweck der Strafe ist nach der herrschenden Anschauung in erster Linie die Vergeltung für einen erfolgten Bruch der Rechtsordnung, nicht die Sicherstellung von Vermögenswerten oder der Ausgleich für schuldhafterweise herbeigeführte Vermögensverluste. Die Sorge für die Erhaltung der Vermögensrechte obliegt vielmehr dem Zivilrechte.

Nichtsdestoweniger ist aber der Strafrechtsschutz bei denjenigen Geschäften, welche auf dem Gebiete des Vermögensverkehrs sich bewegen, von einschneidender Bedeutung, insoferne als derselbe eine Ergänzung des zivilrechtlichen Schutzes bildet.

Wer das Rechtsgut des Vermögens angreift, macht sich eines Bruches der Rechtsordnung schuldig und fordert die Gerechtigkeit zur Herbeiführung eines entsprechenden Ausgleiches im Interesse der Allgemeinheit heraus. Allein der durch einen konkreten Eingriff in die Vermögensrechtssphäre herbeigeführte Nachteil in der Person des jeweils Verletzten wird durch eine Strafeinschreitung an sich nicht berührt. Bezüglich des Vermögensnachteils bleibt der Verletzte regelmäßig auf den Zivilrechtsweg verwiesen. Trotzdem ist die Strafdrohung in einem solchen Falle keineswegs bedeutungslos.

Durch Androhung von Strafe für das schuldhafte Setzen eines bestimmten Thatbestandes in Verbindung mit der zivilrechtlichen Verantwortlichmachung wird den Beteiligten der Ernst eines Rechtsgeschäftes noch mehr zum Bewußtsein gebracht, die Gewissenhaftigkeit und das Pflichtbewußtsein gesteigert. Die Bestrafung in einem speziellen Falle wirkt auf die Person des Thäters wie auf die Allgemeinheit abschreckend, und wenn der Thäter selbst gegen die Strafe sich nicht mehr empfänglich zeigen sollte, so wird durch die Herbeiführung seiner Bestrafung und insbesondere die Art des hierbei angeordneten Verfahrens die Allgemeinheit auf die Person des Thäters aufmerksam gemacht und dessen Gebahren in das gehörige Licht gestellt.

Die Strafandrohung bezw. verwirklichte Bestrafung übt einerseits auf die Person des Thäters sowie die Allgemeinheit eine repressive Wirkung aus, andererseits ermöglicht es die Thatsache einer Bestrafung der Allgemeinheit, durch Anwendung entsprechender Vorsicht einem drohenden Nachteil vorzubeugen (präventive Wirkung).

Nach beiden Richtungen hin hat demnach der Strafrechtsschutz auch seine Bedeutung für die Sphäre des Privatrechtes.

Für die in gegenwärtiger Darstellung berührten Rechtsgeschäfte, welche sich alle auf dem Gebiete des Vermögensrechtes bewegen, ist dieser Schutz des Strafrechtes von umso größerer Wichtigkeit, als dieselben regelmäßig Glaube und Treue im Verkehre und persönliches Vertrauen in besonderem Maße zur Grundlage haben.

Die Deliktsthatbestände, unter die nach dem bisher geltenden Rechte ein schuldhaftes rechtswidriges Verhalten bei den berührten Geschäften möglicherweise gebracht werden kann, sind insbesondere der Thatbestand der Unterschlagung, der Untreue und des Betrugs.

§ 22.

Die Unterschlagung.

Sind dem Depositar oder Pfandnehmer Sachen, wie Geld, Wertpapiere u. dergl. zur Verwahrung, Sicherstellung oder ähnlichen Zwecken übertragen, so bekommt der Depositar den Besitz, den Gewahrsam dieser Sachen, während das Eigentum bei dem bisherigen Eigentümer verbleibt. Damit ist für den Depositar oder Pfandnehmer die abstrakte Möglichkeit gegeben, das ihm entgegengebrachte Vertrauen zu täuschen und nach § 246 des R.St.G.B. sich verantwortlich zu machen.

§ 246 R.St.G.B. lautet:

„Wer eine fremde bewegliche Sache, die er in Besitz oder Gewahrsam hat, sich rechtswidrig zueignet, wird wegen Unterschlagung mit Gefängnis bis zu drei Monaten, und wenn ihm die Sache anvertraut ist, mit Gefängnis bis zu fünf Jahren bestraft.

Sind mildernde Umstände vorhanden, so kann auf Geldstrafe bis zu 900 Mark erkannt werden. Der Versuch ist strafbar."

Diese Gesetzesbestimmung ist in ihrer besonderen Beziehung zu den Depotgeschäften im einzelnen näher zu betrachten.[1])

Diese Gesetzesstelle setzt in erster Linie eine bewegliche Sache voraus. Wenn also jemand eine Urkunde übergeben erhält, welche zu Gunsten des Uebergebers ein Schuldbekenntnis enthält, so ist die Urkunde als körperlicher Gegenstand mögliches Objekt einer Unterschlagung, nicht aber die in derselben verbriefte Forderung. Mit der Unterschlagung eines Schuldscheines ist also dem Gläubiger sein Forderungsrecht selbst keineswegs entzogen, sondern nur ein Beweismittel für dieselbe.

Anders wird jedoch der Fall dann zu beurteilen sein, wenn die Urkunde nicht bloß Beweismittel („schlichte Beweisurkunde") ist, sondern wenn die Urkunde Form der Entstehung und Ausübung des Rechts ist, wenn also das Forderungsrecht in der Urkunde verkörpert erscheint und deshalb das Dasein der Forderung, absolut genommen von dem Dasein der Urkunde, relativ (mit Beziehung auf eine bestimmte Person) betrachtet von dem Besitze der Urkunde abhängig ist (dispositive Urkunde). Dies ist der Fall bei den sogenannten Wertpapieren, welche das vornehmste Objekt der Bankdepotgeschäfte bilden. Mit der Unterschlagung eines Wertpapieres ist demnach zwar nicht die etwaige Forderung, wohl aber deren verkörperter Wert unterschlagen, ohne daß jedoch

---

[1]) S. auch Liszt, Lehrbuch des deutschen Strafrechts S. 459 5. Aufl., Berlin 1892.

diese Wertverkörperung ein wesentliches Merkmal des Unterschlagungsbegriffes wäre. Der Gegenstand der Unterschlagung braucht keinen Wert zu haben, da die Unterschlagung gegen das Rechtsgut des Vermögens im Rechtssinne, nicht im ökonomischen Sinne gerichtet ist.

Die Unterschlagung setzt voraus, daß die Sache eine fremde Sache sei; die eigene Sache kann nicht unterschlagen werden. Wenn daher fungible Sachen mit der Intention übergeben werden, daß der Depositar oder Pfandnehmer nicht mehr diese Sachen zurückzugeben brauche, sondern die Restitutionspflicht nur bezüglich einer gleich großen Anzahl Sachen ejusdem generis begründet sein solle, so wird der Empfänger Eigentümer, kann also eine Zueignung und damit eine Unterschlagung nicht mehr begehen. Dies wird also jedenfalls z. B. beim Bargelde der Fall sein; ob dies auch bei Wertpapieren ohne weiteres anzunehmen sei, ist unten des Näheren zu erörtern.

Die Frage, ob und in welchem Momente Eigentum des Empfängers gegeben sei, ist nach dem einschlägigen Zivilrechte zu beurteilen. Der Strafrechtsschutz ist in gewisser Beziehung, nämlich soweit lediglich das Interesse des Verletzten in Frage steht, ein erweiterter Zivilrechtsschutz. Das berechtigte Interesse des Einzelnen kann daher auch nicht weiter reichen, als das Zivilrecht dasselbe anerkennt und mit dieser Grenze muß sich auch die Allgemeinheit begnügen. Die Annahme eines sog. strafrechtlichen Eigentums im Unterschiede von dem zivilrechtlichen Eigentum müßte zu den unheilvollsten Widersprüchen führen.

Die hier vertretene Anschauung ist vom Reichsgerichte auch in konstanter Rechtsprechung festgehalten worden.[1])

Die Unterschlagung ist gerichtet gegen dingliche Rechte, nicht gegen Forderungsrechte; es geht dies aus dem Merkmale der „fremden Sache" hervor. Ein Sache ist erst dann eine fremde geworden, wenn dieselbe in das Eigentum eines Dritten übergegangen ist, nicht schon dann, wenn jemand einen obligatorischen Anspruch auf die Sache gegen die Person des Besitzers hat. Der Einkaufskommissionär, der in Ausführung der Einkaufskommission handelnd, Wertpapiere erworben hat, ist verpflichtet, das Eigentum an denselben auf den Kommittenten zu übertragen. Solange er aber diese Uebertragung nicht vorgenommen hat, sind die Wertpapiere rechtlich noch keine fremden Sachen; es kann daher an ihnen eine Unterschlagung nicht begangen werden. Der Kommissionär wird selbst dann Eigentümer des Kommissionsgutes,

---

[1]) Vgl. Ohlshausen, Kommentar zum Strafgesetzbuch Bd. 2 S. 923, 4. Auflage, Berlin 1892, und die dortselbst citierten Entscheidungen und abweichenden Meinungen.

wenn er bereits beim Erwerbe desselben die Absicht hatte, für den Kommittenten zu erwerben, soferne er nicht als Stellvertreter desselben auftritt. Eine Unterschlagung ist daher an diesem Gute ausgeschlossen.[1]) Denn nach außen liegt lediglich die Willenserklärung des Verkäufers vor, die Sache dem Kommissionär zu Eigentum zu übertragen, sowie die Willenserklärung des Kommissionärs, das Gut erwerben zu wollen.

Aehnlich verhält es sich bei der Verkaufskommission. Der Kommissionär ist befugt, das Kommissionsgut zu verkaufen, d. h. Eigentum an den Dritten zu übertragen und wird Eigentümer des Gegenwertes. Der Kommittent ist verwiesen auf seinen dinglichen Anspruch gegen die Papiere, solange dieselben noch nicht zu Eigentum an einen Dritten übertragen sind, und im Momente des Eigentumsüberganges an den Dritten entsteht in seiner Person ein Forderungsrecht auf Herausgabe des Erlöses. Eine Unterschlagung ist auch hier an dem Kaufpreise im Rechtssinne nicht möglich. Eine solche wäre nur in dem Falle denkbar, daß der Kommissionär bereits beim Verkaufe die Aneignungsabsicht bezüglich des Erlöses hatte; denn in einem solchen Falle eignet sich der Kommissionär durch den Verkauf das Kommissionsgut an und begeht daher eine Unterschlagung.[2]) Es kommt also in diesem Falle lediglich auf die Willensrichtung des Kommissionärs an; da diese ein interner seelischer Vorgang ist und daher nur schwer bewiesen werden kann, sind diese Fälle strafrechtlich nur äußerst schwer faßbar.

Die gleichen Grundsätze sind hinsichtlich der zum Pfande hingegebenen Sachen zu beobachten. Die verpfändeten Sachen sind fremde Sachen und der Pfandnehmer darf eine Veräußerung nur nach den Bestimmungen des Pfandrechtes vornehmen, ohne eine Unterschlagung zu begehen.

Die Unterschlagung setzt voraus, daß die Sache im Besitze oder Gewahrsam des Thäters sich befunden habe und zwar muß dieser Besitz in dem Zeitpunkte, in welchem der Thäter die Absicht der rechtswidrigen Zueignung zu bethätigen begann, bereits begründet gewesen sein. Es wäre unrichtig, das unterscheidende Merkmal der Unterschlagung vom Diebstahl darin zu erblicken, daß die Aneignung nicht durch Wegnahme der Sache aus fremdem Besitze oder Gewahrsam vollzogen werde. Einer solchen Auffassung des Unterschlagungsbegriffes als bloßer Negation des Diebstahls steht der klare Wortlaut des Gesetzes entgegen, welches ein positives Thatbestandsmerkmal der Unterschlagung darin sieht, daß der Thäter die Sache, welche er sich rechtswidrig an-

[1]) Vgl. R.G.E. f. Str.S. Bd. 2 S. 186.
[2]) Vgl. R.G.E. f. Str.S. Bd. 3 S. 154.

eignet, bereits zuvor in seinem Besitze gehabt haben müsse.[1]) Liegt in dem als maßgebend bezeichneten Zeitpunkte ein Besitz nicht vor, sondern wird derselbe bereits in Ausübung einer Zueignungsabsicht an sich gebracht, so kann mit dem Unterschlagungsbegriffe nicht mehr operiert werden. Es muß daher allenfalls ein anderer Deliktsbegriff herangezogen werden. Der thatsächlich gemachte Versuch auch auf solche Fälle den Begriff der Unterschlagung auszudehnen beweist, daß auch andere Verbrechensbegriffe in solchem Falle den Dienst versagt haben.

Die eigentliche Ausführungshandlung wird nach dem Gesetze als Zueignung bezeichnet.

Hierunter ist aber „die Herstellung eines Verhältnisses zur Sache zu verstehen, welchem nur die rechtliche Anerkennung fehlt, um Eigentum zu sein".[2]) Der Thäter will also die Sache als Eigentümer mit Ausschluß des wirklichen Eigentümers beherrschen und zwar nicht bloß nach irgend einer Richtung hin, sondern in der Totalität ihrer Beziehungen. Es kann allerdings bereits in einer einseitigen Bethätigung des Willens die Absicht des Thäters sich kundgeben, die Sache nach der Gesamtheit ihrer Beziehungen beherrschen zu wollen. Auch in einem solchen Falle liegt Unterschlagung vor.

In der Praxis ist besonders der Fall der unbefugten Verpfändung einer fremden Sache von Bedeutung geworden.

Nach früheren Strafgesetzgebungen insbesondere dem preußischen Strafgesetzbuche begründete die Verpflichtung einer fremden Sache schlechthin den Thatbestand der Unterschlagung. Das Reichsstrafgesetzbuch ist von dieser Anschauung durch Aufnahme des allgemeinen Begriffes der Zueignung abgekommen, ohne jedoch damit zum Ausdrucke zu bringen, daß die Verpfändung einer Sache nicht den Thatbestand der Unterschlagung ausmachen könne. Ob und unter welchen Voraussetzungen allenfalls die Verpfändung als Unterschlagung zu erachten sei, ist mit Rücksicht auf den konkreten Fall und den Begriff der Zueignung zu entscheiden. Die Willensrichtung des Thäters ist in erster Linie maßgebend und daher diese aus den Umständen des Falles abzuleiten. Kommt die Verpfändung im gegebenen Falle einer Zueignung gleich, so ist Unterschlagung anzunehmen.

Das römische Recht betrachtet die Verpfändung als eine teilweise Veräußerung und verlangt für eine rechtsförmige Verpfändung einer Sache Eigentum an dieser Sache. Wohl unter Nachwirkung römisch-rechtlicher Grundsätze hat Theorie und Praxis vielfach an-

---

[1]) Vgl. R.G.E. f. Str.S. Bd. 10 S. 261, Bd. 17 S. 59, Bd. 19 S. 38.

[2]) Liszt, Lehrbuch des deutschen Strafrechts 5. Aufl. S. 441, 460, Berlin 1892.

genommen, daß die Verpfändung unter allen Umständen als eine Art der Veräußerung sich darstelle, zu der nur der Eigentümer befugt sei; und umgekehrt wurde im Falle einer Verpfändung dann angenommen, daß der Verpfänder sich unter allen Umständen als Eigentümer geriere und darum aus der unbefugten Verpfändung stets auf den Zueignungswillen geschlossen werden müsse.[1])

So zwingend an sich der Schluß zu sein scheint, so muß doch in der allgemeinen Fassung des Gesetzes gegenüber der bestimmten Ausdrucksweise des preußischen Strafgesetzes, das in so vieler Beziehung das Vorbild für unser Strafgesetzbuch war, der Wille des Gesetzgebers ausgedrückt erachtet werden, der Praxis nicht eine Schablone an die Hand zu geben, sondern dieselbe im einzelnen Falle auf die Auslegung der Willensrichtung des Thäters zu verweisen. Es mag zugegeben werden, daß der Richter in der Regel dazu kommen wird, im Falle einer unbefugten Verpfändung den Thatbestand der Unterschlagung als gegeben zu erachten, aber trotzdem lassen sich bei der Ausdrucksweise des Gesetzes Fälle denken, für welche § 246 R.St.G.B. nicht mehr anwendbar erscheint.[2])

Man muß sich in jedem Falle fragen, ob in der Verpfändung eine wirkliche Zueignung liegt, ob eine wirkliche Veräußerungsabsicht besteht, oder ob die Verpfändung nur eine Art unbefugten Gebrauches der Sache darstellt. Wäre letzteres der Fall, so könnte man wohl noch nicht ohne weiteres auf die Zueignungsabsicht schließen; ein bloßes furtum usus erscheint nach unserem Gesetze nicht mehr strafbar. Ein solches wäre aber dann anzunehmen, wenn der Thäter die nachgewiesene ernste Absicht und auch jederzeit die Mittel hatte, die verpfändete Sache wieder auszulösen.[3])

Wenn also ein Bankier die hinterlegten oder sonst in seinen Gewahrsam gelangten Papiere dazu benutzt, um allenfalls ein Bezugsrecht auszuüben, von dem der Eigentümer keine Kenntnis hat, so wird man nicht Unterschlagung annehmen dürfen. Aber auch wenn der Bankier fremde Papiere lombardiert oder sonstwie Gebrauch von denselben macht, wird dann eine Unterschlagung ausgeschlossen sein, wenn derselbe jederzeit im stande ist die Papiere selbst oder eine gleichgroße Anzahl derselben zu beschaffen. Unterschlagung wäre nur dann sicher anzunehmen, wenn die Papiere als dep. regulare

---

[1]) Vgl. Urteil vom 24. April 1880, Entschd. f. Strafsachen Bd. 2 S. 25 ff. und die dort angeführten Meinungen; insbesondere Oppenhof, Kommentar zum Strafgesetzbuch zu § 246 Nr. 34; Meyer, Strafrecht S. 488.

[2]) Vgl. Rechtsprechung Bd. 9 S. 59, Bd. 12 S. 311; Goldammer, Archiv B. 19 S. 814.

[3]) Vgl. R.G.E. f. Str.S. Bd. 2 S. 25 ff. S. Apt, Die grundlegenden Entscheidungen des Reichsgerichts auf dem Gebiete des Strafrechts S. 132/133, Berlin 1892; Ohlshausen a. a. O. Bd. 2 S. 932.

hinterlegt waren und die von dem Bankier vorgenommene Manipulation die Wiedererlangung der speziellen Stücke unmöglich macht.

Die Zueignung muß endlich eine rechtswidrige sein. Rechtswidrig ist eine solche dann, wenn dieselbe gegen eine Rechtsnorm irgend welcher Art verstößt (Rechtswidrigkeit im objektiven Sinne). Da jedoch in § 246 l. c. die Rechtswidrigkeit ausdrücklich zu einem Thatbestandsmerkmal der Unterschlagung gemacht ist und der Dolus des Thäters sich auf sämtliche Thatbestandsmerkmale erstrecken muß, so muß für die Unterschlagung auch das Bewußtsein der Rechtswidrigkeit (Rechtswidrigkeit im subjektiven Sinne) gefordert werden.[1]) Die bloße Nichtkenntnis des Gesetzes (ignorantia juris) schließt das Bewußtsein der Rechtswidrigkeit nicht aus. Wohl aber ist dasselbe dann ausgeschlossen, wenn jemand ernstlich glaubt in einem gegebenen Falle zur Vornahme einer sonst als Unterschlagung erscheinenden Handlung befugt gewesen zu sein. Denn den Titel, auf den diese vermeintliche Befugnis sich stützt, als zutreffend vorausgesetzt, ist in einem solchen Falle eine objektiv rechtswidrige Handlung (Zueignung) nicht mehr vorhanden. In einem solchen Falle wäre nach § 59 Abs. 1 des St.G.B. eine Bestrafung unmöglich.

So klar an sich dieser Grundsatz scheint, so ist dessen Anwendung im einzelnen Falle doch mit Schwierigkeiten verbunden, da es trotzdem zweifelhaft sein kann, ob der Thäter berechtigt war, eine von ihm behauptete Befugnis zur Vornahme seiner objektiv rechtswidrigen Handlung mit gutem Grunde anzunehmen.

Von besonderer Bedeutung ist besonders die Frage, ob und inwieweit etwa bei einer objektiv rechtswidrigen Zueignung fremder fungibler Sachen das Bewußtsein der Rechtswidrigkeit durch die Absicht des Thäters ausgeschlossen werde, den Eigentümer durch Leistung einer gleichgroßen Quantität ejusdem generis schadlos zu halten.

Hierüber ist Folgendes zu bemerken:

Durch die rechtswidrige Zueignung ist das Delikt der Unterschlagung vollendet. Hieran ändert streng genommen der Umstand nichts, daß der Thäter jederzeit in der Lage ist, nicht nur den Schaden zu ersetzen, sondern eine gleichgroße Anzahl Stücke derselben Art zu leisten. Ja sogar wenn der Thäter Zug um Zug die dem Deponenten gehörigen Papiere auswechselt i. e. sofort andere an deren Stelle setzen würde, wäre der objektive Thatbestand der Unterschlagung gegeben. Denn die Unterschlagung erfordert als begriffliches Merkmal keineswegs die Zufügung eines Vermögensschadens und subjektiv nicht eine hierauf gerichtete Absicht des Thäters, sondern lediglich eine mit einer Norm des objektiven Rechts im Widerspruche stehende Handlung (Zueignung) und das Bewußtsein

[1]) Vgl. Liszt a. a. O. S. 178.

von der Rechtswidrigkeit dieser Handlung. Es kommt also keineswegs darauf an, ob dem Eigentümer der Sache durch die Handlung ein dauernder oder auch nur vorübergehender Schaden zugefügt wird. Unter diesen Umständen ist die Absicht des Thäters, vollen Ersatz leisten zu wollen, für den objektiven Thatbestand der Unterschlagung völlig bedeutungslos.

Eine andere Frage ist jedoch, ob nicht hierdurch allenfalls der subjektive Thatbestand, das Bewußtsein der Rechtswidrigkeit der Handlung alteriert werden kann. Diese Frage dürfte zu bejahen sein. Man wird nicht leugnen können, daß das oben ausgesprochene richtige Prinzip strenge durchgeführt und auf den subjektiven Thatbestand ausgedehnt zu unbilligen Konsequenzen führen müßte, indem Handlungen als Unterschlagung zu bezeichnen wären, welche im Bewußtsein des Volkes wenn nicht gerade als erlaubt, so doch nicht als Delikte angesehen zu werden pflegen.

Diesem Gedanken Rechnung tragend hat das Reichsgericht in mehreren Fällen sich dahin ausgesprochen, daß die Ersatzabsiicht verbunden mit der jederzeitigen Möglichkeit der wirklichen Ersatzleistung unter Umständen geeignet sei, das Bewußtsein der Rechtswidrigkeit der Aneignung einer Sache auszuschließen, soferne hierdurch in der Person des Thäters die Annahme begründet werden kann, der Eigentümer der Sache werde unter der gegebenen Voraussetzung der Möglichkeit der jederzeitigen Ersatzleistung mit der Aneignung der Sache einverstanden sein.[1])

Man wird nicht leugnen können, daß dieser Standpunkt der Rechtsprechung geeignet ist unter vollkommener Wahrung des Prinzips den strengen rigor juris zu mildern und dem Billigkeitsempfinden des Volkes Rechnung zu tragen; andrerseits muß aber auch darauf hingewiesen werden, daß damit ein strenges Kriterium der Unterschlagung verlassen wurde und an dessen Stelle ein schwankendes Moment getreten ist. Denn die Frage, ob der Thäter trotz des Vorhandenseins des objektiven Thatbestandes sich subjektiv berechtigt erachten konnte, die Einwilligung des Eigentümers anzunehmen, kann nur nach den Umständen des einzelnen Falles beurteilt werden; die Grenze, welche hier ein deliktisches Handeln von einem strafrechtlich bedeutungslosen Thun scheidet, muß jedenfalls als flüssig bezeichnet werden.

Als noch bedenklicher müssen die Konsequenzen erachtet werden, zu denen der in der Rechtsprechung eingenommene Standpunkt führen muß und in der That bereits geführt hat.

Ist nämlich festgestellt, daß das Bewußtsein der Rechtswidrigkeit auf die vorhin geschilderte Art durch die Absicht der Ersatzleistung

---

[1]) Vgl. R.G.E. f. Str.S. Bd. 5 S. 304, Bd. 7 S. 351, Bd. 14 S. 242 ff., Bd. 21 S. 366.

ausgeschlossen war und darum Straflosigkeit gegeben sei, so bleibt der Thäter auch dann straflos, wenn er später nicht mehr in der Lage ist wirklich Ersatz zu leisten. Haben sich seine Vermögensverhältnisse rasch' geändert, so kann deshalb nachträglich das Bewußtsein der Rechtswidrigkeit nicht mehr begründet werden. Nach allgemeinen strafrechtlichen Grundsätzen muß der Dolus im Momente der Ausführung des Verbrechens gegeben sein; ein dolus subsequens ist strafrechtlich bedeutungslos. In dem angedeuteten Falle ist es daher rechtlich gleichgiltig, ob der Thäter hinterher eine strafrechtlich verwerfliche Willensrichtung erkennen läßt. Der Thäter wird vielleicht sogar bedauern, daß seine Annahme eine irrige war, bzw. daß die Grundlagen derselben sich ohne sein Zuthun geändert haben oder eine bereits im Zeitpunkte der Handlung vorhandene Aenderung später in die Erscheinung getreten ist. In so gearteten Fällen kann und muß ein an sich folgerichtiger Standpunkt verhängnisvoll für den Eigentümer werden.[1]) Unter allen Umständen ist auch hier wiederum der der Anklage obliegende Beweis schwer zu erbringen, daß der Thäter, welcher behauptet in der Lage und gewillt gewesen zu sein, jederzeit Ersatz zu leisten in der That bereits einen genauen Einblick in seine verwickelten Verhältnisse und in die daraus sich ergebende Unmöglichkeit sofortiger Ersatzleistung besessen habe. Gerade die Verhältnisse der Personen, die hier zunächst in Betracht kommen und nach außen noch im Genusse des vollen Ansehens und vielleicht auch des Kredits stehen, sind häufig derart verworren daß denselben oft selbst die genauere Kenntnis ihrer Verhältnisse und damit das Bewußtsein der Unmöglichkeit jederzeitiger Ersatzleistung mangelt. Die Verhältnisse können sich aber auch durch rasch eintretende verhängnisvolle Verluste ändern. In beiden Fällen kann es zweifelhaft werden, ob Unterschlagung unbedingt angenommen werden muß.

Unter allen Umständen wird durch die Möglichkeit einer so zu begründenden Straflosigkeit das Bewußtsein der Verantwortlichkeit und die Scheu vor der Heiligkeit fremden Eigentums bedenklich erschüttert.

Die wichtigsten für den Bankverkehr in Betracht kommenden Sachen sind die Wertpapiere. Da dieselben in mancher Beziehung gesondert zu beurteilen sind, möge ihnen auch mit Rücksicht auf das Delikt der Unterschlagung eine gesonderte Betrachtung gewidmet werden.

Wertpapiere desselben Typus werden gemeiniglich als fungible Sachen bezeichnet, obwohl man hieran mit Recht unter Bezugnahme auf die beigesetzten Nummern, auf eine etwaige Verlosung u. dergl. zweifeln kann. Jedenfalls steht nichts im Wege, daß die Parteien

[1]) R.G.E. f. StrS. Bd. 5 S. 55.

dieselben als vertretbare Sachen behandeln; denn vertretbare Sachen können nach allgemeinen Rechtsgrundsätzen auch ausdrücklich durch Uebereinkunft der Parteien ihrer Vertretbarkeit entkleidet und als individuelle Sachen behandelt werden. Ob das eine oder das andere der Fall sein soll, wird im Bankverkehre nicht durch eine besondere Vereinbarung bestimmt, sondern die einzelnen Banken beobachten in dieser Richtung ein für alle Fälle maßgebendes Verfahren, das in den Geschäftsbedingungen niedergelegt ist und das als **lex contractus** des Rechtsgeschäftes angesehen wird, durch welches die Papiere in den Gewahrsam der Bank kommen sollen. Regemäßig werden in diesen Geschäftsbedingungen die Wertpapiere als vertretbare Sachen behandelt. Fraglich ist es aber, ob ein diesen Geschäftsbedingungen entsprechend begründetes Depositum, bei welchem der Deponent auf Rückgabe der übergebenen Nummern verzichtet, als **depositum irregulare** im römisch-rechtlichen Sinne zu betrachten sei. Die Praxis scheint vielfach dieser Ansicht zu sein und zieht hieraus den folgerichtigen Schluß, daß der Depositar Eigentümer der Wertpapiere geworden sei, eine Unterschlagung infolgedessen an denselben nicht möglich sei. Diese Anschauung muß als irrig bekämpft werden.

Von vornherein wird es nicht in der Intention des Deponenten liegen, dem Depositar die freie Verfügung über die übergebenen Papiere einzuräumen, sondern er ist nur im Interesse der einfacheren Verwaltung und Aufbewahrung in Sammeldepots damit einverstanden, daß er nicht dieselben Nummern zurückbekommt, im übrigen entspricht der Bankier nur dem Willen des Deponenten, wenn er die Papiere als fremde betrachtet und aufbewahrt und sich jeder Verfügung über dieselben enthält. Der Verzicht auf Aushändigung derselben Nummern ist nicht ein Verzicht zu Gunsten des Bankiers in dem Sinne, daß dieser befugt sein solle, an Stelle der übergebenen Papiere aus seinen eigenen Beständen andere zu setzen, dieser Verzicht geht vielmehr nur dahin, bei Deponierung einer größeren Anzahl der gleichen Papiere auch durch andere Deponenten, wie diese auf Herausgabe der übergebenen Stücke nicht zu bestehen. Der Deponent ist also in diesem Falle lediglich damit einverstanden, daß die Papiere mit den Papieren anderer Kunden vermischt werden, im übrigen wollen die Kunden, daß ihre Papiere von den Beständen des Bankiers getrennt verwahrt werden. Das Eigentum bleibt beim Deponenten und dieser verzichtet auf dieses Eigentum erst in dem Momente, als der Bankier ihm auf Verlangen Papiere der gleichen Art aus dem Kundendepot aushändigt oder seine Papiere einem andern Kunden ausgehändigt werden. In einem solchen Falle liegt also nicht ein **depositum irregulare**, sonden ein modifiziertes **depositum regulare** vor. Es wurde für diese Art des Deposium der zutreffende Name „Vermengungsdepot" vorgeschlagen. Untersucht man des

Näheren, was der wirtschaftliche Grund dieser verschiedenen Behandlung scheinbar gleichgearteter Depositen sei, so hat man zu berücksichtigen, daß bei Geld und sonstigen vertretbaren Dingen der Gegenstand der Hinterlegung nicht bloß Träger des Wertes eines Gegenstandes, sondern der Wertgegenstand selbst ist, daß also sowohl das allgemeine Interesse wie das Privatinteresse des Deponenten an der möglichst nutzbringenden Verwendung einen Gebrauch in diesem Sinne seitens des Bankiers innerhalb gewisser Schranken begreiflich und selbstverständlich erscheinen läßt. Dieser Grund fehlt bei den Wertpapieren, da diese nur Träger, aber nicht die Werte selbst sind, der durch dieselben repräsentierte Geldwert wird durch dep. regulare nicht dem Verkehre entzogen, sondern durch den Erwerb der Papiere wurde derselbe vielmehr gerade dem Verkehre zugeführt.

Es muß anerkannt werden, daß das Geschäftsgebahren der großen soliden Banken diesem Charakter des Depots vollständig Rechnung trägt; gleichzeitig muß aber darauf hingewiesen werden, daß mit Rücksicht auf die verschiedenen Anschauungen in Bankkreisen die Betonung dieses Charakters der Depositen keineswegs überflüssig erscheint, da viele besonders kapitalschwache Bankiers sich zur Verfügung über so hinterlegte Papiere in weitem Umfange befugt erachten. Eine Einwilligung zu einer Verfügung kann der Bankier nicht stillschweigend mit Grund annehmen, eine gleichwohl vorgenommene Verfügung wäre daher rechtswidrig und würde auch nach bisherigem Rechte, sofern diese Verfügung sich zur Zueignung steigert, den Thatbestand der Unterschlagung begründen.

Nach § 246 R.St.G.B. ist auch der Versuch der Unterschlagung strafbar. Da in gegenwärtiger Darstellung keineswegs eine erschöpfende systematische Behandlung der Unterschlagung beabsichtigt ist, mag in dieser Beziehung der Hinweis auf § 43 St.G.B. genügen, wonach Versuch dann gegeben erscheint, wenn der Entschluß der rechtswidrigen Zueignung bereits durch eine oder mehrere Handlungen bethätigt wurde, welche einen Anfang der Ausführung enthalten, jedoch die Zueignung noch nicht als vollendet anzunehmen ist.

Vollendete Unterschlagung wurde vom Reichsgerichte bereits in dem Abschlusse eines Kaufvertrages über die übergebenen Papiere erblickt.[1])

Regelmäßig wird in den hier gedachten Fällen nicht der Fall der einfachen, sondern der erschwerten Unterschlagung (Veruntreuung) gegeben sein. Der Strafrahmen erweitert sich damit von einem Tage bis zu fünf Jahren Gefängnis.

---

[1]) Vgl. R.G.E. f. StrS. Bd. 17 S. 59.

§ 23.

Die Untreue.

Die Unterschlagung ist zwar bei weitem der wichtigste, aber keineswegs der einzige Verbrechensbegriff, der dem Schutze der bei den Bankdepotgeschäften in Betracht kommenden Rechtsgüter dient; neben der Unterschlagung kann auch die Untreue zur Ahndung rechtswidrigen Verhaltens im Bankverkehre herangezogen werden.

Die Untreue, welche in § 266 des R.St.G.B. geregelt ist, hat manches mit der Unterschlagung gemein und es hat einer langen geschichtlichen Entwickelung bedurft, um die beiden Begriffe, welche noch in der Carolina unter dem Begriffe der Veruntreuung zusammengefaßt waren, mit der entsprechenden Schärfe auseinander zu halten.

Die Unterschlagung richtet sich gegen ein dingliches Recht, das Eigentumsrecht und hat körperliche Gegenstände zur Unterlage, die Untreue jedoch knüpft an die Verletzung der Pflicht zur Wahrnehmung fremder Vermögensinteressen an; diese Pflicht zur Wahrnehmung fremder Interessen muß sich aus Verträgen oder vertragsähnlichen Verhältnissen ableiten lassen; sie richtet sich also gegen fremde Forderungsrechte. Die Unterschlagung ist ein Angriff auf das Vermögen im Rechtssinne; die Untreue ein Angriff auf das Rechtsgut des Vermögens im ökonomischen Sinne; es ist also notwendig, daß der Verletzte nicht bloß in einem Rechte verletzt ist, sondern einen wirklichen Nachteil erlitten habe, er muß um einen Vermögenswert gebracht worden sein.

Ueber die Art und Weise, wie die Vermögensbeschädigung herbeigeführt werden muß, spricht sich das Gesetz nicht aus; es muß daher angenommen werden, daß durch ein positives pflichtwidriges Thun, wie durch Unterlassung einer pflichtgemäßen Handlung der Thatbestand einer Untreue gesetzt werden kann.

Als Vermögensnachteil genügt schon die bloße Gefährdung fremden Vermögens, überhaupt jede Verschlechterung der Rechtslage des Berechtigten.[1]) In subjektiver Beziehung wird keineswegs erfordert, daß der Thäter die Herbeiführung eines Vermögensschadens zum Zwecke seines Thuns gemacht habe; es genügt vielmehr, wenn derselbe das Bewußtsein von dem benachteiligenden Erfolge seines Thuns besaß;[2]) der nachteilige Erfolg braucht sich dem Thäter nicht einmal als notwendig erwiesen zu haben; das Moment der Vermögensbeschädigung ist schon dann gegeben, wenn der Thäter seinen Willen nur eventuell (dolus eventualis) auf diesen Nachteil richtete

---

[1]) S. R.G.E. f. Str.S. Bd. 16 S. 80, Bd. 19 S. 83.

[2]) S. R.G.E. f. Str.S. Bd. 1 S. 172 und 329, Bd. 7 S. 283, Bd. 16 S. 77.

oder wenn sich ihm der Eintritt des Nachteils nur als möglich darstellte.

Von den in § 266 R.St.G.B. aufgeführten Fällen ist es nur Ziffer 2, welche eine nähere Betrachtung für unseren Zweck notwendig macht.

Wegen Untreue werden hiernach bestraft:

„Bevollmächtigte, welche über Forderungen oder andere Vermögensstücke des Auftraggebers absichtlich zum Nachteile desselben verfügen.“

Die Absichtlichkeit der Vermögensschädigung ist in dem bereits angegebenen Sinne zu verstehen als Bewußtsein von dem benachteiligenden Erfolge des Thuns.

Was unter einem Bevollmächtigten zu verstehen sei, darüber herrscht nicht volle Uebereinstimmung. Jedenfalls ist aber nicht ein nach außen in die Erscheinung tretendes Vollmachtsverhältnis nötig, demzufolge der Bevollmächtigte als Stellvertreter des Vollmachtgebers auftritt. Der Begriff eines Bevollmächtigten im Sinne des Gesetzes wird schon als gegeben angenommen werden dürfen, wenn ein Auftrag vorliegt und der Beauftragte im eigenen Namen, aber für den Mandanten handelt, sodaß der Dritte von dem Vorhandensein eines obwaltenden Auftragsverhältnisses nichts zu wissen braucht. Der Begriff des Bevollmächtigten setzt demnach nur das Bestehen einer rechtlich begründeten Befugnis zur Vertretung fremder Vermögensangelegenheiten voraus.[1])

Alle diese Grundsätze sind auch für den Schutz der Bankdepotgeschäfte von nicht zu unterschätzender Bedeutung; denn auch der Bankier ist in vielen Fällen als Bevollmächtigter in dem angeführten Sinne zu erachten. In manchen Fällen, in denen § 246 R.St.G.B. nicht angewendet werden kann, kann § 266, Ziff. 2 die vorhandene Lücke ausfüllen und die Bestrafung des Thäters ermöglichen. Indes nicht alle Fälle, welche nicht unter § 246 RStGB. subsummiert werden können, fallen damit schon unter den Begriff der Untreue. So wäre es beispielsweise irrig, im Falle der Einkaufskommission nach Ausführung der Kommission und vor Uebertragung des Eigentums an dem Kommissionsgute auf den Kommittenten dann den Thatbestand der Untreue als gegeben zu erachten, wenn der Kommissionär statt das Eigentum auf den Kommittenten zu übertragen, selbst über die Sache weiter verfügt. Denn in diesem Falle ist weder ein Vermögensstück des Auftraggebers vorhanden, noch liegt in der Verfügung über das Kommissionsgut eine Verfügung über die Forderung des Auftraggebers. Die Forderung des letzteren gegen den Kommissionär bleibt vielmehr unberührt; es liegt in einem solchen Falle lediglich Nichterfüllung einer bestehenden

---

[1]) S. R.G.E. f. StrS. Bd. 11 S. 243.

Verpflichtung vor, welche nicht unter den Begriff der Untreue gebracht werden darf.

Auch bei der Untreue ist wie bei der Veruntreuung die besondere Vertrauensstellung des Bevollmächtigten bzw. Beauftragten unter besonderen strafrechtlichen Schutz gestellt. So willkommen dieser Schutz des Gesetzes erachtet werden muß, so kann derselbe doch nicht ausreichende Ergänzung des durch § 246 St.G.B. gewährleisteten Schutzes angesehen werden.

§ 24.

Der Betrug.

Neben den Thatbeständen der Unterschlagung und der Untreue kann möglicherweise auch der Thatbestand des Betrugs herangezogen werden, um ein rechtswidriges Handeln im Depotverkehre unter Strafe zu stellen. Zwar liegt der Betrugsbegriff, dem hier zunächst in Betracht kommenden Gebiete bereits ziemlich ferne und bei der ohnehin bestehenden Schwierigkeit, die sämtlichen Merkmale des Betruges in einem gegebenen Falle strikte nachzuweisen, kann es nicht geleugnet werden, daß die Anwendung des Betrugsparagraphen bei Unregelmäßigkeiten im Bankdepotverkehre erhöhten Schwierigkeiten begegnet. Da es indessen immerhin möglich erscheint, in einigen wenigen Fällen die Merkmale des Betrugs als gegeben zu erachten, so muß auch der Betrugsbegriff unter den Schutzmitteln der Bankdepotgeschäfte seinen Platz finden.

Bei der untergeordneten Bedeutung dieses Schutzes mögen einige Bemerkungen hierüber genügen.

Der Thatbestand des Betruges ist in § 263 des R.St.G.B. enthalten.

Derselbe erfordert

1. die Absicht, sich oder einem Dritten einen rechtswidrigen Vermögensvorteil zu verschaffen,
2. die wirkliche Schädigung des Vermögens eines Anderen, und
3. Herbeiführung dieser Schädigung durch Irrtumserregung, also Kausalzusammenhang zwischen der durch Vorspiegelung oder Entstellung oder Unterdrückung von Thatsachen herbeigeführten Irrtumserregung und dem Vermögensnachteil.

Auch beim Betruge genügt das Bewußtsein von dem wirklichen oder bloß möglichen Eintritte eines Vermögensnachteils als Folge des bewußten Handelns; auch der Betrug ist gegen das Vermögen im ökonomischen Sinne gerichtet, setzt also eine irgendwie geartete Verschlechterung der Vermögenslage voraus. Insbesondere aber ist auf die Notwendigkeit des Kausalzusammenhanges zwischen der Irrtumserregung und dem Vermögensnachteil hinzuweisen.

Alle diese Momente lassen sich auch bei einem Depotgeschäfte gegeben denken.

Man setze nur den Fall: Ein Kunde hat dem Bankier den Auftrag erteilt, Papiere bestimmter Art für ihn zu kaufen und dieselben für ihn ins Depot zu nehmen. Der Bankier führt den Auftrag aus und teilt dem Kunden mit, er habe die Papiere für ihn ins Depot genommen; in Wirklichkeit aber unterläßt der Bankier es, das const. possessorium vorzunehmen und die Papiere für den Kommittenten zu verwahren; vielmehr verfügt er auch fernerhin über die Papiere. Hatte er bereits eine gesonderte Verwahrung vorgenommen und nachher über die Papiere verfügt so kommt Unterschlagung bzw. Untreue in Frage. In dem gesetzten Falle jedoch wird man wohl den Thatbestand des Betruges annehmen dürfen.

Wenn der Bankier seinem Kunden mitteilt, er habe die Papiere für ihn in das Depot genommen, ist dieser wohl berechtigt anzunehmen, daß er Eigentümer der Papiere geworden sei und diese für ihn in sicherer Verwahrung liegen. Durch die Mitteilung des Bankiers ist er ohne Zweifel in einen Irrtum versetzt worden und dieser Irrtum führt zur Vermögensschädigung insoferne, als sein Vermögen entweder ihm ganz verloren geht, jedenfalls aber gefährdet erscheint und er in einer schlechteren Rechtslage sich befindet, indem er nicht Eigentümer der Papiere geworden ist und darum keine dinglichen Klagen anstellen kann. Wäre der Kunde in voller Klarheit über die Verhältnisse gewesen, so hätte er Mittel und Wege suchen können, die Sicherstellung seines Vermögens herbeizuführen; durch die erfolgte Irrtumserregung wurde er daran gehindert bezw. erschien diese Vorsorge nicht mehr notwendig.[1]) In der Unterlassung der sonst vorgenommenen Vorsichtsmaßregeln ist die unmittelbare Benachteiligung des Kunden zu erblicken.[2])

Wollte man ein derartiges Verhalten nicht unter den Thatbestand des Betrugs bringen, so wäre ein strafrechtliches Mittel gegen ein solches Vorgehen nicht gegeben, also eine bedeutende Lücke im Gesetze zu konstatieren.

Durch Heranziehung des Betrugsbegriffes ist es immerhin möglich, in einigen Fällen dem Kunden unter die Arme zu greifen, eine Reihe anderer Fälle ist aber auch hierdurch nicht mehr erfaßbar, ganz abgesehen davon, daß schon die Anwendung des Thatbestandes des Betruges auf unsern Fall und ähnlich gelagerte Fälle bei den

[1]) Vgl. L. Goldschmitt, „Börsen und Banken" in den Preußischen Jahrbüchern 1891 S. 885. Zur Reform des Bankdepotwesens, zwei Vorträge von Rechtsanwalt Dr. Julian Goldschmidt und Justizrat Lesse S. 9, Berlin 1892.

[2]) Vgl. R.G.E. f. Str.S. Bd. 16 S. 1 ff., Bd. 17 S. 234.

vielfach herschenden Anschauungen über die Befugnisse des Bankiers lebhaftem Widerspruche begegnet.

§ 25.

Das Verhältnis der strafrechtlichen Bestimmungen über Unterschlagung, Untreue und Betrug zu einander.

Die Strafbestimmungen über Unterschlagung, Untreue und Betrug haben an sich vollständig selbständige Aufgaben zu erfüllen und sind infolgedessen auch in ihrer Anwendung von einander unabhängig.

Das schließt aber bei der Mannigfaltigkeit der Bethätigung menschlichen Handelns nicht aus, daß unter Umständen der Thatbestand mehrerer Delikte herangezogen werden muß, um ein konkretes Verhalten in seiner vollen strafrechtlichen Bedeutung zu erfassen.

Im Vorausgehenden wurden die einzelnen wichtigsten strafrechtlichen Grundsätze unter Berücksichtigung ihrer Bedeutung für den Schutz der Bankdepotgeschäfte aufgeführt und insbesondere auch die Abgrenzung der Deliktsthatbestände entsprechend betont.

Im Folgenden gilt es, diese Thatbestände in eine Art organischen Zusammenhang zu bringen und darzuthun, inwieweit eine gleichzeitige Anwendung dieser Bestimmungen nicht auf mehrere selbständige äußere Thatbestände, sondern auf einen faktischen Thatbestand, auf einen und denselben Vorgang möglich erscheint.

Es soll daher dargethan werden, ob und inwieweit eine Idealkonkurrenz unter den genannten Delikten möglich erscheint.

Von Idealkonkurrenz spricht man gemeiniglich dann, wenn ein und dieselbe Verbrechenshandlung gleichzeitig mehrere Strafgesetze verletzt, ohne daß durch den Thatbestand des einen Delikts der ganze Vorgang gedeckt ist. Die mehreren Thatbestände stehen also in einem solchen Falle (Idealkonkurrenz) in dem Verhältnisse mehrerer sich schneidender Kreise, während man in dem Falle, wenn der Thatbestand des einen Deliktes in dem Thatbestand des anderen Deliktes völlig aufgeht, von diesem ganz absorbiert wird, von Gesetzeskonkurrenz zu sprechen pflegt. Das Verhältnis solcher Bestimmungen kann man füglich durch zwei oder mehrere konzentrische Kreise veranschaulichen. Realkonkurrenz liegt dann vor, wenn durch mehrere selbständige Handlungen mehrere Verbrechen begangen werden. Es ist aber möglich, daß bei einem und demselben Vorgang, der sich nach außen als eine Einheit darstellt, mehrere Handlungen und mehrere Verbrechen unterschieden werden.

Nach den früheren Ausführungen ist klar, daß die drei betrachteten Deliktsthatbestände nicht in Gesetzeskonkurrenz zu einander treten können, wohl aber ist außer einer Realkonkurrenz eine Idealkonkurrenz unter ihnen bis zu einem gewissen Grade möglich.

Als obersten Grundsatz glauben wir an die Spitze den Satz stellen zu sollen, daß bezüglich einer Sache, welche durch ein Delikt bereits vollständig in die Herrschaft eines Thäters gekommen ist, nicht noch der Thatbestand eines weiteren Deliktes gesetzt werden kann, wenn auch Handlungen vorgenommen werden, welche ohne den vorausgegangenen deliktischen Erwerb einen neuen Deliktsthatbestand zu begründen geeignet erscheinen.[1])

Dies ist von besonderer Bedeutung für die Beurteilung des Verhältnisses der Unterschlagung zum Betrug. Eine Sache, welche bereits durch Unterschlagung erworben wurde, kann nicht mehr Gegenstand einer Vermögensschädigung sein, selbst wenn ihretwegen falsche Thatsachen vorgespiegelt werden sollten. Ein Betrug kann daher in diesem Falle nicht mehr begangen werden.[2])

Würde dagegen ein Bankier einen Betrug in der Art verüben, daß er lediglich beabsichtigt, in den Besitz (Gewahrsam) der Papiere einer Person zu gelangen, und würde derselbe Bankier nach wirklicher Erlangung des Besitzes den Entschluß fassen, die Papiere sich anzueignen und diesen Entschluß auch wirklich ausführen, so würde sich Betrug und Unterschlagung nicht ausschließen. Betrug und Unterschlagung waren in diesem Falle von vornherein auf einen verschiedenen Erfolg gerichtet und der verschiedene Erfolg wurde auch auf verschiedenem Wege erreicht. Die Annahme einer Realkonkurrenz kann in diesem Falle einem Zweifel nicht unterliegen.[3])

Würde dagegen eine Sache nach der Gesamtheit ihrer Beziehungen bereits durch einen Betrug erlangt sein, also der Betrug auf Aneignung der Sache gerichtet und dieser Zweck erreicht sein, so wäre eine Unterschlagung an dieser Sache weiterhin ausgeschlossen.

Eine Idealkonkurrenz zwischen Unterschlagung (Veruntreuung) und Untreue aus § 266 Z. 2, ist wohl unbedenklich möglich, wenn es sich um eine nachteilige Verfügung über Vermögensstücke handelt.

Die Herstellung einer Idealkonkurrenz zwischen § 266 Z. 2 und § 262 des R.St.G.B., also zwischen Betrug und Untreue, wie sie bei Bankdepotgeschäften in Betracht kommt, dürfte jedoch Schwierigkeiten begegnen.

---

[1]) S. Ohlshausen a. a. O. Bd. 2 S. 1024.
[2]) Vgl. R.G.E. f. StrS. S. 408.
[3]) R.G.E. f. StrS. Bd. 5 S. 426.

Zweiter Abschnitt.

Der Rechtszustand nach dem Depotgesetze.

I.

Die Veranlassung der Bankdepotgesetzgebung.

§ 26.

Die äußern Ursachen.

Wir haben im Vorausgehenden versucht, den Rechtszustand auf dem Gebiete des Bankdepotwesens, wie er bis vor kurzem bestanden hat, kurz darzustellen.

Mit dem Inkrafttreten des Börsengesetzes vom 22. Juni 1896 und des Gesetzes betreffend die Pflichten der Kaufleute bei Aufbewahrung fremder Wertpapiere vom 5. Juli 1896 hat der bisherige Rechtszustand eine Aenderung erfahren. Bevor wir diesen neuen Zustand kennen lernen, erscheint es notwendig, die sich unwillkürlich aufdrängende Frage nach den Gründen zu beantworten, welche diese Aenderung des Rechtes zur Folge gehabt haben. Diese Frage erscheint um so berechtigter, als gerade die bisherige Darstellung des Rechtes der Bankdepotgeschäfte im großen und ganzen einen weitgehenden Schutz dieser Geschäfte erkennen ließ.

Die Antwort auf diese Frage muß mit einem doppelten Hinweise auf die äußern und innern Ursachen der Rechtsänderung gegeben werden.

Die Rechtsänderung ist rasch und unerwartet herbeigeführt worden. Diese Thatsache legt die Vermutung nahe, daß nicht der bestehende Rechtszustand an sich in erster Linie die Rechtsänderung bedingte, sondern daß wohl Gründe äußerer Natur dazu beigetragen haben, die Neuregelung zu beschleunigen. Wäre der bisherige Rechtszustand an sich so unhaltbar gewesen, daß derselbe mit einemmale so jäh geändert werden mußte, so ließe sich dies nur durch einen raschen Umschwung in den Verhältnissen erklären; ein solcher Umschwung ist aber nicht eingetreten. Vielmehr sind es äußere Ereignisse, welche den Anstoß zu der in kurzer Zeit durchgeführten Reform gegeben haben.

Wenn wir die Tagesblätter des Spätherbstes des Jahres 1891 nachschlagen, sowohl die unseres engern als unseres weitern Vaterlandes, so finden wir dortselbst eine Reihe rasch aufeinanderfolgender Bankbrüche berichtet, die eine ungeheure Aufregung über das ganze Land verbreiteten. Was diesen Zusammenbruch insbesondere mehrerer Berliner Firmen für die Allgemeinheit so verhängnisvoll gestaltete, war der Umstand, daß dabei die Depots des Publikums in großem Umfange mit in die Katastrophe hineingezogen worden waren.

Es stellte sich heraus, daß die Depositen nicht als unantastbares Eigentum der Deponenten behandelt, sondern daß dieselben im Widerspruche mit der Intention der Kunden zu Spekulationsgeschäften aller Art verwendet wurden.[1]) Allenthalben bemächtigte sich darum mit der Verbreitung der Nachrichten von dem Zusammenbruch dieser Geschäftshäuser mehr und mehr eine panikartige Beunruhigung unter der ganzen Bevölkerung; in einer Unzahl von Zeitungsartikeln kam die allgemeine Entrüstung zum Ausdrucke. Sofort wurde der bisherige Rechtszustand angeklagt, der sich unfähig erwiesen habe, derartigen Vorkommnissen vorzubeugen oder doch wenigstens das eingeschlagene Verfahren durch entsprechende Strafeinschreitung gebührend zu brandmarken und die Thäter zu entsprechender Verantwortung zu ziehen. Die eingeleiteten Untersuchungen förderten ein umfangreiches Material zu Tage, welches die ganze Verwerflichkeit der vorgenommenen Manipulationen klar ersehen ließ; zugleich aber fand man, daß eine Reihe in den Augen des Publikums verwerflicher Verfügungen in eine mehr oder minder unanfechtbare Rechtsform gekleidet waren und darum vielleicht einer Kritik, aber nicht einer strafrechtlichen Ahndung unterzogen werden konnten. Hierfür wurde die Rechtsordnung in vollem Umfange verantwortlich gemacht, vor deren Augen sich solche Vorkommnisse abspielen konnten. Und doch hatte das Publikum bei seiner scheinbaren berechtigten, geradezu maßlosen Kritik und Anklage des Rechtszustandes seine Selbstanklage vergessen. Mag auch der Rechtszustand, wie wir gesehen haben, nicht nach allen Seiten hin ein befriedigender gewesen sein, die Hauptschuld an den traurigen Ereignissen trug im hohen Grade das Publikum selbst, das in seiner Vertrauensseligkeit und Unerfahrenheit nicht immer der von der Rechtsordnung zur Verfügung gestellten Mittel und Geschäftsformen sich bediente, welche einen genügenden Schutz des Eigentums garantiert hätten. Eine absolute Sicherheit, insbesondere gegen ein verbrecherisches Verhalten kann keine Rechtsordnung gewähren; denn sonst hätten die Bestimmungen über Diebstahl und Mord längst diese beiden Delikte aus der Welt schaffen müssen. Allein, daß Veruntreuungen in so umfangreichem Maße mehr oder weniger ungestraft sich ereignen konnten, das wurde hauptsächlich dem bestehenden Rechte zum Vorwurfe gemacht. Und doch war dieser Vorwurf nur zum geringen Maße gerechtfertigt; zum größeren Teile mußte derselbe auf die die Anklage Erhebenden selbst zurückfallen, die bei Uebergabe der Depots ohne nähere Prüfung der Geschäftsbedingungen des Bankiers auf Grund derselben die

[1]) Vgl. über diese Ereignisse u. a. den Artikel: „Effektendepots" in der Frankfurter Zeitung v. 26. u. 27. Nov. 1891, auch: **Étude économique et juridique sur les bourses allemandes de valeur et de commerce par André E. Sayous, Paris et Berlin 1898, pag. 30 ss.**

Depotgeschäfte abschlossen. Die Geschäftsbedingungen waren aber vielfach so gehalten, daß der Bankier diejenige Form des Abschlusses wählte, welche ihm die weitgehendsten Befugnisse an den Depositen von Rechtswegen einräumte. Bei entsprechender Vorsicht des Publikums wäre es demselben leicht möglich gewesen, dem gewissenlosen durch rechtliche Formen bis zu einem gewissen Grade gedeckten Gebahren ein Ziel zu setzen bzw. den Bankier, der trotz der getroffenen Vereinbarung die von ihm gewünschten Befugnisse sich anmaßte, zum Verbrecher zu stempeln. Das Publikum wurde durch die Geschäftsbedingungen gewissenloser Bankiers regelmäßig in der Form zum Abschlusse der Depotgeschäfte verleitet, daß dem Deponenten nicht das Eigentum an den hinterlegten Papieren gewahrt blieb, sondern dieser lediglich auf eine Forderung gegen den Bankier verwiesen war. Die Tragweite des Unterschiedes zwischen der einen und der andern Form kam dem Publikum wohl nicht zum Bewußtsein; und aufgeklärt wurde es hierüber von dem Bankier nicht, obwohl es seine Pflicht gewesen wäre. So kam es, daß der wirkliche Inhalt des Geschäftes in tausenden von Fällen nicht der Intention der Depotkunden entsprach. Es hätte nur der Stipulierung der Pflicht zu gesonderter Aufbewahrung bedurft, um dem Kunden sein Eigentum zu erhalten und ihm damit die denkbar höchste rechtliche Sicherheit zu wahren. Da diese Form der Hinterlegung auch nach bisherigem Rechte bestand und es nur der Anwendung derselben bedurfte, kann die Rechtsordnung begründetermaßen wohl nicht in dem Grade für die Ereignisse verantwortlich gemacht werden, als dies zunächst in der blinden Aufregung und Ueberstürzung geschah.

Alsbald wurden denn auch besonnene Stimmen laut, welche vollständig vorurteilsfrei die Verhältnisse beleuchteten und auf die sachliche Seite der akut gewordenen Frage eingingen.

Dadurch wurde die öffentliche Meinung, welche anfangs ausnahmlos den Ruf nach einer Reform der Gesetzgebung im Sinne einer drakonischen Verschärfung der Strafbestimmungen ertönen ließ, allmählich in gemäßigtere Bahnen eingelenkt, welche eine sachliche Behandlung der Frage und eine fruchtbare Diskussion derselben ermöglichte.

Auf diese Weise wurde das Urteil selbst allmählich geläutert und die Anforderungen an die Gesetzgebung wurden auf eine Basis gestellt, von der ausgehend man zu positiven Ergebnissen zu kommen hoffen durfte. Darüber war man sich aber einig, daß die bestehenden Rechtsgrundlagen wenn auch nicht einer fundamentalen Umgestaltung, so doch einer wesentlichen Verbesserung und Ergänzung im Sinne einer größeren Sicherstellung des Publikums gegenüber einem gewissenlosen Geschäftsgebahren einer gewissen Klasse von Bankiers bedürften.

§ 27.

Die inneren Ursachen.

Durch die weite Kreise berührenden Geschäftszusammenbrüche des Herbstes 1891, denen im Laufe der Zeit noch vereinzelte andere folgten, war die öffentliche Aufmerksamkeit auf das Bankdepotwesen gelenkt und dasselbe zum Gegenstande eingehender Untersuchungen gemacht. Insbesondere wurden bei der allgemeinen Anklage der bestehenden Rechtsordnung auch die Rechtsgrundlagen der Bankdepotgeschäfte auf ihre Haltbarkeit geprüft. Das Resultat der Untersuchung war, daß allerdings auch der Rechtszustand nicht in allen Beziehungen befriedigte und derselbe deshalb in mannigfacher Beziehung als einer genaueren Präzisierung bedürftig erachtet wurde. Indes sind die Mängel der bisherigen Bestimmungen keineswegs so geartet gewesen, daß dieselben von sich aus so rasch zu einer Bewegung der gesetzgebenden Körper geführt hätten.

Wir haben bei Darstellung des bisherigen Rechtszustandes wiederholt Veranlassung genommen, diese oder jene Bedenken gegen eine Bestimmung noch mehr aber gegen die Rechtsprechung geltend zu machen und können uns daher an dieser Stelle auf eine mehr summarische Wiedergabe der wichtigsten Schwächen des Rechtszustandes, der insbesondere auch durch eine laxe Rechtsauffassung der Gerichte herbeigeführt wurde, beschränken.

Anschließend an die überkommenen Rechtsbegriffe des depositum regulare und irregulare des römischen Rechts wurden die im Laufe der Zeit mit der modernen Ausgestaltung des Kreditverkehrs als die wichtigsten Gegenstände des Depotverkehrs erscheinenden Wertpapiere vielfach als vertretbare Sachen behandelt und deshalb im Zweifelsfalle dem Depositar die freie Verfügung (Eigentum) über die übergebene Spezies vindiziert und dem Deponenten lediglich ein Anspruch auf eine gleich große Menge derselben Art gegeben. Um sich das Eigentum zu erhalten bedurfte es daher einer ausdrücklichen Vereinbarung der gesonderten Aufbewahrung, die aber, weil den Geschäftsbedingungen zuwider laufend, nicht üblich war. Wir haben bereits darauf hingewiesen, daß es unrichtig sei, die Wertpapiere vollkommen wie andere vertretbare Sachen zu behandeln und daß insbesondere die wirtschaftlichen Gründe, welche mit Recht dazu führten, für Gelddepositen innerhalb gewisser Beschränkungen eine nutzbringende Anlage zu gestatten, auf Wertpapiere keine Anwendung finden.

Aus diesem Grunde kann auch aus der Hinterlegung von Bargeld und Wertpapieren ohne nähere Bestimmung nicht die gleiche Folgerung für die Dispositionsgestattung des Depositars gezogen werden.

Auch nach bisherigem Rechte mußte man bei gehöriger Berücksichtigung des präsumptiven Willens des Deponenten von Wertpapieren zur Rechtsanschauung gelangen, daß der Depositar auch ohne besondere Vereinbarung sich jeder Verfügung über die hinterlegten Papiere zu enthalten habe. Diese Forderung hatte aber im Rechte keinen entsprechenden Ausdruck gefunden. So war es möglich die Rechtsanschauung zu vertreten, daß die Wertpapiere andern vertretbaren Sachen, insbesondere dem Bargelde gleichgestellt werden dürfen und aus diesem Standpunkte die praktischen Konsequenzen zu ziehen. Damit war der Bankier, der sich die genannte laxe Rechtsanschauung angeeignet hatte, in der Lage, die Papiere seiner Kunden als Kreditunterlage für eigene Spekulationen insbesondere im Börsenverkehre zu benutzen. Diese Rechtsauffassung wurde in Bankkreisen vornehmlich bezüglich der Dispositionsfreiheit über solche Papiere geteilt, welche auf Grund einer Einkaufskommission vom Bankier erworben wurden und bezüglich deren dem Kunden ohne gleichzeitige Aufgabe der Nummern lediglich die Mitteilung zuging, daß die Papiere für ihn ins Depot genommen worden seien. Das Stillschweigen des Kunden auf diese Mitteilung hin wurde geradezu als Erklärung des Kunden angenommen, sich nur mit einem persönlichen Anspruche gegen den Bankier auf eine bestimmte Anzahl der gleichen Papiere zu begnügen. Diese Anschauung hat derart weite Bankkreise beherrscht, daß Goldschmidt behaupten konnte, dieselbe sei anscheinend sogar zu einem Glaubenssatze gewisser Bankkreise geworden. Damit waren die Eigentumsverhältnisse bei der Einkaufskommission sehr ins Unklare gestellt.

Obwohl das Gesetz den Kommissionär verpflichtet, Eigentum an dem Kommissionsgute in sorgfältiger Wahrung der Interessen des Kommittenten und deshalb alsbald auf diesen zu übertragen, so wurde trotzdem das sog. Depotfixen d. h. die Veräußerung des Kommissionsgutes im eigenen Interesse als statthaft erachtet. Damit war in vielen Fällen ein bloßes fiktives Depot an Stelle eines reellen Depots getreten.

Vollends war der Kunde der Willkür einer gewissen Kategorie von Bankiers dann ausgeliefert, wenn der Bankier für den Kommittenten in Vorschuß gegangen war. Mit Rücksicht auf den gewährten Vorschuß hielt sich der Bankier zu einer noch weitergehenden unbeschränkteren Verfügung über die bereits angeschafften Werte oder, solange die Anschaffung noch nicht erfolgt war, zu einem noch freieren Gebahren berechtigt, obwohl derselbe durch das ihm gesetzlich eingeräumte Pfandrecht an dem Kommissionsgute genügend sicher gestellt erscheinen mußte.[1])

---

[1]) Vgl. F. J. Pfleger und L. Gschwindt, Börsenreform in Deutschland 3. Abschnitt. Die Effektenbörse nach den Erhebungen der Börsenenquetekommission S. 197 ff.

Durch die so herbeigeführte Unsicherheit der Eigentumsverhältnisse mußte ein wichtiges Mittel der Sicherstellung des Kommittenten bzw. Deponenten, nämlich das Aussonderungsrecht im Konkurse des Kommissionärs illusorisch werden, weil dasselbe das Eigentum als klargestellt voraussetzt. Denn durch die bereits wiederholt betonte Fassung der Geschäftsbedingungen mußte vielfach Eigentumsübergang auf den Bankier als erfolgt angesehen werden und bei der Einkaufskommission wurde der Kommissionär Eigentümer und blieb es solange, als er sich nicht freiwillig bequemte, den Uebereignungsakt vorzunehmen oder durch ausdrückliche Aufforderung, die Nummern aufzugeben, oder durch Klage hierzu gezwungen wurde.

Durch den notwendigen Verkehr des Provinzialbankiers mit einem Zentralbankier wurden die Papiere des Kunden vielfach in eine pfandrechtliche Haftung zu Gunsten der Forderungen des Zentralbankiers gegen den Provinzialbankier gebracht, wodurch der Kunde bei Inanspruchnahme dieser Haftung so zu sagen expropriiert wurde und sich lediglich mit einer Forderung an seinen Bankier halten konnte. Dies war nach bestehendem Rechte immer dann der Fall, wenn der Zentralbankier sich in gutem Glauben befand, wozu es im Falle der Uebersendung von Wertpapieren nur der Unterlassung der Mitteilung bedurfte, daß die Papiere fremde seien. Im Falle der Einkaufskommission war der Provinzialbankier ohnedies als Kommissionär gesetzlich befugt im eigenen Namen aufzutreten.

Mit diesen Mängeln des Civilrechts mußte eine Unsicherheit der Strafrechtssprechung Hand in Hand gehen. Eine Unterschlagung als Angriff auf das Eigentum konnte nur dann unzweifelhaft angenommen werden, wenn die Eigentumsverhältnisse feststanden. Es fehlte vielfach schon an der Möglichkeit eines Nachweises einer objektiv rechtswidrigen Zueignung. Vollends aber mußte bei so vielfach verbreiteten irrigen Rechtsanschauungen über die Befugnisse des Bankiers und der Auffassung der Rechtssprechung, daß unter Umständen durch ernste Ersatzabsicht und jederzeitige Ersatzbereitschaft das Bewußtsein der Rechtswidrigkeit der Zueignung ausgeschlossen werde, eine ganze Reihe von Fällen der verdienten strafrechtlichen Ahndung entgehen. Insbesondere konnte auch die Judikatur nicht ohne Rückwirkung auf die in gewissen Bankkreisen beliebte Praxis bleiben; vielmehr mußten durch sie gerade die irrigen und gefährlichen Anschauungen noch mehr befestigt werden.

War sonach an sich der bestehende Rechtszustand nicht die unmittelbare Veranlassung für die Reformbewegung, so kann man doch nicht leugnen, daß, nachdem durch die genannten äußern Ereignisse die Aufmerksamkeit auf das Depotwesen gerichtet war, auch eine Reihe von Mängeln in den bestehenden Bestimmungen und der Handhabung derselben gefunden wurden, welche den Ruf nach einer Reform der Gesetzgebung als begründet erscheinen lassen mußten.

II.

Die Reformbewegung und der Entwurf eines Depotgesetzes.

§ 28.

Die Reformvorschläge.

In der unmittelbar auf die verhängnisvollen Ereignisse folgenden Zeit der allgemeinen Aufregung und Entrüstung war an eine gedeihliche Reformarbeit nicht zu denken. Es war nicht anders zu erwarten, als daß unter dem Eindrucke der Ereignisse Forderungen gestellt wurden, welche nicht nur das Ziel des Erreichbaren, sondern die Grenzen der Besonnenheit und Zweckmäßigkeit weit überschritten.

In maßloser Weise kam die Entrüstung in Anklagen des bestehenden Rechtszustandes zum Ausdruck und das Bankiergewerbe wurde einer vernichtenden Kritik unterworfen. Es wurde auf die günstigen Geschäftsabschlüsse der meisten Banken hingewiesen und diese Ergebnisse als die Frucht gesetzwidrigen Gebahrens hingestellt. Es wurde das vernichtende Urteil verallgemeinert und das ganze Bankiergewerbe möglichst in den Staub heruntergezogen, ohne einen so notwendigen Unterschied zwischen zwei großen Kategorien der Bankgeschäfte zu machen. Allenthalben wurde eine gründliche Reform der Gesetzgebung und insbesondere eine geradezu übertriebene Verschärfung der Strafgesetze stürmisch gefordert.

Unter dem Einflusse der in der Tagespresse und in der Fachlitteratur geltend gemachten Forderungen wurde auch im deutschen Reichstage bereits unterm 20. November 1891 von dem Abgeordneten Dr. von Cuny folgender für den damaligen Stand der Verhältnisse geradezu charakteristische Antrag eingebracht:[1])

„Derjenige, welchem in seinem Geschäftsbetriebe Inhaberpapiere anvertraut sind, darf sie nur dann veräußern, wenn der Deponent ihm die Veräußerung speziell und ausdrücklich gestattet hat. Die Unterschlagung von Depots wird mit Zuchthaus bestraft."

Dieser Antrag spiegelt so recht die damalige öffentliche Meinung wieder. Er glaubt mit einer kurzen Bestimmung, mit einem in der Eile präparierten Mittel die sämtlichen Mängel des bisherigen Rechtszustandes zu heilen und insbesondere durch eine hohe entehrende Strafe für Depotveruntreuungen die Wiederkehr ähnlicher Ereignisse, wie sie damals vorkamen, zu verhindern. Indes man sah doch ein, daß in dieser Weise eine Abhilfe nicht geschaffen

---

[1]) S. Drucksachen des Reichstags 8. Legislaturperiode I. Session 1890/92 Nr. 531.

werden könne. Man war überzeugt von der Notwendigkeit einer tiefergehenden Reform der Gesetzgebung, welche erst eine gründliche Untersuchung der Verhältnisse und eine genauere Prüfung der in Betracht kommenden Mittel verlangte.

Der an sich unvollkommene und bezüglich seiner Straffatzung wie ein Akt des Notwehrexcesses sich darstellende Antrag kam nicht zur Verhandlung.

Allmählich hatten sich die hochgehenden Wogen wieder gelegt und eine sachliche Diskussion und ruhige Kritik konnte sich der Angelegenheit bemächtigen. Ueberall finden wir darum alsbald die Reformfrage unter einem Hinweise auf die bisherigen Verhältnisse besprochen. Sachverständige Einzel-Fachmänner und Körperschaften machten die Reformfrage zum Gegenstande eingehender Untersuchungen und unterließen nicht, darauf hinzuweisen, daß die allgemein besprochenen Mißstände im Bankiergewerbe nur auf das Geschäftsgebahren einer gewissen Kategorie von Bankiers, keineswegs auf allgemeine Geschäftsusancen in Bankkreisen zurückzuführen seien. Den verwerflichen Geschäftsgrundsätzen dieser Bankkreise wurde das unantastbare, solide Verfahren der Mehrzahl der Bankgeschäfte, zumal der großen kapitalkräftigen Bankinstitute gegenübergestellt und dieses Verfahren als Ausgangspunkt und Norm einer fruchtbaren Reformthätigkeit hingestellt.

Männer der Doktrin widmeten sich mit allem Fleiße der Untersuchung und Darstellung der bisherigen Rechtsgrundlagen der Depotgeschäfte und suchten durch eine Kritik derselben in Verbindung mit den verschiedensten Vorschlägen Licht und Klarheit in die Sache zu bringen. Auch in der Tagespresse wurden Abhandlungen von nicht zu unterschätzendem Werte veröffentlicht. Allenthalben mußte man das eifrige und redliche Bestreben anerkennen, mit den nachgewiesenen Uebelständen gründlich aufzuräumen und das bereits bisher in den soliden Banken beobachtete Verfahren zu gesetzlicher Verpflichtung zu machen. Vor allem wurden aber auch Stimmen laut, welche eindringlich vor einseitiger kurzsichtiger Strenge warnten und die Beobachtung nüchterner Ruhe und weißer Mäßigung empfahlen.[1])

Es mag genügen von den angedeuteten Behandlungen der Frage die beachtenswertesten kurz zu berühren.

An erster Stelle ist ein Aufsatz: von Professor Goldschmidt hervorzuheben, welcher die Diskussion über die Reformfrage eröffnete. Goldschmidt gibt eine eingehende Darstellung des bestehenden Rechtszustandes und insbesondere auch der Rechtsprechung und

---

[1]) Vgl. Rießer, in der Holdheimschen Monatsschrift für Aktienrecht und Bankwesen 1. Jahrg. S. 2.

[2]) L. Goldschmidt, „Börsen und Banken" in den Preußischen Jahrbüchern 1891 S. 876 ff..

kommt im wesentlichen zu dem Ergebnisse, daß bereits unser bis dahin geltendes Recht einen hohen Grad civilrechtlichen und strafrechtlichen Schutzes für den Deponenten und Kommittenten darstelle und deshalb der Rechtszustand im ganzen als befriedigend angesehen werden müsse.

Nur für den Fall, daß dem Depositar auf Grund privater Vereinbarung besondere Rechte eingeräumt werden sollen, ist nach Goldschmidt zu verlangen, daß die Uebereinkunft nicht aus schwankenden und unsichern sogenannten Usancen oder aus unbestimmten Erklärungen, sondern aus klarer Willensäußerung entnommen werde. Eine gesetzliche Vorschrift, welche eine ausdrückliche Uebereinkunft verlange, erscheine allerdings angemessen, aber nicht notwendig, da auch eine bewußte Rechtsprechung den richtigen Weg finden werde, unlautern Machinationen entgegenzutreten. Demgegenüber muß bemerkt werden, daß das bisherige Recht allerdings im wesentlichen den Schutz des Publikums genügend im Auge hatte, daß aber der Standpunkt des Gesetzgebers nicht genügend klar zum Ausdrucke und jedenfalls nicht genügend klar zum Bewußtsein gewisser Bankkreise gekommen ist. Gerade die Geschäftsusance, aber auch die Rechtsprechung haben dazu beigetragen, den Rechtszustand zu trüben und das richtige Bild zu verwischen. Daher war ein Akt der Gesetzgebung mehr im Interesse der unzweideutigen Feststellung des bereits bestehenden Rechtszustandes als in der Ergänzung vorhandener Lücken desselben gelegen.

Im Anschlusse an Goldschmidt unterzog Senatspräsident Dr. Wiener, ehemaliges Mitglied des Reichsoberhandelsgerichts, die Depotfrage einer eingehenden, sachkundigen Besprechung.[1])

Wiener erblickt eine Besserung der Verhältnisse in einer ausdrücklichen gesetzlichen Festlegung der Pflicht des Bankiers zur reellen Indepotnahme bestimmter Stücke für den Kommittenten selbst dann, wenn der Kommissionär für den letzteren in Vorschuß gegangen ist. Der Bankier bleibe auch in diesem Falle durch das gesetzliche Pfandrecht genügend geschützt.

Wiener stellt ferner zur Erwägung, ob nicht das Wahlrecht des Bankiers als Kommissionär zwischen Auftragserfüllung durch Ein- oder Verkauf von Dritten bzw. an Dritte und Selbsteintritt einer festeren Regelung zu unterwerfen wäre.

Auch das Kollegium der Aeltesten der Berliner Kaufmannschaft hat Stellung zu der schwebenden Frage genommen.[2])

Dasselbe erachtete die Vorschriften des bestehenden Rechts für genügend, soweit es sich um wirkliche Hinterlegung des Kunden

---

[1]) S. Nationalzeitung Jahrg. 1891 vom 10. u. 11. Dezbr. Vgl. auch den bereits cit. Artikel in der Frankfurter Zeitung vom 26. u. 27. Nov. 1891.

[2]) Vgl. Korrespondenz der Aeltesten der Kaufmannschaft von Berlin: „Zur Frage des Depots im Fonds- und Effektenverkehr" 15. Jahrg. Nr. 1.

beim Bankier handle, wenn hierbei bei der Uebergabe völlige Klarheit über die Willensrichtung der Parteien herrsche. Es wurde ausdrücklich hervorgehoben, daß der Depositar die speziellen in sein Depot gelangten Werte aufzubewahren und sich jeder Verfügung über die übergebenen Stücke ohne Zustimmung des Deponenten zu enthalten habe.

Dagegen wurde anerkannt daß die Rechtsverhältnisse der genügenden Klarheit entbehren, wenn der Bankier als Kommissionär den Ankauf von Papieren besorgt und im Anschlusse hieran deren Verwahrung für den Kunden übernommen habe. In diesem Falle bedürfe der Moment des Eigentumsübergangs einer genaueren Fixierung. Allerdings bestehe die vertragsmäßige Pflicht für den Kommissionär in der Zeit zwischen der erfolgten Lieferung der Stücke und der Vornahme des erforderlichen constitutum possessorium soviel Stücke der bestellten Art bereit zu halten; allein ein Eigentumsrecht an diesen Stücken sei bis dahin in der Person des Kommittenten noch nicht begründet. Auch im Falle des Selbsteintritts des Kommissionärs bestehe das gleiche unsichere Zwischenstadium. In dieser Richtung erkennt also das Kollegium die Reformbedürftigkeit des bestehenden Rechtszustandes an.

Einer sachkundigen Behandlung wurde die Reformfrage auch vom Berliner Anwalts-Verein unterstellt; in zwei Vorträgen, welche in diesem Verein von Rechtsanwalt Dr. Goldschmidt und Justizrat Lesse gehalten wurden,[1]) fand der Gegenstand eine ruhige und sachliche Behandlung. Der Referent (Rechtsanwalt Dr. Goldschmidt) stellte sich in seinem Vortrage auf den Standpunkt, daß der Grundsatz, der Bankkommissionär habe, sobald er das Kommissionsgut in das Depot genommen, civilrechtlich und strafrechtlich nach denselben Regeln zu haften, welche für die Eigentumsverletzung gelten, eines weiteren Ausbaues bedürftig sei. Dieser Ausbau habe sich in dem Sinne zu vollziehen, daß der Kommissionär rechtlich ausdrücklich verpflichtet werde, bestimmte Stücke von Wertpapieren innerhalb bestimmter Frist für den Kunden ins Depot zu nehmen.[2]) Damit hat der Referent ohne Zweifel an einer wunden Stelle eingesetzt und des weitern insbesondere die Frage des Eigentumsübergangs auf den Kommittenten in den Mittelpunkt seiner Erörterungen gestellt. Um das Eigentum klarzustellen, müsse die Vornahme des const. possessorium obligatorisch gemacht werden, jedoch nur dann, wenn und insoweit der Kommissionär für den Kommittenten nicht in Vorschuß gegangen ist. Für den Fall, daß der Kommissionär in Vorschuß gegangen ist, hält Goldschmidt das gesetzliche Pfand-

[1]) Zur Reform des Bankdepotwesens. Zwei Vorträge von Dr. Goldschmidt und Lesse, Berlin 1892.

[2]) a. a. O. S. 14.

recht des Kommissionärs nicht für genügend, die Interessen desselben hinreichend zu schützen. Er hält aber auch das Selbsteintrittsrecht des Kommissionärs in seiner damaligen Gestaltung für bedenklich. Im übrigen verweist er auf die Gefährlichkeit der Verbindung des Effektenkommissionshandels mit dem Propregeschäft, das regelmäßig fast unzertrennlich mit Spekulation verknüpft sei, und stellt unserm Zustande die anders geartete Entwickelung in England und Frankreich gegenüber. Die in diesen Ländern durchgeführte Trennung einzelner Branchen des Bankgeschäftes, insbesondere des Bankkommissionsgeschäftes hält er für so glücklich, daß er zwar nicht einen Eingriff des Gesetzgebers verlangt, auch in Deutschland diese Trennung herbeizuführen, es wohl aber als Aufgabe des Staates erklärt, einer solchen Entwickelung die Wege zu ebnen. Er scheut nicht davor zurück, für jeden Gelddepositenempfänger einen periodischen Nachweis seines Vermögensstandes öffentlich zu erbringen. Das Recht Bankkommissionsgeschäfte in Effekten zu treiben, müsse für die Zukunft davon abhängig gemacht werden, daß der Kommissionär keinerlei Propre- und insbesondere keinerlei Spekulationsgeschäfte eingehen darf. Im übrigen tritt Dr. Goldschmidt auch für die Einführung obligatorischer Depotbücher und periodischer Revisionen ein.

Lesse[1]) tritt gleichfalls besonders dafür ein, daß die Rechtsstellung des Kommissionärs zum Kommittenten möglichst klargestellt werden müsse, um damit jede Möglichkeit einer Ausnützung seines zweifelhaften Rechtsverhältnisses auszuschließen.

Auch Strauß[2]) erblickt die Schattenseiten unseres heutigen Depotwesens in der Verbinduug desselben mit dem Propre- und Spekulationsgeschäft. Ein Banksystem das die Depositenverwaltung mit eigenen Unternehmungen, Spekulationen für Dritte verquicke, müsse auf eine abschüssige Bahn führen und ein Hindernis für eine gesunde Entwickelung des Geschäftsbetriebes sein. Er erblickt insbesondere in der englischen Entwickelung das Muster, nach welchem die deutsche Gesetzgebung sich richten solle. Sein Vorschlag geht dahin, aus Privatmitteln ein einheitliches Institut zu errichten, das jede mit den strengsten Grundsätzen des Depotwesens im Widerspruche stehende Thätigkeit einer Depositenverwaltung ausschließe.

„Sowie Deutschland heute nur noch ein Giroplatz für den Giroverkehr ist, so soll es ein Depositenplatz für den verzinslichen Depositenverkehr werden“.[3])

In sehr eingehender Weise hat sich der 22. deutsche Juristentag mit der Reform des Bankdepotwesens beschäftigt.[4]) Als Re-

---

[1]) a. a. O. S. insbes. S. 40 ff.

[2]) Caesar Strauß, Unser Depositengeldersystem und seine Gefahren, Frankfurt 1892.

[3]) Strauß a. a. O. S. 39.

[4]) Verhandlungen des 22. deutschen Juristentages 4. Bd. S. 174 ff.

ferent trat Justizrat Levi (Berlin), als Korreferent Professor Strohal (Göttingen) auf.

Die Anträge des Referenten waren folgende:

1. Personen, welche gewerbsmäßig Wertpapiere zur Aufbewahrung oder als Pfand annehmen, oder für fremde Rechnung kommissionsweise anschaffen oder umtauschen, ist die Verpflichtung aufzuerlegen:

a) solche Wertpapiere abgesondert unter erkennbarer Bezeichnung der Empfangsberechtigten aufzubewahren;

b) über alle Depots dieser Art ein besonderes Verwahrungsbuch unter Spezialisierung der Stücke und der Empfangsberechtigten zu führen.

Zuwiderhandlungen sind zu bestrafen.

2. Rechtswidrige Verfügungen sind auch für den Fall, daß sie nicht den Thatbestand der Unterschlagung oder Untreue enthalten, mit Strafe zu bedrohen.

3. Dem Einkaufskommissionär ohne Unterschied, ob er für den Kommittenten in Vorschuß gegangen ist oder nicht, ist die Verpflichtung aufzuerlegen:

a) binnen einer angemessenen, aber kurzen Frist von der Ausführungsanzeige an den Kommittenten ein spezialisiertes Verzeichnis der angeschafften, von ihm als Selbstkontrahenten zu liefernden Wertpapiere (Nummernaufgabe) zu übermitteln,

b) wenn er den Auftrag als Selbstkontrahent ausführen will, dies spätestens zugleich mit der Ausführungsanzeige zu erklären.

Zuwiderhandlungen gegen a sind mit dem Verluste aller Rechte des Kommissionärs aus dem Geschäfte und der Verbindlichkeit zum Schadensersatz zu bedrohen.

Bei Uebertretungen zu b ist der Selbsteintritt des Kommissionärs gegen den Willen des Kommittenten für unzulässig zu erklären.

4. Parteiverabredungen, welche den zu 1 und 3 genannten Verpflichtungen zuwiderlaufen oder dem Inhaber der Depots eigenmächtige Verfügungen über dieselben zum eigenen Vorteil gestatten, sind nur soweit giltig, als sie ausdrücklich und für jeden einzelnen Fall besonders getroffen sind.

5. Mit dem Zeitpunkte der Ueberlieferung oder Absendung der Nummernaufgabe (3a) ebenso mit der Eintragung des angeschafften Wertpapieres in das Verwahrungsbuch oder der Absonderung desselben für den Kommittenten ist diesem das Eigentumsrecht an den für ihn bestimmten, im Besitze des Kommissionärs oder desjenigen, welcher den Gewahrsam für ihn ausübt, befindlichen Papieren zuzusprechen.

6. Bei Ausantwortung fremder Papiere an einen andern zu irgend einem für den Eigentümer vorzunehmenden Akt ist den zu 1 genannten Personen die Verpflichtung aufzuerlegen, dem Empfänger Mitteilung zu machen, daß die Papiere einem Dritten gehören. Zuwiderhandlungen sind mit Strafe zu bedrohen.

7. Diejenigen, welche sich öffentlich zur Annahme von Depositen in Geld oder Wertpapieren oder zum Einkauf oder Verkauf von Wertpapieren anbieten, ist die Verpflichtung aufzuerlegen, periodisch und mindestens alljährlich am Schlusse des Geschäftsjahres eine von einem gerichtlichen Sachverständigen geprüfte Bilanz ihres Handlungsvermögens zu veröffentlichen. Das Gericht, in dessen Bezirk ihre geschäftliche Niederlassung sich befindet, hat die Befolgung dieser Vorschrift zu überwachen und nötigenfalls durch Ordnungsstrafen zu erzwingen. Die Veröffentlichung falscher oder gefälschter Bilanzen ist mit Strafe zu bedrohen.

Zur Begründung dieser weitgehenden Anträge, deren Inhalt im wesentlichen auch das später erlassene Depotgesetz sich angeeignet hat, wies der Referent nicht bloß auf die Reformbedürftigkeit des Depotwesens hin, soweit es mit dem Kommissionshandel und der Spekulation in Beziehung steht, sondern er hält die bisherige Regelung des Bankdepotwesens im ganzen Umfange für ungenügend. Er stützt seine Anschauung auf die nahen Beziehungen des Bankiergewerbes zur Börse, dem Gründungs- und Emissionswesen und die in einem Teile der Bankiers herrschenden laxen Anschauungen in Bezug auf fremde Depotwerte. Nach kurzer Schilderung der einschlägigen Verhältnisse fährt er fort:[1])

„Diesen Anschauungen und Praktiken muß meines Erachtens auf das Entschiedenste entgegengetreten werden. Der Respekt vor dem fremden Eigentum ist auf das Nachdrücklichste zu erneuern und das schon halb eingeschlummerte Bewußtsein, daß es sich für den Bankierdepositar, den Bankkommissionär nicht bloß um den eigenen Vorteil, sondern um die Wahrung fremder Interessen, vor allem aber um die Heilighaltung fremden Eigentums handelt, muß zu neuem Leben erweckt werden.“

Das Urteil Levy's über das Bankiergewerbe läßt an Strenge nichts zu wünschen übrig. Es ist dagegen an sich nichts einzuwenden, soweit die von ihm angeführten Verhältnisse thatsächlich sich finden. Seine Ausführungen und seine Urteile erscheinen jedoch insofern nicht vollkommen unanfechtbar, als dieselben zu allgemein gehalten sind. Levy unterläßt zwar nicht, von „einem Teil der Bankiers“ zu sprechen und auch „wahrhaft solide und gewissenhafte Bankiers“ scheinen in seinen Augen noch zu existieren. Trotzdem gewinnt man den Eindruck, als ob diese letzteren Bankiers nur

[1]) a. a. O. S. 178.

einen kleinen Bruchteil der Bankiers ausmachten. Gegen eine derartige Auffassung müßte im Namen des ganzen Bankiergewerbes entschieden Verwahrung eingelegt werden. Ohne Zweifel ist das strenge Urteil gegenüber einem kleinen Teile von Bankiers vollkommen gerechtfertigt und das gebrandmarkte Geschäftsgebahren dieser Vertreter des Bankiergewerbes wird gewiß von niemand mehr perhorresziert, als von den soliden Bankkreisen selbst, die nur eine Schädigung ihres Rufes und damit ihrer geschäftlichen berechtigten Interessen erfahren haben. Darum sollte ein Urteil auch in entsprechender, unzweideutiger Einschränkung ausgesprochen sein.

Viel tiefgehender und wissenschaftlicher erscheinen die Ausführungen des Korreferenten Strohal.

Er glaubt, die Reform müsse bereits beim Verwahrungsdepot einsetzen.

Strohal weist mit Recht auf die verschiedenen Arten der Depositen und den hieraus für den Depositar sich ergebenden verschiedenen Umfang der Rechte und Pflichten hin. Insbesondere betont er, daß es nicht bloß ein depositum regulare und irregulare gebe, sondern daß zwischen beide noch eine weitere Art des Depositum von Wichtigkeit einzuschieben sei. Er weist auf die in verschiedenen Lagerhausgesetzen vorgeschriebene Einlegung von Getreide alla rinfusa hin und billigt die hierfür von Carl Adler vorgeschlagene Bezeichnung Vermengungsdepot.[1]) In der That muß man bei näherem Zusehen gestehen, daß diese Art des Depositum von ungemein großer Wichtigkeit auch für das Bankdepotwesen ist und sich noch sehr vom eigentlichen depositum irregulare unterscheidet. Der Depositar hat beim Vermengungsdepot noch keineswegs die Rechte des Depositars beim dep. irregulare. Gerade durch die gleiche Behandlung des Vermengungsdepots mit dem irregulären Verwahrungsdepot scheinen viele Unzukömmlichkeiten im Bankwesen entstanden zu sein.

Dieses Vermengungsdepot besteht seinem Wesen nach darin, daß der Depositar keinerlei Befugnisse hat, über die deponierten Gegenstände zu seinem Vorteile zu verfügen; er hat nur das Recht, statt der übergebenen Stücke andere gleichartige Stücke zurückzugeben. Die Summe der übergebenen Stücke im Ganzen bleibt unberührt. Eine Anlage oder Verwendung auch nur eines Teiles der hinterlegten Gegenstände ist ausgeschlossen. Ein Austausch der Stücke findet nur unter den Deponenten, keineswegs mit dem Depositar statt.

Diese Art des Depositum ist insbesondere auf Wertpapiere anwendbar.

Strohal weist zum Beweise des thatsächlichen Bestehens dieser Art auf die Geschäftsordnung des Berliner Kassenvereins hin,

---

[1]) S. Carl Adler, Das österreichische Lagerhausrecht S. 147 ff., Berlin 1892.

welcher in § 8 seiner Geschäftsordnung klar und deutlich diese Art des Depositum vorgesehen hat.

Die in Bezug genommene Bestimmung lautet:

„Die eingelieferten Papiere werden nicht speziell aufbewahrt, sondern den gleichmäßigen Gesamtbeständen dieser Effekten hinzugefügt. Der Einlieferer begibt sich von vornherein des Rechts, bestimmte Nummern oder Abschnitte zurückzuverlangen. Die Bank des Berliner Kassenvereins ist als Verwalterin des Giroeffektendepots nicht befugt, über die in das Depot eingelieferten Stücke anders zu verfügen, als zu Gunsten derjenigen, für welche die Effekten aufbewahrt werden. Sie ist insbesondere nicht ermächtigt, sich zur Eigentümerin der übernommenen Stücke zu machen, soferne nicht zu ihren Gunsten verfügt werden will."

Das Verbot, sich zum Eigentümer der eingelegten Stücke zu machen, ist gewiß nicht mit dem dep. irregulare vereinbar. Hieraus aber ergibt sich die Berechtigung, diese Art des Depositum, welche auch nicht die strengen Merkmale des dep. regulare an sich trägt, als dritte besondere Art (Vermengungsdepot) zu unterscheiden. Das Vermengungsdepot ist nach Strohal unter gewissen Garantien zu gestatten.[1]) Das eigentliche dep. irregulare dagegen muß eingeschränkt werden. Er verlangt sogar für Begründung des letzteren den Abschluß eines darauf gerichteten notariellen Vertrags, um dessen Anwendung möglichst zurückzudrängen.

Demjenigen Bankier, welcher Propre- und Spekulationsgeschäfte macht, soll das streng reguläre Depot zur Pflicht gemacht werden; demjenigen, welcher sich hiervon fernhält, soll das Vermengungsdepot gestattet werden.

Hinsichtlich des Kommissionsgeschäftes ist Strohal der Anschauung, daß die Verbindung desselben mit dem Depotgeschäfte sowie insbesondere das Selbsteintrittsrecht des Kommissionärs, in mancher Beziehung verhängnisvoll geworden sei; daß jedoch der bestehende Zustand nicht mit einem Schlage beseitigt werden könne.

Gegenüber dem allgemeinen Bestreben, den Kommissionär zur möglichst baldigen Vornahme des const. possesorium zu zwingen und hierdurch das Eigentumsrecht außer Zweifel zu stellen, wendet Strohal ein, daß die Bestimmungen des Art. 368 des Handelsgesetzbuches die Pflicht bereits genügend statuiert haben; es könne sich nicht darum handeln, ein besonderes Recht des Kommittenten hierauf zu begründen, sondern nur ein ihm bereits zustehendes Recht noch ausdrücklicher anzuerkennen.

---

[1]) S. a. a. O. S. 198.

Strohal verlangt, daß der Kommissionär stets reelles Depot zu halten verpflichtet sein müsse; unter gewissen Garantien sei auch die Form des Vermengungsdepots zuzulassen.

Er wendet sich gegen eine jährliche Bilanzveröffentlichung und befürwortet statt dessen polizeiliche Maßnahmen zur Fernhaltung unlauterer Elemente vom Bankiergewerbe.

Die von ihm schließlich formulierten Anträge, welche in Kürze eine Zusammenfassung seiner Ideen enthalten, stellen im wesentlichen eine Anerkennung oder Ergänzung der vom Referenten vorgebrachten Reformvorschläge dar.

Die im Vorstehenden genannten Männer und Vereinigungen haben vornehmlich ihren Ruf in der Reformbewegung erhoben, in ihren Programmpunkten spiegelt sich im Ganzen die damals herrschende öffentliche Meinung wieder, sofern sich dieselbe auf dem Boden ruhiger und nüchterner Erwägung, nicht auf dem leidenschaftlicher Erregung bewegte.

Diese Aeußerungen des allgemeinen Willens sind auch in hohem Grade von Einfluß auf den Gesetzgeber gewesen, der den vorgebrachten Wünschen und Forderungen möglichst gerecht zu werden bemüht war.

§ 29.

Der Entwurf eines Bankdepotgesetzes.

Gegenüber den die Oeffentlichkeit sehr beunruhigenden Ereignissen, welche sich im Herbste 1891 zugetragen haben, und insbesondere angesichts der auf Grund derselben eingeleiteten Reformbewegung mußten die gesetzgeberischen Faktoren alsbald die Erlassung eines Gesetzes ins Auge fassen, welches den wiederholten Eintritt der angedeuteten Vorkommnisse möglichst verhindern sollte. Ueber die Notwendigkeit eines solchen Gesetzes herrschte allenthalben Uebereinstimmung. Zu der Notwendigkeit, das Depotwesen zum Gegenstande besonderer gesetzlicher Regelung zu machen, trat gleichzeitig das Verlangen, den im Börsenbetrieb anerkanntermaßen vorhandenen Auswüchsen gleichfalls durch gesetzgeberisches Eingreifen zu begegnen.

Noch im Monate November des Jahres 1891 wurden aus der Mitte des deutschen Reichstags zwei Anträge gestellt, von denen der erstere (Antrag Ballestrem u. Gen.) die Börsenreform, der letztere (Antrag v. Cuny) neben der Börsenreform, die Reform des Depotwesens zum Gegenstande hatte.

Der letztere Antrag lautete in seinem hierher bezüglichen Teile:

Die verbündeten Regierungen zu ersuchen, dem Reichstage noch im Laufe der gegenwärtigen Session eine Gesetzesvorlage zu machen, durch welche der Veruntreuung anvertrauter Depots und dem Börsenspiel sowohl an der Produkten- als auch an der Effektenbörse entgegengetreten und insbesondere festgestellt wird:

Derjenige, welchem in seinem Geschäftsbetriebe Inhaberpapiere anvertraut sind, darf sie nur dann veräußern, wenn der Deponent die Veräußerung speziell und ausdrücklich gestattet hat. Die Unterschlagung von Depots wird mit Zuchthaus bestraft ꝛc.[1])

Dieser Antrag, welcher übrigens nicht zur Beratung kam, ist so recht ein Ausfluß der ersten Erregung und geht hinsichtlich der geforderten Straffatzung weit über das hinaus, was später zum Inhalte des Gesetzes erhoben wurde.

Im Anschlusse an die eingeleitete Bewegung entschieden sich die verbündeten Regierungen dahin sowohl das Börsenwesen wie das Depotwesen zum Gegenstande gesonderter gesetzlicher Regelung zu machen.

Im Frühjahr 1892 wurde vom Reichskanzleramte eine Börsenenquêtekommission berufen, welche das Börsenwesen genau untersuchte und prüfte und dann einen Bericht erstattete, der die Grundlage für den Entwurf eines Börsengesetzes bilden sollte.

Behufs Regelung des Depotwesens wurde im preußischen Ministerium für Handel und Gewerbe ein gesonderter Gesetzentwurf ausgearbeitet, welcher einer gutachtlichen Aeußerung einer Anzahl von Sachverständigen unterstellt wurde. Die Vernehmung der ausersehenen Sachverständigen fand am 8., 9. und 10. Februar 1892 statt.

Der hiernach fertiggestellte Entwurf wurde im Bundesrate noch in einigen Punkten abgeändert und ging alsdann unter der Bezeichnung „Entwurf eines Gesetzes betreffend die Pflichten der Kaufleute bei Aufbewahrung von Wertpapieren“ unterm 3. Dezember 1895 zugleich mit dem Entwurfe eines Börsengesetzes dem deutschen Reichstage zu.

Den beiden Entwürfen war eine ausführliche Begründung beigefügt.[2])

Der Entwurf des sog. Bankdepotgesetzes war längst fertiggestellt und hätte schon viel früher dem Reichstage zugehen können. Allein „der innere Zusammenhang zwischen der allgemeinen Regelung der Börsenverhältnisse und der Ordnung des kaufmännischen Depotwesens“ ließ es nicht ratsam erscheinen, eine endgiltige Regelung des einen Gegenstandes ohne Rücksicht auf den andern vorzunehmen.[3]) Mit Rücksicht hierauf wurde die Vorlage des Depotgesetzentwurfes bis zur Fertigstellung des viel umfangreicheren Entwurfes eines Börsengesetzes zurückgestellt.

---

[1]) S. Drucksachen des Reichstags 8. Legislaturperiode I. Session 1890/92 Nr. 531, ferner S. 98.

[2]) S. Drucksachen des Reichstags 9. Legislaturperiode IV. Session 1895/96 Nr. 14.

[3]) S. Begründung S. 64.

Die beiden Gesetzentwürfe wurden im deutschen Reichstage, dann auch gleichzeitig in den Sitzungen vom 9., 10. und 11. Januar 1896 der ersten Lesung unterzogen.[1])

Bei der überwiegenden Bedeutung des Börsengesetzentwurfes trat die Besprechung des Bankdepotgesetzes mehr in den Hintergrund.

Der preußische Minister für Handel und Gewerbe Freiherr von Berlepsch leitete die Verhandlungen mit einer längeren Rede ein, in welcher er den Standpunkt der verbündeten Regierungen näher ausführte und denselben begründete.

Bezüglich des Bankdepotgesetzes hob der Redner insbesondere hervor, daß der Entwurf in erster Linie beabsichtige, den Eigentumsbegriff hinsichtlich deponierter Wertpapiere unzweifelhaft klarzustellen. Die im Entwurfe vorgelegten Bestimmungen hätten insbesondere den Schutz des unkundigen Laien gegen den Verlust deponierter Papiere im Auge. Freiherr v. Berlepsch unterließ nicht ausdrücklich festzustellen, daß der wesentlichste Teil der vorgeschlagenen Bestimmungen „von einer Reihe solider bedeutender Bankhäuser bereits freiwillig erfüllt werde".

Bei der Volksvertretung fand der Entwurf des Depotgesetzes allgemeine Zustimmung. Lediglich die Abgeordneten Gamp, Dr. v. Cuny und Fritzen machten in ihren Vorträgen einige sachliche Bemerkungen zu unserm Gesetzentwurfe, andere Redner begnügten sich damit, ihre Zustimmung zu dem Entwurfe zu erklären oder übergingen denselben ganz.

Die erste Lesung endigte damit, daß die beiden Gesetzentwürfe mit großer Mehrheit dem Antrage der Abgeordneten Dr. v. Cuny und Fritzen entsprechend an eine Kommission von 21 Mitgliedern verwiesen wurde.

Die Kommission erledigte ihre Aufgabe in vier Sitzungen, von denen drei auf eine erste und eine auf eine zweite Lesung fiel.[2])

Weder die Notwendigkeit noch die Zweckmäßigkeit des Entwurfes wurde von irgendwelcher Seite geleugnet.

Ausdrücklich anerkannt wurde, daß bereits seither der ordentliche Kaufmann das im Entwurfe vorgesehene Verfahren auch ohne zwingende gesetzliche Vorschrift im allgemeinen zu beobachten pflege.

Zu § 1 des Entwurfes wurde neben den Banknoten auch das Papiergeld ausdrücklich als nicht zu den Wertpapieren gehörig zu bezeichnen beschlossen. Im übrigen wurde an § 1 nur eine kleine redaktionelle Aenderung vorgenommen.

Ein Antrag, zu § 1 einen dritten Absatz des Inhalts hinzuzufügen:

---

[1]) S. Stenogr. Bericht der Verhandlungen des Reichstags S. 202 ff.

[2]) S. Bericht der IX. Kommission zur Vorberatung des Entwurfs eines Gesetzes betr. die Pflichten der Kaufleute bei Aufbewahrung von Wertpapieren. Drucksachen des Reichstags 9. Legislaturperiode IV. Session 1895/96 Nr. 342.

daß man auf die Erfüllung der in § 1 Absatz 1 aufgestellten Verpflichtung der Hinterleger oder Verpfänder durch eine schriftliche Erklärung allgemein verzichten könne,

wurde mit 11 gegen 5 Stimmen abgelehnt.

Die aufgeworfene Frage, ob schon die Aufgabe falscher Nummern oder die Ablieferung nicht mit den Aufgaben identischer Nummern als Unterschlagung zu betrachten sei, wurde dahin beantwortet, daß in diesem Falle der Begriff der Unterschlagung, der eine wissentliche Veruntreuung erfordere, nicht gegeben sei.

Zu § 2 des Entwurfes wurden von der Kommission zwei Ergänzungen beschlossen. Die erste bestand in der Hinzufügung eines Zwischensatzes, welcher eine Ausnahme von der strengen Form der Ermächtigung nach § 2 des Entwurfes für den Fall vorsah, daß der Hinterleger oder Verpfänder gewerbsmäßig Bank- oder Geldgeschäfte betreibt. Zur Begründung dieses Beisatzes wurde darauf hingewiesen, daß der Verkehr der Bankgeschäfte unter sich, der oft große Massen von Effekten an einem Tage zu bewältigen habe, die Beobachtung der gesetzlichen Formvorschrift unmöglich machen würde. In der That trifft auch für den Verkehr der Banken und Bankiers unter sich der Grund nicht zu, welcher die Aufstellung der formellen Vorschrift herbeiführte.

Die zweite Ergänzung bestand in der Anfügung eines zweiten Absatzes, welcher im Falle der Ausstellung einer dem § 2 Absatz 1 entsprechenden Ermächtigung die Bestimmungen des § 1 für unanwendbar erklärte.

§ 3 blieb im wesentlichen unverändert. Nur wurde für die Form des Verzichts auf Uebersendung des Stückeverzeichnisses mit Rücksicht auf die erleichternde Form der Ermächtigung des § 2 für gewerbsmäßige Bankiers eine analoge Erleichterung für diese Personen auch für die Form des Verzichtes auf das Stückeverzeichnis geschaffen.

Der § 4 des Entwurfes wurde durch die Kommission gestrichen; die folgenden §§ 5, 6, 7 und 8 blieben unverändert.

Die Streichung des § 4 wurde damit begründet, daß durch ihn das ganze den Entwurf beherrschende Prinzip durchbrochen sei und der in demselben enthaltene Schutz des Kommissionärs im Hinblicke auf die Art. 374 und 375 des Handelsgesetzbuches entbehrlich sei.

Eine Aenderung bzw. Ergänzung wurde lediglich noch zu § 9 des Entwurfes beschlossen.

Es wurde darauf hingewiesen, daß § 9 des Entwurfes für den Fall der Uebergabe von Papieren zum Zwecke der Veräußerung sowie für den Fall der Weitergabe einer Kommission an einen Dritten den Kommittent nicht genügend sicher stelle. Auch in diesen Fällen handle es sich um ein Vertrauensmandat, weshalb die in § 9 vorgeschriebene Verpflichtung zur Mitteilung, daß die Papiere fremde seien, auch auf diese Fälle ausgedehnt werden müsse. Der gestellte Ergänzungsantrag fand allenthalben Zustimmung und wurde denn auch einstimmig angenommen.

Die folgenden §§ 10, 11, 12, 13 und 14 blieben seitens der Kommission unverändert.

Nachdem die Vorlage erledigt war, wurde seitens eines Mitglieds der Kommission eine Resolution beantragt, den Reichskanzler zu ersuchen, alsbald ein Gesetz betreffend die allgemeine Regelung des Gelddepositenwesens dem Reichstag vorzulegen. Die Grundsätze eines solchen Gesetzes waren in einem gleichzeitig vorgelegten Entwurfe niedergelegt und demselben eine entsprechende Begründung beigefügt. Dieser Antrag fand eine geteilte Aufnahme und nach längerer Diskussion wurde ein Gegenantrag angenommen:

„den Reichskanzler zu ersuchen, in Rücksicht darauf, daß die gewerbsmäßige Verwendung fremder Gelder seitens der Banken und Kaufleute Sicherheitsmaßregeln für das mit Einlagen solcher Art beteiligte Publikum dringend erfordert,

die Frage einer Prüfung zu unterziehen, wie solche Sicherheitsmaßregeln getroffen werden können und eventuell unter Erwägung der in dem Entwurfe und seiner Begründung dargelegten Gesichtspunkte, ein diesbezügliches Gesetz baldthunlichst vorzulegen."

Eine weiterhin gefaßte Resolution empfahl bei der Reform der Konkursordnung für die Hinterleger von Wertpapieren ein Konkursprivilegium im Konkurse des Depositars vorzusehen.

Eine seitens der Bank des Berliner Kassenvereins sowie eine von den Aeltesten der Kaufmannschaft in Berlin eingereichte Petition wurde durch die gefaßten Beschlüsse als erledigt erklärt und die Annahme des Gesetzentwurfes des Bankdepotgesetzes in der von der Kommission begutachteten Form dem Reichstag empfohlen.

Ueber die Ergebnisse der Kommissionsverhandlungen erstattete der Abgeordnete Müller (Fulda) Namens der Kommission einen ausführlichen Bericht; der demselben beigefügte Entwurf eines Gesetzes betr. die allgemeine Regelung des Gelddepositenwesens nebst Begründung war vom 10. März 1896 datiert.[1])

Nachdem nun der Entwurf einer eingehenden Kommissionsberatung unterzogen war, ging derselbe mit dem erstatteten Berichte neuerdings dem Reichstage zu. In der Sitzung desselben vom 17. Juni 1896 wurde der Gesetzentwurf, diesmal getrennt von der Beratung des Börsengesetzes der zweiten und zugleich der dritten Lesung unterzogen.

Lediglich zu § 3 des Entwurfes in der durch die Kommission beschlossenen Form lag ein Abänderungsantrag des Grafen von Arnim vor, welcher darauf hinausging, die durch die Kommission

---

[1]) S. Bericht der IX. Kommission 2c. Drucksachen des Reichstags 9. Legislaturperiode IV. Session 1895/96 Nr. 342.

beschlossene beschränkte Zulassung eines generellen Verzichts auf die Uebersendung eines Stückeverzeichnisses wieder zu beseitigen, also die Regierungsvorlage wieder herzustellen. Dieser Antrag wurde abgelehnt. Nachdem dieser Versuch, eine Aenderung herbeizuführen, gescheitert war, wurden die sämtlichen Bestimmungen in der von der Kommission beschlossener Form in der zweiten Lesung angenommen.

Bei der sofort vorgenommenen dritten Lesung des Gesetzes wurde von keiner Seite das Wort ergriffen.

Die über die einzelnen Bestimmungen vorgenommene Abstimmung sowie die schließliche Gesamtabstimmung ergab die Annahme des Gesetzes.

Von den in der Kommission beschlossenen Resolutionen wurde die eine, welche die Schaffung eines Konkursprivilegiums für die Hinterleger von Wertpapieren bezweckte, abgelehnt, die andere, welche die Erlassung von Sicherheitsmaßregeln für das deponierende Publikum der Erwägung des Reichskanzlers empfahl, angenommen.

Unterm 5. Juli 1896 wurde das Gesetz sanktioniert und in dem am 16. Juli 1896 zu Berlin ausgegebenen Reichsgesetzblatt publiziert. Das Gesetz trat daher am 30. Juli 1896 in Kraft.

Da der veröffentlichte Wortlaut des Gesetzes den § 1 des Gesetzes unrichtigerweise in der Form der Regierungsvorlage enthielt, während der durch die Kommission festgestellte Wortlaut zum Gesetze erhoben worden war, wurde in Nr. 20 des Reichsgesetzblattes vom 23. Juli 1896 eine Berichtigung vorgenommen.[1])

Da eine wesentliche Aenderung durch die Kommission weder beabsichtigt, noch auch herbeigeführt wurde, so wird sich die Praxis über die Bedenken, welche etwa gegen die Berichtigung geltend gemacht werden können, hinwegsetzen.[2])

III.

Der Zweck des Gesetzes.

§ 30.

Nachdem die öffentliche Diskussion eine dankenswerte Klärung sowohl in die wirklich bestehenden Verhältnisse und Anschauungen der verschiedenen Bankkreise, aber auch in die Bedeutung und die Schwächen des bisherigen Rechtszustandes gebracht hatte, war der Weg, den die Reform einzuschlagen hatte, im großen und ganzen vorgezeichnet. Das schließliche Urteil der öffentlichen Meinung war ein wesentlich anderes, gerechteres geworden als es in der ersten Zeit der Beunruhigung gewesen war. In Würdigung aller Umstände hat auch die Gesetzgebung ihre Aufgabe darin erblickt, die

---

[1]) S. Reichsgesetzblatt Jahrg. 1896 S. 183 u. 194.
[2]) Vgl. R.G.E. f. CS. Bd. 41 S. 34.

auf dem Gebiete des Depotwesens hervorgetretenen Mißstände abzustellen und die bestehenden Rechtsvorschriften behufs erhöhter Sicherung des Publikums gegen den Verlust deponierter Werte zu ergänzen.[1]) Der Zweck des Gesetzes ist demnach keineswegs das Publikum gegen alle Möglichkeiten eines Verlustes sicher zu stellen; denn ein derartiger Schutz liegt außerhalb des Machtbereiches der Gesetzgebung. Keine Rechtsordnung, kein Strafgesetz kann verbrecherische Handlungen verhindern. Das Gesetz hat sich auch nicht zur Aufgabe gestellt, den bisherigen Rechtszustand vollständig zu beseitigen und eine fundamentale Neuregelung eintreten zu lassen. Der Gesetzgeber war vielmehr mit Recht der Ansicht, daß die bisher geltenden Rechtsgrundsätze auch in Zukunft im wesentlichen unberührt bleiben müssen, da dieselben an sich vollkommen den Interessen des deponierenden Publikums Rechnung zu tragen geeignet sind. Die prinzipiellen Grundlagen des bisherigen Rechts blieben unverändert; insbesondere blieb Begriff und Wesen des Depositum vollkommen unberührt. Das Gesetz setzte sich vielmehr zur vornehmsten Aufgabe, gerade die Anwendung des bisherigen Rechts in einer Weise zu sichern, welche dem unverfälschten Willen des Publikums entspricht. Die geeigneten Rechtsgrundsätze haben auch bisher schon bestanden, allein die Praxis gewisser Bankkreise hat es verstanden, den Geschäften jeweils eine Rechtsform zu geben, welche nicht immer der Intention der Deponenten bzw. Kommittenten entsprach.

Gegen eine derartige Praxis gewisser Geschäfte, welche den Kunden über die Tragweite seiner Rechtsgeschäfte absichtlich im Unklaren ließ, wollte das Gesetz Bestimmungen treffen, welche es dem Bankier unmöglich machen, stillschweigend dem Geschäfte einen Sinn zu unterschieben, der der Absicht des Kunden nicht entspricht. Das Gesetz hat daher hauptsächlich den Zweck, das Publikum über die Bedeutung und Tragweite der hier in Betracht kommenden Rechtsgeschäfte aufzuklären. Dieser Zweck wird ganz besonders dadurch zu erreichen gesucht, daß im Zweifelsfalle die Handlungen des Kunden stets dahin zu verstehen sind, als hätte er die ihm günstigste Form des Rechtsgeschäfts gewählt. Insbesondere ist es dem Bankier nach den Bestimmungen des neuen Gesetzes nicht mehr möglich, einfach stillschweigend ein depositum irregulare anzunehmen. Die Begründung eines solchen kann vielmehr nur durch eine ausdrückliche Ermächtigung seitens des Kunden geschehen, wodurch derselbe auf die wirkliche Bedeutung eines solchen Geschäftes aufmerksam gemacht wird.

Die Bestimmungen suchen unter allen Umständen soweit irgendwie möglich eine gesonderte Aufbewahrung der Papiere jedes Kunden

[1]) S. Verhandlungen des deutschen Reichstags S. 202, Stenogr. Bericht der Sitzung vom 9. Januar 1896.

zur Pflicht zu machen und dem Deponenten sein Eigentumsrecht und damit die Möglichkeit einer Vindikation zu sichern, während er bisher vielfach mit einer Forderung gegen den Bankier sich begnügen mußte. Insbesondere soll nicht bloß im Falle eines Depositum, sondern insbesondere auch im Falle der Einkaufskommission eine möglichst klare und rasche Herstellung der Eigentumsverhältnisse zu Gunsten des Kunden gesichert werden. Gerade durch diesen Umstand wird nicht bloß die civilrechtliche Haftung, sondern auch die strafrechtliche Verantwortlichkeit des Bankiers genauer umgrenzt und kann ein solcher mit größerer Sicherheit des Erfolges zur Rechenschaft gezogen werden. Inwieweit es dem Gesetzgeber gelungen ist, diese gewiß zu billigenden Zwecke durch Erlassung civilrechtlicher und strafrechtlicher Vorschriften zu erreichen, muß der folgenden Darstellung überlassen bleiben.

IV.

Die Bestimmungen des Reichsrechts, insbesondere des Depotgesetzes.[1])

A.

Die civilrechtlichen Bestimmungen.

§ 31.

1. im allgemeinen.

Die dogmatischen Unterlagen des bisherigen Rechtes blieben durch die Reichsgesetzgebung im wesentlichen unberührt. Der Begriff des Depositium ist in derselben nicht definiert, derselbe ist daher dem bisherigen Rechte zu entnehmen. Der Unterschied zwischen depositum regulare und irregulare ist aufrecht erhalten; jedoch sind die Bestimmungen dazu angethan die Anwendung des depositum irregulare einzuschränken. Die wichtige Frage, ob das depositum irregulare nicht etwa als Darlehen aufzufassen und zu behandeln sei, ist nicht entschieden. Es hat daher beim bisherigen Rechte in

[1]) Vgl. Rießer, Das Bankdepotgesetz vom 5. Juli 1896, Berlin 1897; Apt, Das Depotgesetz 2. Aufl., Berlin 1896; Kunreuther, Börsengesetz und Bankdepotgesetz, Berlin 1896; Lusensky, Gesetz betr. die Pflichten der Kaufleute bei Aufbewahrung fremder Wertpapiere, Berlin 1896; W. Frhr. von Pechmann, Das Depotgesetz. Gesetzestext mit Erläuterungen, Erlangen 1897; Begründung des Entwurfs eines Bankdepotgesetzes. Sammlung amtlicher Veröffentlichungen aus dem Reichs- und Staatsanzeiger Nr. 27, Carl Heymanns Verlag, Berlin 1895; M. Stenglein, Die strafrechtlichen Nebengesetze des deutschen Reiches, Supplement zur zweiten Auflage, Berlin 1898, S. 58—74.

dieser Beziehung sein Bewenden und die früheren Erörterungen sind auch für den neuen Rechtszustand als maßgebend zu erachten.

Was den Umfang der reichsrechtlichen Regelung betrifft, so gilt dieselbe in persönlicher Beziehung nicht bloß für die eigentlichen Bankiers, sondern für die Kaufleute (Vollkaufleute) überhaupt; nur für die sogenannten Kaufleute minderen Rechts haben die Bestimmungen keine Giltigkeit.[1]) Das Gesetz hat in sachlicher Hinsicht nicht nur das eigentliche Verwahrungsgeschäft, Depositum im engeren Sinne, sondern auch das Depositum in Verbindung mit dem Kommissionsgeschäfte und das Depositum im Sinne einer pfandrechtlichen Sicherstellung in den Bereich der Regelung gezogen. Der Gesetzgeber hat sich damit im Anschlusse an die wirtschaftliche Entwickelung des Bankverkehrs den in der früheren Darstellung klargelegten modernen kaufmännischen Depotbegriff angeeignet, denselben aber nicht zu einem einheitlichen Rechtsbegriff ausgebildet, sondern die rechtliche Verschiedenheit der hierunter begriffenen Geschäfte wie im bisherigen Rechte beibehalten.

Von der reichsgesetzlichen Regelung wurde dagegen nicht ergriffen das Girogeschäft und das Sparkassengeschäft, das in der früheren Erörterung gleichfals berührt wurde; das Sparkassengeschäft war mit der Beschränkung des Gesetzes auf die Regelung des Depots von Wertpapieren mit Ausnahme von Banknoten und Papiergeld von selbst von dem sachlichen Geltungsbereich des Gesetzes ausgeschlossen, da für dasselbe lediglich Baargeld oder solche Papiere in Betracht kommen, welche dem Baargeld gleichzubehandeln sind (Papiergeld, Banknoten).[2]) Aus dem gleichen Grunde konnte das Girogeschäft eine Berücksichtigung nicht finden, soweit dasselbe die Einzahlung von Bargeld oder Hinterlegung diesem gleich zu behandelnder Papiere als Grundlage hatte. Soweit dasselbe allenfalls durch Hinterlegung von Wertpapieren seine Basis erhält, ist es mit dem Depositum zur Sicherstellung auf eine Stufe zu stellen und gelten hiernach die bei diesem zu erörternden Grundsätze. Mit Rücksicht hierauf ist die folgende systematische Darstellung im Vergleich zur früheren von beschränkterem Umfange. Der bisherige Rechtszustand bleibt in Kraft für alle nicht im Reichsrechte geregelten Geschäfte und insbesondere für alle im Reichsrechte nicht näher bezeichneten Sachen (Wertpapiere), ferner nur für die Hingabe der genannten Sachen in unverschlossenem Zustande (offenes Depot). Damit charakterisiert sich das neue Recht als Spezialgesetzgebung. Die genauere Präzisierung des gesetzlichen Inhalts und Umfangs ergibt sich aus der folgenden Erörterung.

---

[1]) S. § 13 des Gesetzes.
[2]) S. § 1 des Gesetzes.

2. Die einzelnen Depotgeschäfte.

§ 32.

Das Depositum zur Aufbewahrung.

Dieses hat seine Regelung in §§ 1 und 2 des Reichsgesetzes gefunden. Die dort enthaltenen Bestimmungen gelten nur für das offene, nicht für das verschlossene Depot der aufgeführten Wertpapiere. Denn der Zweck des Gesetzes ist nur das Eigentumsverhältnis an den Depotgegenständen absolut klarzustellen. Ein Bedürfnis hierzu ist bei dem verschlossenen Depot, das nur als reguläres Depot vorkommen kann, nicht vorhanden, da hier unter keinen Verhältnissen der Depositar ein Eigentum an den deponierten Sachen beanspruchen kann.[1]) Aber auch das offene Depot ist nur in beschränktem Umfange normiert. Die Bestimmung des § 1 des Gesetzes will nur auf vertretbare Wertpapiere angewendet sein, nicht vertretbare Wertpapiere bedürfen eines besonderen gesetzlichen Schutzes wiederum nicht, weil auch hier ein Zweifel über das Eigentum des Deponenten nicht eintreten kann, da ein depositum irregulare bezüglich derselben jedenfalls vom Bankier nicht stillschweigend zum Nachteil des Hinterlegers angenommen werden kann. Die gesetzliche Bestimmung ist sonach auf das offene Depot der aufgeführten sowie anderer vertretbarer Wertpapiere beschränkt. Vertretbare Sachen überhaupt, also auch Wertpapiere dieser Art können sowohl als depositum regulare wie als depositum irregulare zur Aufbewahrung übergeben werden. Des wirtschaftlichen Unterschieds der Wertpapiere von anderen vertretbaren Gegenständen wurde bereits gedacht und mit Rücksicht auf diesen Unterschied auch nach bisherigem Rechte eine gesonderte Behandlung derselben insoferne gefordert als es ungerechtfertigt erachtet wurde, ohne weiteres ein depositum irregulare an denselben anzunehmen, wenn auch eine besondere diesbezügliche Willenserklärung nicht vorhanden war. Der der früher vertretenen Rechtsauffassung zu Grunde liegende Gedanke wurde auch von der Gesetzgebung aufgegriffen und durch die Bestimmungen der §§ 1 und 2 des Gesetzes zum klaren Ausdrucke gebracht. Hiernach wird im Zweifelsfalle stets angenommen, daß bei Hinterlegung von Wertpapieren ein depositum regulare, nicht ein depositum irregulare von dem Deponenten intendiert gewesen sei: Die Begründung eines depositum irregulare mit allen rechtlichen Folgen ist nicht ausgeschlossen, wohl aber durch Aufstellung einer besonders darauf gerichteten formellen Erklärung bedingt und damit erschwert. Soll der Verwahrer ermächtigt werden an Stelle der hinterlegten Wertpapiere gleichartige Wertpapiere zurückzugewähren oder über die Papiere zu seinem Nutzen zu verfügen, so muß eine

---

[1]) S. Lusensky a. a. O. S. 46, Begründung S. 107.

hierauf bezügliche Erklärung **ausdrücklich** und **schriftlich** abgegeben werden.[1]) Diese Bestimmung verfolgt und erfüllt den Zweck, auch den unerfahrenen Hinterleger auf die Tragweite einer solchen Ermächtigung aufmerksam zu machen. Da bei solchen Deponenten, welche gewerbsmäßig Bank- oder Geldwechslergeschäfte betreiben, die volle Kenntnis der Bedeutung einer Ermächtigung der genannten Art vorausgesetzt werden darf, so hat das Gesetz für diesen Fall eine Form für die Erklärung für unnötig erachtet und daher eine Ausnahme statuiert. Die weiter im Gesetze enthaltenen Bestimmungen des § 1 erweisen sich lediglich als ein notwendiger Ausfluß aus dem ganzen Prinzipe, das dem Gesetze und insbesondere den auf die Verwahrung bezüglichen Bestimmungen zu Grunde liegt.

Dem Bankier wird zur Pflicht gemacht, die übergebenen Wertpapiere unter äußerlich erkennbarer Bezeichnung des Hinterlegers gesondert von seinen eigenen Beständen und von den Beständen Dritter aufzubewahren. Hierdurch soll die strenge Behandlung der hinterlegten Wertpapiere als **depositum regulare** und die darin begründete Pflicht des Bankiers, jederzeit auf Verlangen die speziell empfangenen Stücke zurückzugeben, gewahrt werden. Dieses Verfahren wurde von einzelnen Bankhäusern und Bankinstituten bereits bisher beobachtet. Es muß auch anerkannt werden, daß nur so der Kunde unter allen Umständen sein Eigentumsrecht gewahrt findet, weshalb diese Bestimmung sich als eine unumgängliche Notwendigkeit erwiesen hat. Gegenüber einem anderen bisher beliebten Verfahren verschiedener Banken und Bankhäuser, gegen welches unter allgemeiner Beobachtung der strengsten Solidität nichts einzuwenden wäre, stellt diese Bestimmung allerdings eine Erschwerung dar.

Im Interesse der Einfachheit der Verwaltung haben manche Banken bisher die hinterlegten Wertpapiere zwar strenge von den eigenen Beständen gesondert aufbewahrt, jedoch aus den einzelnen gleichen Gattungen von Wertpapieren Sammeldepots gebildet, welche man als Vermengungsdepots bezeichnen konnte. Hierdurch blieb der Gesamtbestand der Papiere der Kunden stets unversehrt bewahrt und der Kunde mußte lediglich auf die übergebenen Nummern verzichten. Damit war aber bereits der erste Schritt zu einer Verdunkelung der Eigentumsverhältnisse gegeben. Das Verfahren dieser Banken kann vom Standpunkte des bisherigen Rechts aus in keiner Weise bemängelt werden. Nach dem ganzen Zwecke und dem Grunde der Aenderung der Gesetzgebung, der in der Unsolidität mancher Geschäfte wurzelte, mußte dieses Verfahren allgemein verboten und auch den soliden Bankhäusern das Verfahren der absoluten Isolierung der Papiere aller einzelnen Kunden zur strengsten Pflicht gemacht werden.

[1]) S. § 2 des Gesetzes.

Eine Abweichung von dieser Regel und zwar auch die Begründung eines sog. Vermengungsdepots (depositum regulare mit Substitutionsbefugnis) kann nur unter den in § 2 des Gesetzes bestimmten Voraussetzungen als zulässig erachtet werden.[1]) Die gegenteilige Meinung kann vielleicht auf den etwas unklaren Wortlaut der Begründung gestützt werden,[2]) in Wirklichkeit aber steht sie mit dem ganzen Prinzipe und der ausdrücklichen Vorschrift des § 1 im direkten Widerspruche.

Nicht notwendig erscheint nach dem neuen Rechte dagegen die Zusammenlegung aller Arten von Wertpapieren eines und desselben Kunden. Es ist vielmehr zulässig die Papiere nach Gattungen zu sondern und die einzelnen Gattungen räumlich getrennt aufzubewahren, wenn nur die Papiere der hierbei beteiligten Kunden nicht vermischt werden, sondern die Stücke der einzelnen Depotkunden als spezifisches Eigentum des Deponenten erkennbar gemacht werden.

Die Verpflichtung zur geschilderten, gesonderten Art der Aufbewahrung erstreckt sich nicht nur auf die bereits unter der Herrschaft des neuen Gesetzes begründeten, sondern auch auf die bereits beim Inkrafttreten des Gesetzes vorhandenen wirklichen Depositen, da der Wortlaut des § 1 von Papieren spricht, welche zur Verwahrung übergeben *sind*.[3])

Als Rechtsgrund der Verwahrung wird vom Gesetze ein Verwahrungs- oder Pfandvertrag vorausgesetzt. Letzterer ist hier nicht zu berücksichtigen. Ob auch ein Kommissionsvertrag die bezeichneten Verpflichtungen mit sich bringen könne, ist an späterer Stelle zu erörtern. Dagegen ist ganz allgemein hervorzuheben, daß, wenn Wertpapiere auf Grund eines anderweitigen Vertrags, etwa eines Darlehensvertrags, in den Besitz eines Bankiers gelangen, hierfür nicht die Bestimmungen des Depotgesetzes und insbesondere nicht die beschränkenden Formvorschriften des § 2 l. c., sondern die allgemeinen handelsrechtlichen Grundsätze zur Anwendung zu kommen haben.[4])

Was die voraussichtliche Wirkung der strengen Vorschriften der §§ 1 und 2 betrifft, so konnte man sich allerdings nicht verhehlen, daß zu befürchten stand, die Praxis des Bankiers werde in Zukunft sich dahin entwickeln, daß diese sich von ihren Kunden regelmäßig durch ausdrückliche und schriftliche Erklärung von den Verpflichtungen des Gesetzes werden entbinden lassen. Eine dahingehende Aeußerung in der Deutschen Juristenzeitung wurde indes von maßgebender Seite gebührend zurückgewiesen und demgegenüber der Nachweis erbracht,

---

[1]) Vgl. Frhr. v. Pechmann a. a. O. S. 14; Kunreuther a. a. O. S. 124.

[2]) S. Begründung S. 108.

[3]) S. Rießer a. a. O. S. 15; Apt a. a. O. S. 29.

[4]) S. Kunreuther a. a. O. S. 124; Lusensky a. a. O. S. 56; v. Pechmann a. a. O. S. 14.

daß bereits unterm 21. Juli 1896 eine Vereinigung großer Berliner Bankhäuser und Bankinstitute es sich zum Grundsatze gemacht habe, sich auf den Boden des Gesetzes zu stellen und alles zu vermeiden, was als eine Vereitelung der dem Gesetze zu Grunde liegenden Absicht aufgefaßt werden könne.[1]) Insbesondere einigte man sich dahin, die Ermächtigungen des § 2 des Gesetzes nur unter ganz bestimmten Voraussetzungen, keineswegs allgemein sich einräumen zu lassen. Dank des entschiedenen Vorgehens der großen soliden Banken wurde damit ein an sich von vornherein zweifelhafter günstiger Erfolg des Gesetzes sicher gestellt.

Auch die weitere Bestimmung des § 1 Ziff. 2 stellt sich lediglich als eine Folgerung aus dem einmal aufgestellten Prinzipe der Klarstellung der Eigentumsverhältnisse zu Gunsten des Deponenten dar. Durch die dortselbst vorgeschriebene Buchung der Wertpapiere soll auch im Falle einer zufälligen Vermischung oder sonstiger die gesonderte Verwahrung aufhebender Ereignisse die Möglichkeit gegeben sein, das spezielle Eigentum an den Papieren wiederum nachzuweisen. Um eine allzugroße Belastung der Banken zu vermeiden,[2]) hat man davon abgesehen, die Uebersendung eines Stückeverzeichnisses an den Kunden oder die Aufnahme der übergebenen Nummern in den Depotschein zu verlangen; einer etwaigen Beibehaltung einer diese weitere Vorsicht beobachtenden Praxis steht naturgemäß auch fernerhin nichts im Wege.

Von der Voraussetzung einer Frist, innerhalb deren der Bankier den Vorschriften des § 1 des Gesetzes nachzukommen habe, wurde wohl mit Recht abgesehen. Indirekt findet sich eine Norm hierfür in dem letzten Satze der Ziffer 2 des § 1 des Gesetzes ausgesprochen, in welchem die Unterlassung der vorgeschriebenen Verbuchung zulässig erachtet wird, bevor die Eintragung bei ordnungsmäßigem Geschäftsgange erfolgen konnte. Die hier als Norm gedachte Sorgfalt eines ordentlichen Kaufmannes muß auch für die Beurteilung der Zeit, innerhalb der die übrigen Vorschriften des § 1 des Gesetzes zu erfüllen sind, als Richtschnur dienen. Diese Norm erscheint als völlig hinreichend und hat den Vorzug, daß sie dem Richter eine individuelle Beurteilung der einzelnen Fälle ermöglicht.

§ 33.

Das Depositum zur Verwaltung.

Beim offenen Depot ist nach den heutigen Verhältnissen mit dem Verwahrungsvertrage regelmäßig der Auftrag verbunden, gewisse Verwaltungshandlungen hinsichtlich der deponierten Wert-

---

[1]) S. v. Pechmann a. a. O. S. 59 ff.
[2]) S. Begründung S. 97.

papiere vorzunehmen. (Depositum zur Verwaltung.) Der Deponent will nicht nur die deponierten Wertpapiere unter allen Umständen wohl verwahrt und dem Zugriffe Unberechtigter entzogen wissen, sondern er will zugleich von einer Reihe von Verwaltungsmaßregeln, welche der Besitz von Wertpapieren mit sich bringt und welche dem deponierenden Publikum nicht so geläufig oder jedenfalls lästig sind, entbunden sein. (Ausübung von Bezugsrechten, Bezug neuer Kouponsbogen u. dergl.) Auch für diese Art des Depositum gelten die Bestimmungen der §§ 1 und 2 des Bankdepotgesetzes in dem gleichen Umfange und in dem gleichen Sinne, wie für das reine Verwahrungsdepot. Die Vornahme gewisser Verwaltungshandlungen kommt lediglich zu den begrifflichen Merkmalen des bloßen Verwahrungsdepots hinzu und das Depositum zur Verwaltung schließt daher begrifflich notwendig das Depositum zur Verwahrung in sich. Durch die Bestimmung des letzten Absatzes des § 1 l. c., wonach etwaige Rechte und Pflichten des Verwahrers im Interesse des Hinterlegers Verfügungen oder Verwaltungshandlungen vorzunehmen, durch die Bestimmungen unter Ziffer 1 des § 1 l. c. nicht berührt werden, ist ausdrücklich das Depositum zur Verwaltung aufrecht erhalten. Zugleich sind hier die Grundsätze über das Verwahrungsdepot auf das Verwaltungsdepot ausgedehnt bzw. ist deren Anwendung hierauf als selbstverständlich vorausgesetzt.

Die Vornahme anderweitiger Maßnahmen, wie z. B. die Verbringung der Papiere bei Feuersgefahr oder anderen Elementarereignissen an einen andern sicheren Ort u. dergl., ist nicht nur ein Recht, sondern eine Pflicht des Depositars, zu deren Begründung es nicht erst einer ausdrücklichen hierauf gerichteten Vertragsbestimmung bedarf, welche vielmehr als ein Ausfluß der übernommenen sorgfältigen Verwahrung, also schon des Verwahrungsvertrags sich darstellt.

Von den im Vorstehenden erwähnten Besonderheiten abgesehen unterscheidet sich das Depositum zur Verwaltung in Nichts von dem einfachen Verwahrungsvertrage.

§ 34.

Das Depositum zur Deckung.

Das Depositum zur Deckung ist seiner rechtlichen Natur nach überhaupt kein Depositum im Rechtssinne, sondern ein Pfandvertrag. Die Aufbewahrung ist hier nicht Selbstzweck, sondern nur Mittel zum Zweck. Gerade der Umstand aber, daß eine Verwahrung auch in fremdem Interesse mit demselben verbunden ist, bringt es dem wirklichen Depositum so nahe, daß dasselbe ohne Rücksicht auf seinen inneren juristischen Charakter mit dem wirklichen Depositum unter dem kaufmännischen Begriffe des Depots zusammengefaßt wird. Diesen Umständen Rechnung tragend hat der Gesetzgeber das Depositum zur Deckung gleichzeitig mit dem Depositum zur Verwahrung einer einheitlichen Regelung unterworfen. Die Bestimmungen der §§ 1 und 2 des Bankdepotgesetzes gelten nach dem Wortlaute des Gesetzes in gleicher Weise für beide Arten der Hinterlegung, ohne Rücksicht, ob dieselbe auf Grund eines Verwahrungs- oder eines Pfandvertrages erfolgt. Geradezu bezeichnend erscheint schon die Sprache des Gesetzes. Das Gesetz stellt das gemeinsame äußere Moment der Hinterlegung, der Uebergabe in den Vordergrund und erregt so den Eindruck, als ob es sich um einheitlich geartete Rechtsgeschäfte handle. Der innere Unterscheidungsgrund, welcher in dem Zwecke (causa) der Uebergabe beruht, tritt nicht so fast in die Erscheinung. Auch damit hat sich das Gesetz dem kaufmännischen Begriffe des Depots genähert.

Als Pfand erscheinen im kaufmännischen Verkehre Papiere dann übergeben, wenn dieselben dazu bestimmt sind, einem bereits gewährten oder zu gewährenden Kredite als Unterlage zu dienen. Notwendige Voraussetzung ist dabei, daß die Papiere fremde Sachen bleiben, also nicht in das Eigentum des Empfängers übergehen (Lombardgeschäft, offener Kredit, Acceptkredit u. dergl.).[1])

§ 35.

Die rechtliche Bedeutung der Ermächtigungserklärung im Sinne des § 2 des Bankdepotgesetzes.

In der bisherigen Erörterung wurde lediglich die Notwendigkeit und die Form einer Ermächtigungserklärung berührt;[2]) es erübrigt noch die rechtliche Bedeutung und insbesondere die Rechtsfolgen einer solchen Erklärung näher kennen zu lernen. Der spezielle Charakter dieser Frage rechtfertigt eine Ausscheidung aus der allgemeinen Darstellung.

Eine ausführliche Behandlung dieser Frage finden wir nur bei Rießer,[3]) die übrigen Autoren begnügen sich entweder mit einigen Andeutungen oder lassen die Frage überhaupt unberührt.

Das Gesetz unterscheidet zwei Fälle, in denen eine ausdrückliche und schriftliche Erklärung des Hinterlegers oder Verpfänders gefordert wird, nämlich den Fall, daß an Stelle hinterlegter oder verpfändeter Wertpapiere gleichartige Wertpapiere zurückgegeben werden sollen und den Fall, daß der Empfänger ermächtigt werden soll, über die Papiere zu seinem Nutzen zu verfügen. Nur für den ersten Fall legt das Gesetz die Rechtsfolgen der Ermächtigung dahin fest, daß die Bestimmungen des § 1 des Gesetzes keine Anwendung zu finden haben. Die Regierungsvorlage hatte für beide

---

[1]) S. v. Pechmann a. a. O. S. 8.
[2]) S. o. S. 117.
[3]) Rießer a. a. O. S. 20 ff.

Fälle als Rechtsfolge das Außerkrafttreten der Bestimmungen des § 1 l. c. vorgesehen; für den zweiten Fall wurde aber diese Festsetzung gestrichen, sodaß über die Rechtswirkung der Ermächtigung im Sinne der zweiten Alternative im Gesetze eine ausdrückliche Bestimmung überhaupt nicht enthalten ist.

Rießer[1]) hat den Standpunkt vertreten, daß die beiden Fälle des § 2 l. c. gleich zu behandeln seien, weil sie auch dem Inhalte nach dasselbe besagen. „Denn wer lediglich zur Rückgewähr gleichartiger Papiere verpflichtet und berechtigt ist, kann damit eo ipso über die ihm eingelieferten Papiere nach seinem Ermessen disponieren, wie auch umgekehrt, wer zu seinem Nutzen verfügen kann, auch zur Rückgewähr lediglich gleichartiger Stücke berechtigt sein muß, weshalb allein schon es kaum angängig sein dürfte, für den letzteren Fall andere Rechtsfolgen zu konstruieren, wie für den ersteren.“

Stenglein[2]) eignet sich die Rießersche Anschauung an und kommt zu dem Resultate, „daß die beiden Formen der Ermächtigung gleichen Sinn und gleiche Wirkung haben.“

Wir vermögen uns jedoch dieser Deduktion nicht anzuschließen, sondern erblicken in folgender Interpretation die richtige Auffassung des Gesetzes: Das Gesetz stellt zwei Fälle der Ermächtigung nebeneinander; ohne zwingenden Grund darf man nicht annehmen, daß der Gesetzgeber in zwei ganz verschiedenen Formen denselben Sinn habe zum Ausdruck bringen wollen. Dazu kommt, daß das Gesetz in Absatz 2 des § 2 die beiden Fälle selbst dadurch auseinanderhält, daß es lediglich die Rechtsfolgen für den einen Fall normiert. Unter diesen Umständen ist es Aufgabe der Auslegung, dem Gesetze einen dieser Unterscheidung Rechnung tragenden Sinn abzugewinnen.

Es erscheint uns über jeden Zweifel erhaben, daß der zweite Fall das majus bedeutet, in dem von selbst und notwendig der erste Fall der Ermächtigung enthalten ist. Die Folgerung Rießers, daß derjenige, welcher zu seinem Nutzen über die Wertpapiere zu verfügen ermächtigt ist, damit auch das Recht eingeräumt erhalten hat, statt der übergebenen Stücke gleichartige Wertpapiere zurückzugewähren, ist vollkommen zutreffend. Der umgekehrte Schluß erscheint uns jedoch sehr gewagt und keineswegs zwingend.

Es entspricht nicht dem Sinne des Gesetzes, daß der Depositar nur berechtigt sein soll, gleichartige Stücke zurückzugeben. Er ist hierzu ermächtigt und deshalb nicht verpflichtet, gerade die übergebenen speziellen Papiere zurückzuerstatten. Es steht nichts im Wege, daß er freiwillig diejenigen Stücke zurückgibt, welche er bekommen hat. Wer aber lediglich zur Rückgabe gleichartiger Papiere verpflichtet ist, also berechtigt erscheint, an Stelle der hinter-

---

[1]) a. a. O. S. 21.
[2]) M. Stenglein a. a. O. S. 63.

legten Stücke andere gleichwertige Papiere zu substituieren, ist damit noch keineswegs notwendig berechtigt, über die Papiere zu seinem Nutzen zu verfügen.

Rießer erkennt selbst im Anschlusse an Schey eine Zwischenstufe zwischen dem depositum regulare und irregulare an.[1]) Auch wir sind der Meinung, daß es ein sogenanntes Summen depositum oder Vermengungsdepot gibt. Wir sind jedoch noch überdies der Ansicht, daß gerade dieses der Gesetzgeber bei seiner Unterscheidung der zwei Fälle im Auge gehabt habe. Der Deponent bleibt zunächst Eigentümer der hinterlegten Papiere[2]) und der Depositar hat nicht das Recht der Verfügung, sondern nur das Recht der Substitution gleichartiger Papiere (facultas alternativa).

Damit lösen sich von selbst die von Rießer von seinem Standpunkte aus mit Recht gegen Absatz 2 des § 2 l. c. geltend gemachten Bedenken. Wir stimmen mit dem genannten Autor darüber ein, daß der zweite Absatz wohl hätte wegbleiben dürfen, ohne daß hierdurch der Rechtszustand ein anderer geworden wäre. Wir glauben jedoch nicht, daß mit der Anfügung dieses Satzes eine unerwünschte Gebundenheit des Richters herbeigeführt wurde. Denn nach den gemachten Ausführungen handelt es sich im ersten Falle der Ermächtigung überhaupt nicht um die Begründung eines depositum irregulare, sondern um ein modifiziertes depositum regulare. Der Richter darf daher nicht einmal im ersten Falle zum Schlusse kommen, daß das Eigentum und damit auch die Verfügung auf den Depositar übergegangen sei. Man kann hierin auch nicht eine Gebundenheit des Richters nach der entgegengesetzten Seite hin erblicken; denn wenn unzweideutig ein dep. irregulare begründet werden will, so ist eben der zweite Fall der Ermächtigung als gegeben zu erachten. Damit ist allerdings zwar die Annahme eines reinen depositum regulare durch § 1 außer Zweifel gestellt; es kann jedoch eine gewisse Unsicherheit der Grenze zwischen dem modifizierten dep. regulare und dem eigentlichen dep. irregulare einreißen, die allerdings zufolge unserer Anschauung nicht bestehen würde.

Für den ersten Fall der Ermächtigung normiert Absatz 2 die Rechtsfolge dahin, daß § 1 des Gesetzes keine Anwendung finde. Es ist also für diesen Fall so anzusehen, als ob § 1 nicht existieren würde, d. h. es ist das bisherige Recht maßgebend, um die Rechtsfolgen dieser Ermächtigung näher zu bestimmen. Die Grundsätze, die hier zur Anwendung kommen, sind eben die Rechtssätze über die Rechte und Pflichten des Depositars bei einem modifizierten dep. regulare. Da es sich immer noch um ein dep. regulare

---

[1]) Rießer a. a. O. S. 23.

[2]) Vgl. auch v. Pechmann a. a. O. S. 13.

handelt, und für dieses in § 1 des Gesetzes die näheren Bestimmungen enthalten sind, diese aber dem Wesen des Vermengungsdepots widersprechen, so war es, wenn nicht gerade notwendig, so doch jedenfalls angezeigt, die Nichtanwendbarkeit dieser Bestimmungen auf den ersten Fall der Ermächtigung ausdrücklich auszusprechen. Daß die Nichtanwendbarkeit des § 1 auf den zweiten Fall, welche im Regierungsentwurfe gleichfalls ausgesprochen war, in das Gesetz nicht aufgenommen wurde, mag allerdings auf den ersten Blick etwas überraschen; allein wenn ein **depositum irregulare** begründet und von der hiermit eingeräumten Verfügungsbefugnis Gebrauch gemacht wurde, so versteht es sich von selbst, daß von einer Anwendbarkeit des § 1 l. c. keine Rede mehr sein kann; es war deshalb auch nicht notwendig, dies im Gesetze besonders zu betonen.

Solange von der Ermächtigung kein Gebrauch gemacht wurde, ist der Depositar noch nicht Eigentümer geworden. Denn die Ermächtigung überträgt noch kein Eigentum, sondern erfordert hierzu noch einen Willensakt seitens des Depositars, von dieser Ermächtigung einen Gebrauch machen zu wollen.[1]) Insolange muß daher auch dem Deponenten noch ein dingliches Rückforderungsrecht eingeräumt werden. Dem Depositar kann das Recht nicht abgesprochen werden, auch in diesem Falle die Papiere gesondert oder als Vermengungsdepot aufzubewahren. Im letzteren Falle erscheint der Absatz 2 des § 2 einschlägig; jede andere Art der Aufbewahrung, also beispielsweise die Einverleibung der Papiere in die eigenen Bestände muß als Aeußerung des Willens aufgefaßt werden, zum eigenen Nutzen verfügen zu wollen.

3. Das Bankdepotgeschäft in Verbindung mit dem kaufmännischen Kommissionsgeschäfte.

§ 36.

Im allgemeinen.

Das Kommissionsgeschäft hatte bisher die Art. 360ff. des allgemeinen deutschen Handelsgesetzbuches zur ausschließlichen gesetzlichen Grundlage. Das neuere Reichsrecht hat vor kurzem eine nicht unwesentliche Aenderung des bisherigen Rechtszustandes herbeigeführt, welche in zwei verschiedenen Gesetzen, nämlich im Börsengesetze vom 22. Juni 1896 und im sog. Bankdepotgesetze vom 5. Juli 1896 enthalten ist. Keines der beiden Gesetze hat eine vollständige Aufhebung des bisherigen Rechtes angestrebt, sondern lediglich eine Ergänzung und den weiteren Ausbau der bereits bestehenden Rechtsvorschriften bezweckt. Die beiden neuen Gesetze stehen insoferne in keinerlei Zusammenhang, als dieselben das Kommissionsgeschäft nach

[1]) S. Stenglein a. a. O. S. 63.

zwei ganz verschiedenen Richtungen zum Gegenstande machen. Das Börsengesetz behandelt lediglich das Selbsteintrittsrecht des Kommissionärs, das Bankdepotgesetz dagegen in eingehender Weise die Rechte und Pflichten des Kommissionärs bezüglich der Verwahrung von Wertpapieren. Im übrigen verblieb es beim bisherigen Rechte. Nur das Bankdepotgesetz hat für die gegenwärtige Darstellung unmittelbares und weitgehendes Interesse und ist daher im Folgenden noch genauer zu berücksichtigen.

Da jedoch die Kenntnis des Selbsteintrittsrechts des Kommissionärs eine vollkommen richtige Beurteilung der Verhältnisse der Kommittenten und des Kommissionärs, insbesondere des Gegensatzes der beiderseitigen berechtigten Interessen erleichtert, so mögen hier in aller Kürze die wichtigsten Rechtssätze über das Selbsteintrittsrecht des Kommissionärs Platz finden.

Durch das Börsengesetz wurde Art. 376 HGB., welcher die gesetzliche Grundlage des Selbsteintrittsrechtes bildete, aufgehoben und an dessen Stelle traten die Bestimmungen der §§ 71—74 incl. des Börsengesetzes. Nicht die prinzipiellen Unterlagen der bisherigen Bestimmungen waren der Aenderung oder Verbesserung bedürftig, sondern lediglich die gesetzmäßige strikte Durchführung der bisherigen Grundsätze sollte mehr als bisher gesichert werden. Das Selbsteintrittsrecht war ein zweischneidiges Schwert in der Hand des Kommissionärs und bei der Dehnbarkeit der bisherigen Bestimmungen und den in manchen Kreisen herrschenden Anschauungen, über die aus denselben für den Kommissionär sich ergebenden Befugnisse mußte eine präzisere Fassung und ein genauerer Ausbau der Bestimmungen zum Schutze der Kunden nur als willkommen erscheinen.

Das geltende Recht gestattet das Selbsteintrittsrecht bei Wertpapieren nur, wenn für dieselben ein Börsen- oder Marktpreis besteht und dieser amtlich festgestellt ist. Nach Art. 361 HGB. hat der Kommissionär dem Kommittenten sofort nach Ausführung des Auftrags Anzeige zu machen.

Der Zeitpunkt der Abgabe dieser Anzeige gilt als Zeitpunkt der Ausführung. Bei Berechnung des Preises muß der zur Zeit der Ausführung des Auftrags bestehende Börsenpreis eingehalten sein. Der Kommissionär kann sich also nicht dadurch einen Vorteil verschaffen, daß er die Kursdifferenzen kleinerer oder größerer Zeitabschnitte sich zu nutze macht. Ist ein Auftrag während der Börsenzeit auszuführen und wurde die Ausführungsanzeige erst nach dem Schlusse der Börse abgegeben, so darf der berechnete Preis für den Kommittenten nicht ungünstiger sein, als der Preis am Schlusse der Börse.

Hat der Kommissionär also den Auftrag bei der Einkaufskommission bereits ausgeführt und ist der Preis darnach, ohne daß die Anzeige sofort abgegeben wurde, gefallen, so muß der Kommissionär den billigeren Preis am Schlusse der Börse zu Grunde legen; bei der Verkaufskommission ist beim Steigen des Preises der spätere höhere Preis bei Unterlassung der sofortigen Abgabe der Anzeige in Anrechnung zu bringen. Denn als Zeitpunkt der Ausführung gilt der Zeitpunkt der Abgabe der Anzeige. Hierin liegt ein Antrieb für den Kommissionär die Abgabe der Anzeige zu beschleunigen.

Besteht ein amtlich festgestellter Preis, so darf beim Selbsteintritt kein ungünstigerer Preis als der amtlich festgesetzte berechnet werden.

Die Bestimmungen des Gesetzes sind zwingender Natur, können also durch Privatvereinbarung nicht abgeändert werden.

Im Zweifel wird vermutet, daß der Auftrag durch Abschluß des Geschäfts mit einem Dritten erfolge; es bedarf daher einer ausdrücklichen Erklärung des Kommissionärs, daß er selbst eintrete und zwar muß diese Erklärung bereits bei der Anzeige von der Ausführung des Auftrags abgegeben werden. Auch diese Bestimmung ist zwingender Natur.

Auch wenn der Auftrag als durch Abschluß mit einem Dritten als ausgeführt zu betrachten ist, der Dritte jedoch nicht rechtzeitig (mit der Anzeige der Ausführung) namhaft gemacht wird, haftet der Kommissionär für die Erfüllung des Geschäfts.

Von ungleich höherer Bedeutung sind die Bestimmungen des Bankdepotgesetzes über das Kommissionsgeschäft. Die Bestimmungen des Bankdepotgesetzes lassen die Grundlagen des bisherigen Rechtes gleichfalls unberührt. Es werden keine neuen prinzipiellen Verpflichtungen des Kommissionärs begründet, sondern nur die bereits aus dem bisherigen Rechte abzuleitenden in unzweideutiger Weise festgelegt, genau bezeichnet und deren pünktliche Erfüllung durch civilrechtliche und strafrechtliche Bestimmungen gesichert. Insoferne könnte man das neue Gesetz als eine authentische Interpretation des bisherigen Rechtszustandes betrachten, verbunden mit der Erlassung der zur Aufrechthaltung der festgestellten Sätze geeigneten Ordnungsbestimmungen. Der Gesetzgeber hat in einer Reihe von Rechtssätzen die Rechte und Pflichten des Kommissionärs niedergelegt; diese sind nun im Zusammenhange näher zu betrachten.

§ 37.

Die Einkaufskommission.

Die von dem Kommissionär selbst ausgeführte Einkaufskommission bezüglich der in § 1 des Bankdepotgesetzes aufgeführten Wertpapiere ist in §§ 3 und 4 der Neuregelung unterzogen. Mit diesen Gesetzesbestimmungen steht § 7 l. c. in organischem Zusammenhange, welcher die civilrechtliche Wirkung der Vornahme einer dem Einkaufskommissionär speziell auferlegten Handlung normiert.

Auch nach bisherigem Rechte war der Kommissionär verpflichtet, das Eigentum auf den Kommittenten zu übertragen. Zu dieser Uebertragung war die Aufgabe der Nummern nicht unumgänglich notwendig; dagegen muß aus Art. 361 H.G.B. immerhin die Pflicht des ordentlichen Kommissionärs abgeleitet werden, seinem Kommittenten die Nummern der in sein Eigentum übergegangenen Papiere mitzuteilen.

Das Bankdepotgesetz macht in § 3 die Nummernaufgabe zur strikten Rechtspflicht und zwar ist die Erfüllung dieser Pflicht an eine dreitägige Frist geknüpft. Der Kommissionär hat binnen drei Tagen ein Verzeichnis der Stücke mit Angabe der Gattung, des Nennwertes, der Nummern oder sonstiger Unterscheidungsmerkmale dem Kommittenten zu übersenden. Mit der Absendung des Stückeverzeichnisses geht das Eigentum an den darin verzeichneten Papieren auf den Kommittenten über, sofern bis dahin der Kommissionär überhaupt verfügungsberechtigt erscheint. Das Gesetz will daher unter allen Umständen den Eigentumsübergang auf den Kommittenten erzwingen. Die Uebersendung des Stückeverzeichnisses ist als const. possessorium zu erachten; der Wille des Kommissionärs Eigentum übertragen zu wollen, wird gesetzlich fingiert; der Uebergang knüpft sich an die Thatsache der Uebersendung des Verzeichnisses von selbst an. Die Vornahme dieses const. possessorium ist an eine bestimmte Form und an eine bestimmte Frist geknüpft. Die Uebersendung des Stückeverzeichnisses ist aber keineswegs die einzige Form der Eigentumsübertragung. Der Kommissionär kann auch bereits früher in der Form des bisherigen Rechts eine solche Uebereignung vornehmen. Das Gesetz bezeichnet lediglich den spätesten Zeitpunkt, bis zu welchem der Eigentumsübergang eintreten soll.[1]) Der Zweck dieser Bestimmung ist, den Eigentumsübergang unter allen Umständen sicher zu stellen und einen möglichst kurzen Zeitraum der Schwebe, der etwaigen Unsicherheit des Eigentums herbeizuführen. Ist der Eigentumsübergang in dieser oder jener Weise erfolgt, so hat der Kommissionär die noch in seinem Gewahrsam befindlichen Papiere als fremde zu behandeln und bezüglich der Verwahrung derselben die in § 1 des Gesetzes vorgeschriebenen Verpflichtungen zu beobachten. Die Papiere sind also vom Zeitpunkte des Eigentumsüberganges geradeso zu behandeln, als wenn dieselben dem Kommissionär zur Verwahrung übergeben worden wären. Das Gesetz setzt zugleich die Rechtsfolgen fest, welche den Kommissionär im Falle des Verzuges treffen (§ 4). Der Kunde, welchem das Stückeverzeichnis nicht rechtzeitig übersendet wurde, ist befugt, das Geschäft als nicht für seine Rechnung abgeschlossen zurückzuweisen und Schadensersatz wegen Nichterfüllung zu beanspruchen. Die Geltendmachung dieses

[1]) S. Rießer a. a. O. S. 33.

Rechts ist aber vom Gesetze an die Voraussetzung gebunden, daß der Kommittent den säumigen Kommissionär zur nachträglichen Erfüllung seiner Verpflichtung aufgefordert hat und der Kommissionär auch innerhalb einer neuerlichen Frist von drei Tagen von der Aufforderung an gerechnet, seiner Verpflichtung nicht nachgekommen ist. Aber auch dem Kommittenten ist eine Grenze für die Ausübung des ihm unter den genannten Voraussetzungen zustehenden Rechts gesetzt. Er kann dasselbe nur binnen drei Tagen nach Ablauf der Nachholungsfrist rechtswirksam geltend machen und muß dem Kommissionär gegenüber ausdrücklich erklären, daß er von seinem Rechte Gebrauch machen wolle. Versäumt er seinerseits diese Frist, so tritt eine compensatio morae ein; die Rechtswirkungen, welche durch den vorausgehenden Verzug des Kommissionärs bereits eingetreten sind, werden durch die nachfolgende mora des Kommittenten wieder aufgehoben und es erübrigt für den letzteren nichts, als die Aushändigung des Stückeverzeichnisses gegen den Kommissionär klageweise geltend zu machen.

Die Frage, von welchem Zeitpunkte an für den Kommissionär die dreitägige Frist zu laufen beginnt, nach deren Ablauf er in Verzug gesetzt wird, ist im Gesetze unter Berücksichtigung der thatsächlichen Verhältnisse zweckmäßig entschieden. Hat der Kommissionär bei der Anzeige über die Ausführung des Auftrags einen Dritten als Verkäufer namhaft gemacht, so beginnt die dreitägige Frist mit dem Erwerbe der Stücke durch den Kommissionär zu laufen; im Falle des Selbsteintritts des Kommissionärs nimmt die Frist ihren Lauf mit dem Ablaufe des Zeitraums, innerhalb dessen der Kommissionär nach der Erstattung der Ausführungsanzeige die Stücke bei ordnungsmäßigem Geschäftsgange ohne schuldhafte Verzögerung beziehen konnte. Durch die letztere Bestimmung ist also der Kommissionär bei einer durch ihn selbst nicht verschuldeten Verschleppung vor dem Eintritt der Rechtswirkungen des Verzugs sichergestellt.

Hinsichtlich der Voraussetzungen, unter denen der Selbsteintritt des Kommissionärs als gegeben anzunehmen, findet sich eine Verschiedenheit in den Bestimmungen des Börsengesetzes und des Bankdepotgesetzes, welche von Rießer[1]) mit Recht hervorgehoben wird und welche wohl auf ein Redaktionsversehen zurückgeführt werden muß. Sowohl § 74 des Börsengesetzes als § 3 des Bankdepotgesetzes stellt den Fall des Selbsteintritts dem Fall des Abschlusses mit einem Dritten gegenüber. Das Börsengesetz nimmt den Selbsteintritt nur an, wenn er ausdrücklich erklärt ist, während das Bankdepotgesetz denselben für den Fall des Schweigens

---

[1]) Rießer a. a. O. S. 32.

des Kommissionärs zu präsumieren scheint. In beiden Gesetzen wird daher scheinbar an einen und denselben Umstand eine verschiedene Wirkung geknüpft. In dem einen Falle bedeutet Schweigen Ausführung durch Abschluß mit einem Dritten, in dem anderen Falle (Bankdepotgesetz) Selbsteintritt des Kommissionärs. Die absolut unzweideutige Fassung des Börsengesetzes muß als Norm dienen, wann das eine und wann das andere der Fall sein soll. Die Ausdrucksweise des Bankdepotgesetzes ist nicht so scharf und läßt insbesondere nicht die Absicht des Gesetzgebers erkennen, die Voraussetzungen des Selbsteintritts regeln zu wollen, während die einschlägigen Bestimmungen des Börsengesetzes sich dies zur Aufgabe setzen. Die Bestimmung des Bankdepotgesetzes bezüglich der Namhaftmachung eines Dritten will nicht die Voraussetzungen feststellen, unter denen eine solche Namhaftmachung anzunehmen ist, sondern lediglich die Folgen einer solchen Namhaftmachung bezüglich des Laufes der Frist für Uebersendung des Stückeverzeichnisses festsetzen. In welcher Form der Dritte namhaft zu machen ist, unter welchen Voraussetzungen demnach eine Namhaftmachung als gegeben anzunehmen ist, bestimmt sich nach dem Börsengesetze. So betrachtet gewinnt auch die zweite Alternative des § 3 l. c. den naturgemäßen Sinn, wonach im anderen Falle i. e. im Falle des Selbsteintritts die Frist mit dem Ablaufe des Zeitraums beginnt, innerhalb dessen der Kommissionär nach der Erstattung der Ausführungsanzeige die Stücke bei ordnungsmäßigem Geschäftsgange ohne schuldhafte Verzögerung beziehen konnte. Auch hier bestimmen sich die Voraussetzungen, unter denen der Selbsteintritt als gegeben anzunehmen ist, nach dem Börsengesetze.

Die in § 3 l. c. vorgeschriebene Uebersendung des Stückeverzeichnisses unter den bezeichneten Modalitäten ist zwar nicht zwingenden Rechts, kann aber doch nicht stillschweigend ausgeschlossen werden. Der Verzicht auf die Uebersendung des Stückeverzeichnisses kann nur in der in § 2 des Bankdepotgesetzes für die Ermächtigung aufgestellten Form, also nur ausdrücklich und schriftlich erklärt werden. Damit ist die Uebersendung des Stückeverzeichnisses insolange eine unter allen Umständen zu beobachtende Form, als nicht ein den gesetzlichen Vorschriften genügender Verzicht vorliegt. Nur für den Fall, daß der Kommittent gewerbsmäßig Bank- oder Geldwechslergeschäfte betreibt, ist auch dieser Verzicht in jeder Form zulässig. Der Gesetzgeber ist auch in diesem Falle von der richtigen Voraussetzung ausgegangen, daß die an der Erleichterung beteiligten Personen die notwendige Erfahrung und die Kenntnis der Tragweite aller Handlungen in genügendem Maße besitzen, um die eigenen Interessen entsprechend wahren zu können. Aber auch bei diesen Personen ist ein Verzicht auf die Uebersendung des Verzeichnisses erforderlich, nur ist für denselben keine Form vorgeschrieben. Er kann demnach insbesondere auch stillschweigend und generell erfolgen. Außer dem Falle eines rechtswirksamen Verzichts auf die Uebersendung des Stückeverzeichnisses hat das Gesetz noch zwei Fälle vorgesehen, in denen die Interessen des Kommittenten eine Uebersendung als entbehrlich erscheinen lassen und daher die Verpflichtung cessiert. In dem einen Falle, wenn die Auslieferung der eingekauften Stücke an den Kommittenten erfolgt ist, ist nicht bloß das Eigentum, sondern auch der Besitz auf den Kommittenten bereits übergegangen. Es bedarf daher nicht mehr einer Formalität, welche lediglich den Eigentumsübergang und die genaue Spezialisierung der Stücke herbeiführen soll. In dem anderen Falle, wenn ein Auftrag des Kommittenten zur Wiederveräußerung ausgeführt ist, kommt in der Erteilung und Uebernahme des Auftrags genügend zum Ausdrucke, daß der Kommittent Eigentümer einer entsprechenden Anzahl Stücke geworden war und mit Ausführung des Auftrags hat auch die erforderliche Spezialisierung von selbst stattgefunden. Jedenfalls hat der Kommittent nach Ausführung des Auftrags keinerlei Interesse mehr an den Nummern der Papiere.

Es erübrigt noch die rechtliche Bedeutung eines rechtswirksam vorgenommenen Verzichtes auf die Uebersendung des Stückeverzeichnisses näher zu betrachten.

Im Hinblicke auf § 7 l. c., wonach mit der Absendung des Verzeichnisses das Eigentum auf den Kommittenten übergeht, kann wohl ein solcher Verzicht nur den Sinn und die Bedeutung haben, daß auf d i e s e r Form des Eigentumsüberganges nicht bestanden werden soll. Das Gesetz gibt dem Kommittenten ein Mittel an die Hand, sich möglichst rasch unzweideutig zum Eigentümer der Papiere zu machen. Durch Verzicht auf das Mittel begibt er sich der mit diesem Mittel verbundenen Vorteile. Der Kommissionär bleibt daher noch weiter Eigentümer der Papiere. Da jedoch die Verpflichtung des Kommissionärs zur Uebersendung des Verzeichnisses nicht erst die Pflicht zur Uebertragung des Eigentums seitens des Kommissionärs auf den Kommittenten begründet hat, vielmehr auch ohne diese neuere gesetzliche Verpflichtung auch nach bisherigem Rechte der Kommissionär zur Eigentumsübertragung verbunden war, so bleibt durch den genannten Verzicht an sich die Pflicht des Kommissionärs zur Eigentumsübertragung unberührt. Es ist also mit dem Verzichte der bisherige Rechtszustand durch private Vereinbarung für einen speziellen Fall aufrecht erhalten. Der Kommissionär ist weder bezüglich der Zeit noch bezüglich der Form an ganz genaue Bestimmungen gebunden. Er hat es also zunächst in der Hand, ob und wann er Eigentum auf den Kommittenten übertragen will. Wir möchten nicht soweit gehen wie Rießer, welcher meint, daß im Falle des Verzichts der Kommissionär Eigentümer der angeschafften Stücke schlechthin bleibe, wenn und solange er nicht etwa in anderer Weise als durch Aufgabe der Nummern einen Besitzübertragungsakt zu Gunsten des Kommittenten vornehmen will und vornimmt. Solange der Kommissionär einen solchen Akt nicht vornimmt, bleibt er allerdings Eigentümer; allein das Recht stellt es nicht dem freien Willen des Kommissionärs anheim, ob er den Uebertragungsakt vornehmen will oder nicht. Damit, daß er einen solchen Akt vornimmt, übt er keine Freiwilligkeit aus, sondern erfüllt eine rechtliche Verpflichtung, die der Kommittent auch erzwingen kann.[1])

Mit dem Verzichte auf Uebersendung des Stückeverzeichnisses ist nicht die Präsumption begründet, daß der Kommittent sich mit einem bloßen obligatorischen Anspruch begnügen und vollständig auf jede Art der Eigentumsübertragung verzichten wolle. Es ist nicht ohne weiteres ein dep. irregulare als intendiert anzusehen; der Wille des Kunden kann vielmehr auch auf Begründung eines modifizierten regulären Depots, Vermengungsdepots, gerichtet sein, wozu aber gleichfalls Eigentumsübertragung erforderlich ist. Schon die ganze Intention des Gesetzgebers muß eine allzu weite Auslegung des Verzichtes verbieten. Der Gesetzgeber will ja die Interessen der Kunden möglichst wahren und die Befugnisse des Kommissionärs einengen. Es entspricht daher der Absicht des Gesetzes, auch nach Verzicht auf das Stückeverzeichnis die Befugnisse des Kommissionärs beschränkt zu sehen. Allerdings hat der Gesetzgeber durch Erschwerung des Verzichts und Aufstellung der Rechtswirkung bei Nichtvorhandensein eines Verzichts die Machtbefugnisse des Kommissionärs sehr beschnitten. Allein die bloße Erschwerung des Verzichts schließt denselben noch lange nicht aus und ein unüberlegter Verzicht würde den Kunden wiederum vollständig dem Kommissionär ausliefern.

Bei der Ungewißheit darüber, was der Kommittent durch den Verzicht zum Ausdruck bringen will, ist es jedenfalls dem Kommissionär nicht einseitig erlaubt, die Rechtsfolgen des Verzichtes festzusetzen, sondern es muß auch hierüber ganz im Sinne der §§ 1 und 2 des Bankdepotgesetzes eine ausdrückliche Erklärung des Kommittenten vorliegen, sich mit der ihm ungünstigeren Rechtslage zu begnügen; bei deren Nichtvorhandensein ist daher die gesetzliche Präsumption des § 1 des Bankdepotgesetzes zutreffend. Eine Folge dieser Auffassung ist demnach, daß, wenn der Kommissionär dem Kommittenten lediglich einen obligatorischen Anspruch zugestehen will, er sich von diesem nicht bloß einen Verzicht im

[1]) Vgl. Begründung S. 89, R.G.E. f. CS. Bd. 5 S. 6.

Sinne des § 3, sondern auch eine Ermächtigung im Sinne des § 2 des Bandepotgesetzes erteilen lassen muß.

Wenn Rießer für seine Auffassung sich auf das Verfahren einer größeren Anzahl Berliner Banken[1]) beruft, so muß der Festlegung der dort dem Verzichte beigelegten Rechtsfolgen im Hinblicke auf ihre Einseitigkeit und den Mangel einer äußeren Autorität eine allzuweit gehende Bedeutung abgesprochen werden. Ob ein Gericht sich dieser Anschauung anschließen kann, ist zweifelhaft. Es ist daher nicht bloß ein Akt der Vorsicht, sondern der rechtlichen Notwendigkeit, daß der Kommittent sich noch ausdrücklich und schriftlich damit einverstanden erklärt, daß der Bankier ihn bloß auf Stücke-Konto erkennt.

§ 38.

Der Umtausch von Wertpapieren und die Geltendmachung von Bezugsrechten.

Der Gesetzgeber hat die Ausführung eines Auftrags zum Umtausche von Wertpapieren oder zur Geltendmachung von Bezugsrechten auf Wertpapiere aus den unter die Einkaufskommission fallenden Handlungen ausgeschieden und in den §§ 5 und 6 des Bankdepotgesetzes einer gesonderten Regelung unterstellt. Diese beiden Fälle stellen in der That so wichtige und von der eigentlichen Einkaufskommission so sehr verschiedene Seiten der Thätigkeit eines Kommissionärs dar, daß deren getrennte Behandlung nur als zweckmäßig erachtet werden kann.

Der Inhalt der gesetzlichen Bestimmung (§ 5 l. c.) zielt darauf ab, auch in den beiden genannten Fällen das Zwischenstadium, in welchem der Kommissionär sich im Besitze der Papiere befindet und damit die thatsächliche Verfügungsgewalt über dieselben hat, genau zu begrenzen und dem Auftraggeber das unzweifelhafte Eigentum an den neuen Stücken zu sichern. Zu diesem Zwecke hat der Kommissionär binnen zwei Wochen nach dem Empfange der neuen Stücke dem Kommittenten ein Verzeichnis der Stücke mit Angabe der Gattung, des Nennwertes, der Nummern oder sonstiger Unterscheidungsmerkmale zu übersenden, soweit nicht vor Ablauf dieser Frist die Papiere ausgehändigt werden.

Die Ausführung eines solchen Auftrags kann entweder auf Grund eines besondern Mandats erfolgen oder mit dem Abschlusse eines Depositum zur Verwaltung in letzterem von selbst enthalten sein. Im letzteren Falle ist demnach der Kommissionär bereits im thatsächlichen Besitze der Wertpapiere, während im ersteren Falle, wenn also ein Depositum nicht vorausgegangen ist, mit der Aus-

---

[1]) S. Rießer a. a. O. S. 38..

führung notwendig eine Ausantwortung der Papiere verbunden ist. Die sorgfältige Verwahrung der Papiere geschieht in diesem Falle nicht auf Grund eines Verwahrungsvertrags, sondern des Mandats. Von einer Verschiedenheit der Art der Verwahrung kann in diesem Falle keine Rede sein. Es kommt nicht in Frage, ob spezielle oder generelle Aufbewahrung beabsichtigt sei, sondern es versteht sich nach dem ganzen Zweck des Geschäftes, daß dem Kommissionär keinerlei Verfügungsrechte über die Papiere zustehen sollen. Dieser hat lediglich den Umtausch der speziell übergebenen Stücke vorzunehmen oder das Bezugsrecht auszuüben und im letzteren Falle insbesondere die speziell übergebenen Stücke samt den etwaigen neuen Stücken zurückzugeben. Eine Entbindung von dieser strengen Verpflichtung könnte nur in der Form der besonderen Ermächtigung des § 2 l. c. geschehen und es wäre demnach noch ein besonderer Vertrag neben dem Mandate erforderlich. Geschieht die Ausführung auf Grund eines Depositum zur Verwaltung oder ist überhaupt ein Depositum bereits vorausgegangen, so ändert die Ausführung an der bestehenden Pflicht zu einer bestimmten Aufbewahrungsart nicht das mindeste.

Der Kommissionär hat sich jedenfalls, soweit Papiere lediglich zum Umtausche oder zur Geltendmachung eines Bezugsrechts in seinen Besitz gekommen sind, jeder Verfügung zum eigenen Vorteile zu enthalten.

Das Gesetz knüpft an die Nichterfüllung der Pflicht der Uebersendung des Stückeverzeichnisses den Rechtsnachteil für den Kommissionär, daß dieser für die Ausführung des Auftrags die ihm gesetzlich zustehende Provision nicht fordern darf. Diese Rechtsfolge tritt von selbst ein, es bedarf also keines besonderen Verhaltens seitens des Kommittenten. Die Bestimmungen der §§ 5 und 6 des Bankdepotgesetzes kommen nur dann zur Anwendung, wenn und solange es sich um Kommissionsgeschäfte handelt; ihre Anwendung ist darum ausgeschlossen, sobald der Bankier nicht in eigenem Namen, sondern als Stellvertreter des Kunden auftritt.[1]).

Von einem Verzichte auf die Uebersendung des Verzeichnisses ist in den hier gedachten Fällen nichts enthalten. Es wäre aber unrichtig aus dem Schweigen des Gesetzes die Unzulässigkeit eines solchen ableiten zu wollen.

Zunächst wird man wohl die Uebersendung des Verzeichnisses nicht nur im Falle der Aushändigung der Papiere an den Kommittenten, sondern auch im Falle einer im Auftrage des Kommittenten vor Ablauf der gesetzlichen Frist vorgenommenen Veräußerung der Papiere für überflüssig und deshalb für erlassen

[1]) S. v. Pechmann a. a. O. S. 27.

erachten dürfen. Aber auch sonst muß man einen Verzicht auf die Uebersendung des Stückeverzeichnisses für zulässig anerkennen. Schon nach allgemeinen Rechtsgrundsätzen kann man auf reine privatrechtliche Befugnisse verzichten. Der Umstand, daß nach dem Bankdepotgesetz in verschiedenen Fällen ein Verzicht der genannten Art erschwert und an bestimmte Formen gebunden wurde, legt lediglich die Frage nahe, ob nicht allenfalls auch für den Verzicht auf das Stückeverzeichnis nach § 5 l. c. eine besondere Form oder gar die Form des § 3 des Gesetzes erforderlich sei. Keines von beiden ist der Fall. Die Bestimmung einer besonderen Form erscheint als eine Ausnahme von den allgemeinen Grundsätzen des heutigen Rechtsverkehrs; soll eine solche Ausnahme als gegeben erachtet werden, so bedarf es einer besonderen singulären Rechtsvorschrift, die aber nicht vorhanden ist. Es können daher Kommittenten jeder Art auf die Uebersendung des Stückeverzeichnisses in jeder Form bzw. auch formlos verzichten; es sind lediglich die Erfordernisse des gewöhnlichen Verzichtes zu erfüllen.[1])

Eine hiervon verschiedene Frage ist aber die nach den Rechtsfolgen eines Verzichtes auf das Stückeverzeichnis.

Auch in den hier gedachten Fällen geht das Eigentum mit der Absendung des Verzeichnisses auf den Kommittenten über. Der Verzicht auf das Verzeichnis ist daher, nachdem Verzichte strictissime zu interpretieren sind, lediglich ein Verzicht auf eine besondere Form des Uebergangs, nicht ein Verzicht auf die Eigentumsübertragung überhaupt. Es bleibt daher im Falle des Verzichtes bei dem bisherigen Rechte, wonach der Kommissionär gleichfalls schon verpflichtet war Eigentum zu übertragen. Sowenig durch die eingeführte Form der Eigentumsübertragung die Eigentumsübertragungspflicht erst neu eingeführt wurde, sowenig ist der Kommissionär mit dem geleisteten Verzichte auf die genannte Form von der Pflicht überhaupt befreit. Es gilt daher auch hier bezüglich des weiteren pflichtgemäßen Verhaltens des Kommissionärs das früher Gesagte.

§ 39.

Die Verkaufskommission.

Die reine Verkaufskommission, welche von dem Kommissionär selbst ohne Beiziehung weiterer Personen ausgeführt wird, hat in dem Bankdepotgesetze eine besondere Regelung nicht erfahren. Der Gesetzentwurf hat diese negative Stellungnahme damit begründet, daß dieses Geschäft, abgesehen von den nicht zahlreichen Fällen, in denen infolge Limitierung des Verkaufspreises eine längere Auf-

---

[1]) S. Rießer a. a. O. S. 41; a. M. Stenglein a. a. O. S. 66.

bewahrung der Papiere stattfinden kann, in der Regel in so kurzer Frist erledigt werde, daß eine eigentliche Verwahrung kaum in Frage kommen könne.[1]) Es bleibt daher bezüglich der Verkaufskommission bei den Bestimmungen des bisherigen Rechts.

Nach dem ganzen Sinn und Zwecke dieses Geschäftes ist es auch nicht implicite auf eine Verwahrung oder Erhaltung der Papiere, sondern vielmehr auf die Veräußerung der übergebenen Papiere abgesehen. Der Kommittent bedient sich hierbei lediglich einer Mittelsperson, weil er selbst die Veräußerung nicht vornehmen kann oder will. Hieraus ergibt sich die notwendige Folge, daß unter keinen Umständen die Absicht des Kommittenten auf etwas Anderes gerichtet sein kann, als darauf, daß, solange die Veräußerung nicht vorgenommen ist, er unbedingt das Eigentum an den Papieren gewahrt wissen will. Im Zweifel ist daher anzunehmen, daß die so übergebenen Papiere wie ein depositum regulare zu behandeln sind. Bei solcher Auffassung des Rechtszustandes konnte in der That eine besondere Regelung der Verkaufskommission nicht notwendig erscheinen. Allerdings kann der Kommissionär durch ordnungsgemäße Ausübung des Selbsteintrittsrechtes sofort die volle freie Disposition über die Papiere erlangen.

Die Bestimmung in § 8 des Bankdepotgesetzes über die Verkaufskommission bezieht sich nicht auf die Verwahrung der Papiere durch den Kommissionär, sondern will den Kunden im Falle der Aushändigung der Papiere durch den Kommissionär an einen Dritten (Bankier) die Interessen des Kunden schützen; sie hat demnach einen Zeitpunkt im Auge, in welchem der Kommissionär überhaupt nicht mehr die Verwahrung der Papiere hat.

§ 40.

Die Mitwirkung mehrerer Bankiers bei Ausführung eines Kommissionsgeschäftes.

Die Grundsätze des Handelsrechts[2]) über das Pfandrecht des Kommissionärs hatten im Falle der Beteiligung mehrerer Kommissionäre bei Ausführung einer Kommission vielfach dazu geführt, das Eigentum und die Interessen des Kommittenten unbilligerweise ernstlich zu gefährden. Diesem unhaltbaren Zustande sollten die Bestimmungen des § 8 des Bankdepotgesetzes abhelfen.

Diese Gesetzesbestimmung hat ohne Zweifel an einer sehr kranken Stelle eingesetzt. Der Inhalt der Gesetzesstelle wurde nicht in der ursprünglichen im Entwurfe niedergelegten Gestalt zum Gesetze erhoben. Der Gesetzesentwurf hatte die Einkaufs- und die eigentliche

---

[1]) S. Begründung S. 101.
[2]) Vgl. Art. 374 des Allg. Handelsgesetzbuches.

Verkaufskommission von der in § 8 l. c. normierten Verpflichtung ausgenommen. Die Kommission hat dieselbe aber ohne nähere Begründung und ohne von irgend welcher Seite einen Widerspruch zu erfahren auch auf die Einkaufs- und Verkaufskommission ausgedehnt, so daß sämtliche in Betracht kommende Handlungen, nämlich die Uebergabe fremder Papiere seitens eines Kommissionärs an einen Dritten (Bankier) zum Zwecke der Aufbewahrung, der Veräußerung, des Umtausches oder des Bezuges von Wertpapieren, Zins- oder Gewinnanteilscheinen sowie auch die Weitergabe einer Einkaufskommission von der gesetzlichen Verpflichtung des § 8 l. c. erfaßt wurden, welche dahin geht, daß der Kommissionär in allen diesen Fällen dem Dritten mitzuteilen hat, daß die Papiere fremde seien bzw. daß die Anschaffung für fremde Rechnung geschehe. Die Rechtsfolge dieser Mitteilung ist dahin festgesetzt, daß der Empfänger derselben an den übergebenen oder neu beschafften Papieren nicht mehr im vollen Umfange wie bisher ein Pfandrecht oder Zurückbehaltungsrecht wegen aller Forderungen gegen seinen Kommittenten (Provinzialbankier) haben solle, sondern daß dieses Recht nur wegen solcher Forderungen solle ausgeübt werden können, welche bezüglich der übergebenen oder neu beschafften Papiere an den Auftraggeber entstanden sind. Es wurde das Pfandrecht des Zentralbankiers auf konnexe Forderungen beschränkt.

Voraussetzung der Verpflichtung ist, daß die Papiere fremde sind und Voraussetzung der Beschränkung des Pfandrechts, daß dieselben als fremde bezeichnet wurden.

Im Falle der Geltendmachung des Selbsteintrittsrechts seitens des Kommissionärs fällt die Verpflichtung daher von selbst weg.

Es ergibt sich von selbst, daß, wenn der Kommissionär die Papiere als eigentliches dep. irregulare in Verwahrung hat und er demzufolge Eigentümer derselben wurde, von dem Bestehen dieser Verpflichtung nicht gesprochen werden kann. Ganz allgemein dann schon die Verpflichtung als ausgeschlossen zu erachten, wenn der Kommissionär sich die Ermächtigung nach Maßgabe des § 2 l. c. erteilen ließ, halten wir trotz der unzweideutigen Ausdrucksweise der Begründung[1]) des Entwurfs für bedenklich. Nach der im Früheren vertretenen Anschauung, daß bei § 2 l. c. zwei Fälle, nämlich der Fall eines **depositum irregulare** und der eines modifizierten **dep. regulare** zu unterscheiden seien, muß auch für die Anwendung des § 8 l. c. daran festgehalten werden, daß, wenn die Ermächtigung lediglich auf Begründung eines modifizierten **dep. regulare** abzielt, die Papiere als fremde zu betrachten sind und deshalb die Mitteilungspflicht gegeben ist. Nur im Falle des eigentlichen **dep. irregulare** ist dieselbe selbstredend ausgeschlossen.

[1]) S. Begründung S. 102; v. Pechmann a. a. O. S. 38.

Die Papiere müssen aber auch als fremde bezeichnet sein, damit für den Zentralbankier die seine bisherigen Rechte beschränkende Folge eintrete. Auf die Form, in welcher die Bezeichnung erfolgt, kommt nichts an, wenn nur unzweideutig der fremde Charakter der Papiere zum Ausdrucke gekommen ist. Ob die Angabe „in Kommission" diesen Charakter genügend klar bezeichnet, ist Thatfrage. In der Regel dürfte die Frage zu bejahen sein.[1])

Was den Inhalt der vom Gesetzgeber aufgestellten Verpflichtung betrifft, so läßt sich nicht leugnen, daß derselbe eine ganz gewaltige Belastung des Zentralbankiers neben einer Verschlechterung seiner Rechtsstellung mit sich bringt. Denn die nach § 8 l. c. gemachte Mitteilung macht es eigentlich notwendig, über jeden als fremd bezeichneten Bestand von Wertpapieren einen eigenen Depotkonto zu eröffnen und ebensoviele gesonderte Geldkonti anzulegen. Die Durchführung dieses Verfahrens scheitert jedoch an verschiedenen Schwierigkeiten. Der Provinzialbankier wird sich nicht gerne herbeilassen können, die Namen seiner Kunden zu benennen, da er Gefahr läuft dieselben zu verlieren. Insbesondere müssen sich bei sogenannten Sammelaufträgen, durch welche mehrere Kommissionsgeschäfte gleichzeitig ausgeführt werden, Verwickelungen ergeben. Noch weniger aber läßt sich ein solches Verfahren, das eine so vielfältige Buchung bedingt, mit dem ausgedehnten Kontokorrentverkehr in Einklang bringen. Allen diesen Schwierigkeiten kann der Zentralbankier nur dadurch begegnen, daß er sich von seinem Auftraggeber eine Ermächtigung im Sinne des § 2 des Bankdepotgesetzes erteilen läßt. Dieses Verlangen führt wieder dazu, daß der Lokalbankier auch seinerseits die gleiche Ermächtigung vom Kunden sich einräumen läßt. Auf diese Weise wird ein Zustand herbeigeführt, der vom Gesetzgeber kaum herbeigeführt werden wollte, indem die Bankiers indirekt gezwungen werden, sich Ermächtigungen ausstellen zu lassen, während doch die unverkennbare Absicht des Gesetzgebers dahin ging, das depositum regulare möglichst lange und in möglichst weitem Umfange aufrecht zu erhalten. In der That hat das Gesetz auch bereits kurze Zeit nach dessen Veröffentlichung zu einem vereinigten Vorgehen einzelner Banken geführt, die Eröffnung einer Mehrheit von Konti abzulehnen und nur zwei Depotkonti anzulegen, von denen das eine für diejenigen Effekten bestimmt ist, an welchen der Bankier ein Pfandrecht hat, das zweite die als fremd bezeichneten Papiere aufzunehmen hat. Die letzteren Papiere sind nicht geeignet als Unterlage für irgend welche Art von Kredit zu dienen.

Interessant ist die Frage, wer das Dispositionsrecht über die vom Provinzialbankier als fremd bezeichneten Papiere besitze. Das Eigentum an diesen Papieren steht ohne Zweifel dem Kunden zu;

---

[1]) a. M. Rießer a. a. O. S. 44 Anm. 1.

allein dieser ist dem Zentralbankier nicht namentlich bezeichnet. Der Zentralbankier steht auch nur mit dem Provinzialbankier in einem Rechtsverhältnisse.

Man muß daher notwendig zu dem Ergebnisse kommen, daß der Provinzialbankier auch bezüglich der als fremd bezeichneten Papiere das Verfügungsrecht hat. Allerdings ist der Provinzialbankier durch den Auftrag seines Kunden gebunden nur diesem Auftrage entsprechend zu handeln, allein dieser Auftrag hat nur eine Wirkung unter den Kontrahenten, läßt aber trotzdem den Provinzialbankier, auch wenn er das Mandat überschreitet, nach außenhin als Mandatar des Kunden und darum zur Disposition befugt erscheinen. Dieses interne Vertragsverhältnis zwischen dem Provinzialbankier und dem Kunden entzieht sich vollständig der Kenntnis des Zentralbankiers. Der letztere hat daher nicht die Pflicht eine allenfallsige Verfügung des Provinzialbankiers auf ihre rechtliche Zulässigkeit zu prüfen; eine Verfügung seitens desselben hat vielmehr dem Zentralbankier gegenüber im allgemeinen die Vermutung der Zulässigkeit für sich. Man wird in konsequenter Durchführung dieser Auffassung mit Rießer der Anschauung sein müssen, dem Zwischenbankier sogar prinzipiell die Befugnis einzuräumen, zu bestimmen, daß die einmal in das Depot für fremde Papiere eingelegten Effekten nunmehr in das Depot der eigenen Papiere zu übertragen seien.[1])

Der Zentralbankier kann ja nicht wissen, ob nicht der Kunde inzwischen eine diesbezügliche Ermächtigung ausgestellt hat. Der Zentralbankier wird daher in einem solchen Falle in der Regel befugt sein, anzunehmen, daß der Verfügung des Zwischenbankiers eine entsprechende Erlaubnis seitens des Kunden zu Grunde liegt. Anders dürfte zu entscheiden sein, wenn der Depositar mit Grund annehmen kann, daß eine Ermächtigung zur beabsichtigten Verfügung seitens des Deponenten bzw. Mandanten nicht vorliegt, wenn also auf seiten des Depositars der gute Glaube mangelt, daß die Papiere dem Provinzialbankier gehören oder daß derselbe wenigstens nunmehr zur Verfügung berechtigt sei.[2]) Handelt der Zwischenbankier ohne besondere ermächtigende Vereinbarung, so macht er sich strafrechtlich verantwortlich. Der Zentralbankier kann aber ohne Grund nicht annehmen, daß sein Auftraggeber im gegebenen Falle eine rechtswidrige strafbare Handlung begehe. Würde der Zwischenbankier zu befürchten haben, daß der Zentralbankier seiner Anordnung die Papiere von dem einen Depot in das andere zu transferieren, nicht nachkommen werde, so könnte er auf einem Umwege seinen Zweck gleichwohl erreichen, wenn er die Papiere aus dem Depot

---

[1]) S. Rießer a. a. O. S. 50.
[2]) S. R.G.E. f. C.S. Bd. 41 S. 35.

der fremden Papiere herausverlangt und demnächst die gleichen Papiere, ohne anzugeben, daß sie fremde seien, in das eigene Depot gibt.

Gleichwohl hat auch der Eigentümer der Papiere gegenüber dem Zentralbankier gewisse Rechte. Sind die Papiere noch in dessen Besitz, so kann er sie vindizieren. Ob er sich dem Zentralbankier gegenüber genügend als Eigentümer ausweisen kann, ändert an dem Rechte hierzu nichts. Hat der Zentralbankier im Falle einer Verkaufskommission den Erlös bereits an den Zwischenbankier abgeführt, so hat der Kommittent nur gegenüber dem Zwischenbankier eine Forderung auf Herausgabe des Erlöses. Hat der Zentralbankier den Erlös aus einem bethätigten Verkaufe noch in Händen, so kann der Kunde denselben vom Zentralbankier unmittelbar herausverlangen, ohne daß dieser ein Kompensationsrecht mit Forderungen gegen den Provinzialbankier ausüben kann. Denn gleich den verkauften Papieren ist auch der Erlös für dieselben fremdes Geld und durch die erfolgte Mitteilung ist ihm der fremde Charakter auch bekannt geworden. Die Anwendung des § 47 der K.O. dürfte daher ausgeschlossen sein. Wenn auch der Zentralbankier an den Zwischenbankier rechtswirksam zahlen kann, so erfolgt eine solche Zahlung doch im Hinblicke auf die Kenntnis von dem Mandatsverhältnis zwischen dem Kommittenten und dessen Beauftragten an letzteren in seiner Eigenschaft als Beauftragten des Kommittenten.[1])

Es erübrigt noch die Weitergabe einer Einkaufskommission gesondert zu betrachten.

Von einer Weitergabe einer Einkaufskommission ist nur dann die Rede, wenn der Kommissionär dem Dritten gegenüber im eigenen Namen aber für fremde Rechnung handelt, nicht dagegen wenn er im eigenen Namen und für eigene Rechnung den durch die Kommission übernommenen Auftrag ausführt. Es ist daher keine Weitergabe einer Einkaufskommission im Sinne des Bankdepotgesetzes vorhanden, wenn der Kommissionär vom Selbsteintrittsrechte Gebrauch gemacht hat. In diesem Falle obliegt dem ausführenden Kommissionär auch nicht die in § 8 l. c. normierte Pflicht zur Mitteilung. Eine Weitergabe einer Einkaufskommission ist aber anzunehmen, sowohl wenn der Kommissionär einen Dritten beauftragt, für ihn zu kaufen, als auch wenn der Kommissionär selbst von einem Dritten in Ausführung der Kommission kauft, ohne das Selbsteintrittsrecht geltend gemacht zu haben.[2])

Es wurde vielfach die Frage aufgeworfen, ob die Mitteilungspflicht auch für solche Aufträge bestehe, welche an einen ausländischen

[1]) S. Stenglein a. a. O. S. 68.
[2]) v. Pechmann a. a. O. S. 41.

Bankier weiterbegeben wurden. Rießer hat die Frage bejaht,[1]) v. Pechmann verneint.[2]) Diese Frage hat im Geschäftsverkehr sicher nicht die Bedeutung, welche ihr von mancher Seite beigemessen wurde. Bei Beantwortung der Frage darf man das Verhältnis des deutschen Gesetzgebers zum Auslande nicht außer acht lassen. Rießer hat selbst eine ganze Reihe gewichtiger Bedenken gegen seine eigene Ansicht ins Feld geführt und unter diesen auch mit Recht betont, daß der Gesetzgeber über den Geltungsbereich seiner eigenen Gesetzgebung hinaus Gesetze mit verbindlicher Kraft nicht erlassen könne. Indes hat Rießer diesem Bedenken nicht die gebührende Bedeutung beigemessen. Für den genannten Schriftsteller ist der Gedanke allein maßgebend gewesen, daß die Mitteilungspflicht dem deutschen Kommissionär als solchem auferlegt sei, ohne Rücksicht darauf, woher er seine Papiere beziehe bzw. wohin er sie zur Aufbewahrung u. s. w. begebe. v. Pechmann hat rechtliche Gründe für seine Ansicht nicht angeführt.

Es ist richtig, daß der deutsche Kommissionär nach dem Wortlaute des Gesetzes zur Mitteilung nach § 8 l. c. ohne jegliche Modifikation oder Beschränkung verpflichtet und es kann dem Gesetzgeber auch nicht das Recht streitig gemacht werden, dem inländischen Bankier in seinem Geschäftsverkehre mit dem Auslande diese Pflicht aufzuerlegen und die Erfüllung dieser Pflicht mit entsprechenden Mitteln zu sichern. Es steht ihm auch gewiß zu, die Rechtsfolgen der Erfüllung oder Nichterfüllung der auferlegten Pflicht festzustellen. Dagegen liegt es außerhalb seines Machtbereiches, die an die Erfüllung dieser Pflicht im Inlande gebundenen Rechtsfolgen auch in der Person des ausländischen Bankiers rechtswirksam eintreten zu lassen. Der Gesetzgeber hätte demnach, wenn man die Allgemeinheit der Verpflichtung zur Mitteilung festhalten will, jedenfalls insoferne eine Verpflichtung normiert, welcher in den angedeuteten Fällen gar keine rechtserhebliche Bedeutung zukommt. Will man dem Gesetzgeber einen derartigen Willen zumuten, so kann man wohl an der Allgemeinheit der Verpflichtung festhalten. Anderenfalls erscheint es angezeigt eine Beschränkung eintreten zu lassen. Dem Gesetzgeber war es lediglich darum zu thun, durch die Mitteilung über das Eigentum an den Papieren dem Empfänger das ihm nach deutschem Rechte zustehende Pfandrecht in seinem Umfange zu beschneiden. Andere Wirkungen sollten bezüglich einer Modifikation des Pfandrechts nicht herbeigeführt werden. Ob also beispielsweise das ausländische Recht verschiedene Rechtswirkungen verbindet, wenn der Empfänger wußte oder nicht wußte, daß die übersendeten Papiere fremde seien, darauf kam dem Gesetzgeber nichts an. Man kann

---

[1]) a. a. O. S. 55.
[2]) a. a. O. S. 42.

deshalb auch nicht annehmen, daß er mit Rücksicht hierauf auf einer ausnahmslosen Erfüllung der Mitteilungspflicht bestehen wollte und zwar auch in dem Falle, wenn dieselbe für den Eintritt der im Inlande beabsichtigten Rechtswirkungen keinerlei Bedeutung beanspruchen kann.

Fremd sind die übergebenen Papiere auch dann, wenn der Kommittent den Kommissionär von der Uebersendung des Stückeverzeichnisses entbunden hat und für fremde Rechnung geschieht bei der Einkaufskommission die Anschaffung auch im Falle eines Verzichts auf die Uebersendung des Stückeverzeichnisses; man wird daher in beiden Fällen dazu kommen müssen, die Verpflichtung zur Mitteilung im Sinne des § 8 l. c. als gegeben zu erachten, wenn es auch vielleicht zweifelhaft sein kann, ob der Kommittent in diesem Falle den gesetzlichen Schutz verdient.[1])

Auf die Gestaltung des Aussonderungsrechts im Konkurse des Kommissionärs hat die erfolgte Mitteilung, daß die Anschaffung für fremde Rechnung geschehe, keinerlei rechtsändernden Einfluß. Hat der Zentralbankier den Auftrag ausgeführt und die angeschafften Papiere dem Provinzialbankier bereits ausgehändigt und der letztere den Besitz auf den Kommittenten übertragen, so ist der letztere Eigentümer geworden und kann daher vindizieren. Sind die Papiere noch im Besitze des Zentralbankiers, so kann der Kommittent auf Grund des Art. 368 Abs. 2 H.G.B. die Papiere für sich beanspruchen, da Forderungen aus einem Geschäfte, welches der Kommissionär abgeschlossen hat im Verhältnisse zwischen dem Komittenten und dem Kommissionär oder dessen Gläubigern, auch wenn die Forderungen an den Kommittenten nicht abgetreten sind, als Forderungen des Kommissionärs gelten. Hat aber der Kommissionär die Papiere vom Bankier bereits erhalten, aber seinerseits die Besitzübertragung an den Kommittenten nicht vorgenommen, so ist zunächst der Kommissionär Eigentümer geworden. Der obligatorische Anspruch des Kommittenten gegen den Zentralbankier ist erloschen und an dessen Stelle ein solcher gegen den Kommissionär getreten. Es kann der Kommittent in diesem Falle also nicht vindizieren, sondern nur seinen Anspruch zur Konkursmasse anmelden.

B.
Der strafrechtliche Inhalt des Bankdepotgesetzes.

§ 41.
Im allgemeinen.

Das Bankdepotgesetz hat sich nicht damit begnügt, verpflichtende Bestimmungen civilrechtlicher Natur aufzustellen und an die Nicht-

---

[1]) Pechmann a. a. O. S. 42.

erfüllung der auferlegten Pflichten civilrechtliche Nachteile zu knüpfen, sondern es hat auch einschneidende Strafvorschriften erlassen. Diese sind in den §§ 9—12 des Gesetzes enthalten und im wesentlichen von doppelter Art und Bedeutung. Sie dienen teils dazu, die durch das Depotgesetz neu eingeführten Ordnungsvorschriften im Interesse der Deponenten bzw. Kommittenten mit dem gehörigen Nachdrucke aufrecht zu erhalten, teils wollen dieselben unabhängig von besonderen, verpflichtenden Vorschriften empfundene Mängel des bisherigen Rechtszustandes beseitigen und stellen sich demnach als Ergänzungen des materiellen Strafrechts dar. Während die Bestimmungen der ersteren Art ein Thun in bestimmter Richtung dadurch herbeiführen wollen, daß sie ein Nichtthun bzw. Anderesthun unter Strafe stellen, haben die Bestimmungen der letzteren Art den Zweck ein bestimmtes Thun zu verhindern. Man kann die ersteren Bestimmungen präzeptive, letztere prohibitive (repressive) Bestimmungen nennen, wenn man damit ihren vorwiegenden Charakter bezeichnen will.

Gemeinsame Voraussetzung der Anwendung der Strafvorschriften des Depotgesetzes ist auf seiten des Thäters, daß er Kaufmann sein muß. Es handelt sich demnach durchwegs nicht um sogenannte delicta communia, sondern um delicta propria, die nur von einem bestimmten, wenn auch ausgedehnten Personenkreise begangen werden können. Unter Kaufmann ist jedoch nach § 13 l. c. nur der Vollkaufmann, nicht der sog. Kaufmann mindern Rechts zu verstehen. Hinsichtlich der allgemeinen Qualifizierung der aufgestellten Thatbestände insbesondere bezüglich der Strafbarkeit des Versuchs, der Frage der Verjährung der Strafverfolgung und Strafvollstreckung, des Antrags u. s. w. kommen die allgemeinen Bestimmungen des Strafgesetzbuches zur Anwendung, soweit nicht das Bankdepotgesetz abweichende Bestimmungen enthält.

§ 42.

Die Präzeptivbestimmungen des Bankdepotgesetzes.

Diese Bestimmungen finden sich in den §§ 10 und 12 Abs. 1 und 2 Ziff. 1 des Bankdepotgesetzes; auch die Satzung des § 9 Abs. 2 ist noch hierher zuzählen.

Im einzelnen ist Folgendes von Bedeutung:

Unter Strafe gestellt ist zunächst die Zuwiderhandlung gegen die Vorschriften der §§ 1, 3 und 5 des Gesetzes. Strafbar erscheint demnach nach § 10 l. c. die Aufbewahrung von Wertpapieren der der in § 1 bezeichneten Art ohne äußerlich erkennbare Trennung von den eigenen oder fremden Beständen; ferner die Unterlassung der Führung eines Depotbuches bzw. der ordnungsgemäßen Eintragung der im Gesetze vorgeschriebenen Merkmale; endlich die Unterlassung der gesetzlich vorgeschriebenen Uebersendung eines ordnungsgemäßen Stückeverzeichnisses, soferne nicht etwa ein rechtsgiltiger Verzicht auf dasselbe vorliegt. Der völligen Unterlassung kommt in allen Fällen die unvollständige Erfüllung der vorgeschriebenen Verpflichtungen gleich. Ob eine ungenügende Erfüllung vorliegt oder nicht, hat der Richter zu entscheiden. Die erwähnten Zuwiderhandlungen müssen vorsätzlich, d. h. mit dem Bewußtsein begangen sein, daß eine ihrem Handeln entgegenstehende Verpflichtung besteht. Trotz der Kenntnis der sämtlichen Thatbestandsmerkmale muß der Thäter die von ihm begangene Handlung gewollt haben. Die bloß fahrlässige Setzung des objektiven Thatbestandes macht daher nicht strafbar, da das Gesetz ausdrücklich dolus als Schuldform verlangt. Nach allgemeinen Grundsätzen steht der dolus eventualis dem dolus gleich. Die Bestrafung der genannten Zuwiderhandlungen ist aber noch an besondere Voraussetzungen geknüpft; eine solche kann nur eintreten, wenn der Thäter seine Zahlungen eingestellt hat oder über dessen Vermögen das Konkursverfahren eröffnet worden ist und hierdurch der Berechtigte bezüglich seines Anspruches auf Aussonderung einen Nachteil erlitten hat. Die Zahlungseinstellung oder Konkurseröffnung braucht in keinem Zusammenhange mit der Zuwiderhandlung zu stehen; sie ist lediglich ein Merkmal des subjektiven Thatbestandes, insoferne ein Kaufmann, der seine Zahlungen nicht eingestellt hat oder über dessen Vermögen der Konkurs nicht eröffnet ist, als ein untaugliches Subjekt der Begehung der genannten Delikte erscheint.

Die Strafvorschrift des § 10 ist in § 12 Abs. 1 und 2 Ziff. 1 auch auf die Mitglieder des Vorstandes einer Aktiengesellschaft oder eingetragenen Genossenschaft, den Geschäftsführer einer Gesellschaft mit beschränkter Haftung, sowie die Liquidatoren einer Handelsgesellschaft oder eingetragenen Genossenschaft für anwendbar erklärt, wenn die Gesellschaft oder Genossenschaft ihre Zahlungen eingestellt, oder wenn über deren Vermögen das Konkursverfahren eröffnet worden ist und wenn durch eine von den Mitgliedern des Vorstandes begangene Zuwiderhandlung der genannten Art der Berechtigte bezüglich seines Anspruches auf Aussonderung gegen die Gesellschaft oder Genossenschaft einen Nachteil erleidet.

Gemäß § 9 Abs. 2 unterliegt der Strafe des § 9 Abs. 1 derjenige Kommissionär, welcher der Vorschrift des § 8 des Bankdepotgesetzes zum eigenen Nutzen oder zum Nutzen eines Dritten vorsätzlich zuwiderhandelt. Auch diese Bestimmung hat in erster Linie den Zweck, eine Ordnungsvorschrift zur strikten Durchführung zu bringen und mit deren Erfüllung die civilrechtlichen Interessen des Kunden zu wahren, wenn auch durch Beifügung besonderer Voraussetzungen hier wie in den voraus erwähnten Fällen das Anwendungsgebiet derselben bedeutend eingeschränkt erscheint.

§ 43.

Die Ergänzung des materiellen Strafrechts durch das Bankdepotgesetz.

Das Reichsstrafgesetzbuch hatte nach den früher gemachten Ausführungen gerade bezüglich des für das Bankdepotgeschäft so wichtigen Thatbestandes der Unterschlagung mehrere Lücken aufgewiesen, indem nach bisherigem Rechte verschiedene an sich rechtswidrige Handlungen nicht oder nur unter bestimmten Voraussetzungen strafrechtlich gefaßt werden konnten. Dieser Mangel hatte sich wiederholt verhängnisvoll erwiesen und sollte darum durch eine entsprechende Ergänzung abgestellt werden. Der ergänzende Charakter der Bestimmung des § 9 ist im Gesetze selbst damit zum Ausdrucke gekommen, daß diese Gesetzesstelle nur dann Anwendung finden soll, wenn § 246 St.G.B. nicht ausreicht. Strafbar ist daher ein Kaufmann, der über Papiere, welche ihm zur Verwahrung oder als Pfand übergeben sind, oder welche er als Kommissionär für den Kommittenten in Besitz genommen hat, rechtswidrig zu seinem eigenen Nutzen oder zum Nutzen eines Dritten verfügt, zunächst auf Grund der bereits bisher in Geltung gewesenen und in ihrem Fortbestand nicht alterierten Bestimmungen des Reichsstrafgesetzbuches. Es können aber insbesonder Fälle der Verpfändung fremder Wertpapiere, die sich nicht als Unterschlagung im technischen Sinne erweisen, als Depotveruntreuung nach § 9 des Depotgesetzes strafbar sein. Der Wortlaut des § 9 l. c. ist viel allgemeiner und läßt darum eine viel ausgedehntere Anwendung zu als § 246 des Reichsstrafgesetzbuches. Das Strafgesetzbuch bezeichnet als Ausführungshandlung die rechtswidrige Zueignung, das Depotgesetz die rechtswidrige Verfügung. Jede Zueignung ist zwar eine Verfügung, aber nicht jede Verfügung eine Zueignung; damit erweist sich die Verfügung als der weitere Begriff. Eine noch weitere Anwendungsmöglichkeit ist dem § 9 des Depotgesetzes dadurch gesichert, daß derselbe nicht bloß die rechtswidrige Verfügung zum eigenen Nutzen, sondern auch die zu fremdem Nutzen unter Strafe stellt. Immerhin muß aber, wie aus der Begründung des Gesetzentwurfes sich ergibt, die Verfügung eine Verfügung über das Eigentum sein, also das Eigentum berühren.[1]) Die Benützung anvertrauter Aktien zur Ausübung des Stimmrechts in der Generalversammlung soll nach dem Entwurfe nicht als eine rechtswidrige nach § 9 l. c. strafbare Verfügung angesehen werden.[2])

Unter den in § 9 Abs. 3 l. c. angeführten Voraussetzungen tritt die Strafverfolgung nur auf Antrag des Verletzten ein. Diese

---

[1]) S. Stenglein a. a. O. S. 69.
[2]) Begründung S. 110.

Bestimmung schließt sich an § 247 des R.St.G.B. an, welches auch für die Anwendung der weiteren Grundsätze maßgebend ist.

Der Thatbestand des in § 9 geregelten Deliktes stellt sich nach der hierfür angedrohten Strafe als Vergehen dar.

Derselbe wird aber zum Verbrechen im engeren Sinne, wenn die Voraussetzungen des § 11 des Gesetzes gegeben sind. Dieser verlangt als begriffliches Merkmal nicht bloß eine rechtswidrige Verfügung, sondern einen Zueignungsakt. Außerdem muß der Thäter seine Zahlungen eingestellt haben oder es muß über das Vermögen desselben das Konkursverfahren eröffnet worden sein; zugleich muß der Thäter im Bewußtsein seiner Zahlungsunfähigkeit oder Ueberschuldung gehandelt haben. Hierdurch unterscheidet sich das Delikt von dem des betrüglichen Bankerutts, welches die Absicht die Gläubiger zu benachteiligen erfordert. Die für das Verbrechen des § 11 l. c. festgesetzte Strafe ist Zuchthaus von 1—15 Jahren; jedoch sind mildernde Umstände vorgesehen. Dieselbe Strafe trifft gemäß § 12 Abs. 2 Ziff. 2 die in § 12 Abs. 1 l. c. bezeichneten Personen, wenn sie im Bewußtsein der Zahlungsunfähigkeit oder Ueberschuldung der Gesellschaft oder Genossenschaft fremde Wertpapiere der im Gesetze näher bezeichneten Art sich rechtswidrig zugeeignet haben.

§ 44.

C.

Die Wirkungen des Bankdepotgesetzes.

Die strengen Vorschriften des Gesetzes bezüglich der gesonderten Aufbewahrung von Wertpapieren haben ohne Zweifel dazu geführt, das Eigentumsrecht des Deponenten bezw. Kommittenten völlig klar zu stellen. Damit wurde dem Publikum ein großer Dienst erwiesen. Andererseits aber hat das Gesetz bewirkt, daß von der Bestimmung des § 2 l. c. ein sehr umfassender Gebrauch gemacht wird, indem die Banken und Bankinstitute sich häufig die dort vorgesehene Ermächtigung erteilen lassen. Das reguläre Depot hat damit nicht zugenommen, sondern abgenommen. Diese Thatsache ist ein Beweis, daß bisher manche Häuser auch im Falle der Begründung eines regulären Depots sich nicht so gebunden fühlten als seit Erlassung des Depotgesetzes, obgleich das letztere für das reguläre Depot keine neuen Bestimmungen schuf, sondern lediglich aus den bisherigen Rechtsgrundsätzen diejenigen praktischen Forderungen ableitete, welche die soliden Häuser längst gezogen hatten. Mögen manche Bankkreise die Erlassung des Gesetzes auch als ein Mißtrauensvotum erachten, das sie nicht verdient, so ist andererseits doch nicht zu vergessen, daß dasselbe auch den soliden Häusern insoferne einen Dienst erwies, als es ein unsolides Gebahren mancher Firmen unmöglich macht oder wenigstens als strafbar erscheinen läßt. Insoferne ist das Gesetz dem ganzen Bankierstande zu statten gekommen.

Wenn das reguläre Depot zurückgegangen ist, so ist dieser Rückgang vielleicht zum großen Teil auf solche reguläre Depots zu beziehen, welche bisher nicht immer als solche behandelt wurden. Unter allen Umständen ist es besser, wenn der Deponent weiß, daß über das Depot seitens des Depositars Verfügungsrechte beansprucht und ausgeübt werden, als wenn er dasselbe jedem Zugriffe entzogen glaubt, dasselbe aber trotzdem auf Grund einer abweichenden Rechtsanschauung mehr oder weniger als dep. irregulare behandelt wird. Daher kann auch der Erteilung der Ermäßigung im Sinne des § 2 des Gesetzes, auch wenn von derselben ein häufigerer Gebrauch gemacht wird als erwartet und gewünscht würde, eine günstige Wirkung nicht abgesprochen werden. Der Deponent wird wenigstens auf die Tragweite seines Handelns aufmerksam und kann sich dann, wenn die Geschäftsbedingungen eines Instituts ihm nicht zusagen, auf eine andere Weise das Eigentum an seinen Papieren sichern (verschlossenes Depot, Mieten eines Safe's).

Erteilt er die von ihm erlangte Ermächtigung, so weiß er von vornherein, daß er nur einen obligatorischen Anspruch gegenüber dem Depositar besitzt, also auf die Leistungsfähigkeit desselben angewiesen ist.

Mit der vollständigen Klarlegung der Eigentumsverhältnisse ist auch das Aussonderungsrecht des Deponenten bzw. Kommittenten im Konkurse des Depositars bzw. Kommissionärs zwar nicht rechtlich erweitert, wohl aber auf eine festere Basis gestellt worden. Die Regelung des Aussonderungsrechts war auch nicht der primäre Zweck der Bestimmungen des neuen Gesetzes, sondern lediglich die Sorge für sichere und zweifelhafte Aufbewahrung für den Deponenten. Notwendig mußten aber Vorschriften, welche den letzteren Zweck in geeigneter Weise erreichten, auch für das Aussonderungsrecht eine günstige Wirkung ausüben.

Dritter Abschnitt.

Das Bankdepotgeschäft nach dem bürgerlichen Gesetzbuche und dem neuen Handelsgesetzbuche.

§ 45.

Die einschlägigen Bestimmungen des bürgerlichen Gesetzbuches.

Mit dem Inkrafttreten des bürgerlichen Gesetzbuches für das deutsche Reich tritt eine großartige Veränderung unseres ganzen jetzigen Rechtszustandes ein. Es erhebt sich daher die Frage, ob und inwieweit auch das Recht der Bankdepotgeschäfte von dieser Veränderung mitergriffen wird.

Nach Art. 32 des Einführungsgesetzes zum bürgerlichen Gesetzbuche bleiben die Vorschriften der Reichsgesetze in Kraft. Sie treten nur soweit außer Kraft, als sich aus dem bürgerlichen Gesetzbuche selbst oder der Einführungsgesetze hierzu die Aufhebung ergibt. Das Einführungsgesetz zum bürgerlichen Gesetzbuche enthält keine Bestimmung, welche auf unseren Gegenstand Bezug hätte Die Bestimmungen des Bankdepotgesetzes vom 5. Juli 1896 bleiben daher insoweit unberührt als dieselben nicht im Widerspruche mit den Vorschriften des bürgerlichen Gesetzbuches oder etwa denen des Handelsgesetzbuches vom 10. Mai 1897 als eines späteren Reichsgesetzes stehen.

Das Bankdepotgesetz hat nach seinem ganzen Zwecke keineswegs die grundlegendeu materiellen Sätze der einschlägigen Rechtsinstitute verändern wollen, sondern auf der Grundlage des hierfür geltenden bisherigen Rechtes praktische Folgerungen gezogen und diese zum Inhalte von Ordnungsvorschriften gemacht. Das Bankdepotgesetz hat weder die Grundsätze noch den Begriff der Verwahrung, der Verpfändung oder der Kommission neugeregelt, sondern vielmehr deren Sinn und Geltung aus dem allgemen Civilrechte übernommen. Mit der Änderung des allgemeinen Civilrechtes tritt auch eine Aenderung dieser Grundlagen ein; der Inhalt des Bankdepotgesetzes selbst aber bleibt unberührt. Im bürgerlichen Gesetzbuche ist der Verwahrungsvertrag und der Pfandvertrag neugeregelt worden. Mit dem Infrafttreten dieses Gesetzbuches treten daher die Bestimmungen desselben über Verwahrung nnd Verpfändung an Stelle der bisherigen auch für die Bankdepotgeschäfte.

Die Grundsätze des Verwahrungsvertrags sind in den §§ 688 bis 700 des B.G.B. enthalten. Dieselben weichen in mehrfacher Beziehung prinzipiell von denen des gemeinen Rechtes ab.

Der Verwahrungsvertrag [1]) ist gleich dem römisch-rechtlichen Depositum insoferne Realvertrag, als die vertragsmäßigen Verbindlichkeiten des Depositars bezüglich der deponierten Sache erst mit der thatsächlichen Hingabe der Sache begründet werden [2]). Der Verwahrungsvertrag ist nicht mehr unentgeltlich, sondern er gilt im Zweifel als entgeltlich, wenn nach den Umständen die Aufbewahrung nur gegen eine Vergütung zu erwarten war. Im wesentlicheu Zusammenhang mit der prinzipiellen Entgeltlichkeit des Vertrags steht

[1]) S. v. Buchka, Vergleichende Darstellung des Bürgerlichen Gesetzbuches und des Gemeinen Rechts S. 128 ff., Berlin 1897; Krückmann, Institutionen des bürgerl. Gesetzbuches S. 95, Göttingen 1898.

[2]) B.G.B. § 688.

die verschiedene Regelung der Haftung. Nach gemeinem Rechte hatte der Verwahrer mit Rücksicht auf die Unentgeltlichkeit seiner Besorgung lediglich für **dolus** oder **culpa lata** bezw. **diligentia quam suis rebus adhibere solet** aufzukommen, der Standpunkt der Entgeltlichkeit nach dem B.G.B. bringt es notwendig mit sich, denselben für **omnis diligentia** verantwortlich zu machen. Das B.G.B. bestimmt in seinem § 276 ganz allgemein, daß der Schuldner, sofern nichts Anderes bestimmt ist, Vorsatz und Fahrlässigkeit zu vertreten habe. Ein geringerer Grad der Haftung tritt ein, wenn die Aufbewahrung unentgeltlich übernommen wurde. In diesem Falle ist die Haftung die **diligentia in concreto** des römischen Rechtes. Grobe Fahrlässigkeit darf sich der Verwahrer aber auch in diesem Falle nicht zu schulden kommen lassen.

Im Gegensatze zum gemeinen Rechte ist der Verwahrer nicht befugt, die hinterlegte Sache bei einem Dritten zu hinterlegen. Nach § 692 l. c. ist dem Verwahrer gestattet, die vereinbarte Art der Aufbewahrung zu ändern, wenn er annehmen kann, daß der Hinterleger bei Kenntnis der Sachlage mit der Aenderung einverstanden sein werde. Der Verwahrer hat jedoch vor der Aenderung dem Hinterleger Anzeige zu machen und wenn nicht Gefahr auf Verzug besteht, dessen Entschließung abzuwarten. Die Rückforderung kann jederzeit erfolgen und selbst wenn eine Zeit zur Rückgabe bestimmt war, kann vorzeitige Rückgabe verlangt werden, wenn ein wichtiger Grund vorliegt. Die Vornahme einer Kompensation oder Retention seitens des Verwahrers gegenüber dem Hinterleger ist nicht ausgeschlossen, daher nach den allgemeinen Grundsätzen über Aufrechnung und Zurückbehaltung zulässig. Am wichtigsten sind für unseren Zweck die Bestimmungen über Hinterlegung vertretbarer Sachen. Insbesondere ist die Stellungnahme des Gesetzes zu der Frage interessant, ob das **dep. irregulare** als **depositum** oder als **mutuum** zu erachten sei. Der Begriff des **dep. irregulare** ist aufrecht erhalten. Es ist hierunter wie im römischen Rechte die Hinterlegung von vertretbaren Sachen mit der Verabredung zu verstehen, daß der Verwahrer nicht die hinterlegten Stücke in **natura**, sondern nur **tautundem ejusdem generis** zurückzugeben brauche. Die Verabredung kann mangels einer besandern Bestimmung im allgemeinen sowohl ausdrücklich als stillschweigend geschehen. Die Hinterlegung von Bargeld ohne besondere Bestimmung bezüglich der Art der Verwahrung wird daher im Zweifel als **depositum irregulare** zu erachten sein. Nur bezüglich der Hinterlegung von Wertpapieren ist in Uebereinstimmung und im Anschluß an die Grundsätze des Bankdepotgesetzes gefordert, daß die Vereinbarung, der Verwahrer brauche nur Sachen von gleicher Art, Güte und Menge zurückzugeben, nur dann giltig sein solle, wenn sie ausdrücklich getroffen werden. Im Bankdepotgesetze ist verlangt, daß die Vereinbarung (Ermächtigung) ausdrücklich und schriftlich zu geschehen habe. Durch das Bürgerliche Gesetzbuch ist diese Bestimmung bezüglich des Erfordernisses der Schriftlichkeit keineswegs derogiert.

Im Bankdepotgesetze ist lediglich die Art der Ausdrücklichkeit noch besonders hervorgehoben. Die spätere allgemeine Bestimmung des bürgerlichen Gesetzbuches hebt die frühere spezielle schon nach allgemeinen Rechtsgrundsätzen nicht auf.

In den früheren Ausführungen wurde der Anschauung entgegengetreten, daß das dep. irregulare nach römischem und gemeinem Rechte nichts Anderes als ein Darlehen sei. Es wurde jedoch zugegeben, daß der Begriff des irregulären Depositum im Laufe der Zeit immer mehr dem Darlehen sich genähert habe. In der That ist der Unterschied durch die moderne Entwickelung des Bankdepotgeschäftes auf ein Minimum zurückgeführt, so daß das bürgerliche Gesetzbuch die Grundsätze über das Darlehen im wesentlichen auf dasselbe für anwendbar erklärt. Gleichwohl ist damit keineswegs dargethan, daß der Gesetzgeber jeden Unterschied zwischen beiden Instituten leugnet, noch weniger daß überhaupt kein Unterschied besteht. Der wirtschaftliche Zweck ist und bleibt bei beiden Geschäften ein verschiedener. Durch die begriffliche vollkommene Gleichstellung der beiden Institute würde der Zweck und die rechtliche Absicht der Parteien vollständig verkannt[1]). Wir nehmen nicht an, daß dem Gesetzgeber die im Früheren bereits betonten Unterschiede entgangen sind, sondern glauben vielmehr, daß derselbe diese ganz entsprechend gewürdigt habe. Der Gesetzgeber erachtet den Zeitpunkt als gegeben, in welchem die beiden Institute trotz des verschiedenen Zweckes und des verschiedenen Ausganges der Entwickelung sich in ihrer äußern Erscheinung bereits derart genähert haben, daß es nicht mehr angezeigt erscheint, in der rechtlichen Regelung einen Unterschied zu machen. Dieser Anschauung kann man vollständig beitreten und dabei trotzdem der Meinung sein, daß ein thatsächlicher wirtschaftlichen Unterschied bestehe. Auch der Gesetzgeber ist sich dessen voll und ganz bewußt. Er bringt dies damit zum Ausdrucke, daß er in § 700 des Gesetzbuches lediglich sagt, es kommen die Vorschriften über das Darlehen zur Anwendung: er sagt nicht, daß der Vertrag in diesem Falle begrifflich Darlehen sei. Der Gesetzgeber unterscheidet zwei Fälle eines irregulären Depositum. In dem ersten Falle ist von vornherein die Absicht der Parteien auf Eigentumsübertragung gerichtet, in dem zweiten Falle tritt das Moment der Hinterlegung schärfer hervor und ist mit der Hinterlegung lediglich eine Vereinbarung verbunden, wonach es dem Verwahrer gestattet sein soll, die hinterlegten Sachen zu verbrauchen. Der erstere Ver-

[1]) S. Rießer a. a. O. S. 23 Anm. 4.

trag steht dem Darlehen bereits sehr nahe. Im zweiten Falle sind die Grundsätze über das Darlehen aber erst mit dem Momente der Aneignung für anwendbar erklärt. Erst von diesem Momente an steht die letztere Art der Hinterlegung der ersteren vollständig gleich, ist daher auch gleich dieser zu behandeln.

Immerhin erkennt aber auch das bürgerliche Gesetzbuch noch einen wichtigen Unterschied zwischen dem irregulären Depositum und dem Darlehen an, der auch heute noch die selbständige Stellung und die Eigenart des **depositum irregulare** bestehen läßt.

Dieser Unterschied besteht darin, daß im Zweifel Zeit und Ort der Rückgabe sich nach den Vorschriften über den Verwahrungsvertrag bestimmen.

Im Zweifel kann sohin der Hinterleger gemäß § 696 l. c. die Rückgabe der Sache jederzeit ohne Kündigung verlangen; der Verwahrer ist aber nicht verpflichtet, dem Hinterleger die Sache zu bringen.

Was die rechtliche Neuregelung der Verpfändung[1]) anbelangt, so ist dieselbe mehr als die der Verwahrung im Anschlusse an das gemeine Recht erfolgt. In Frage kommt lediglich die Verpfändung beweglicher Sachen. Zur Bestellung des Pfandrechts ist erforderlich, daß der Eigentümer die Sache dem Gläubiger übergibt und beide darüber einig sind, daß ein Pfandrecht begründet werden soll. Pfandrecht an beweglichen Sachen ist daher nur in der Form des Faustpfandrechts möglich. Eine Besitzesübergabe ist in 3 Fällen nicht notwendig:

1. Wenn der Gläubiger bereits im Besitze der Sache ist, so genügt allein die Einigung über die Entstehung des Pfandrechts.
2. Wenn der Eigentümer im mittelbaren Besitze seiner Sache ist, so genügt die Uebertragung dieses mittelbaren Besitzes auf den Gläubiger in Verbindung mit der Anzeige der Verpfändung an den Besitzer zur Begründung des Pfandrechts.
3. Wenn die zu verpfändende Sache sich unter dem Mitverschlusse des Gläubigers befindet oder falls diese Sache im Besitze eines Dritten ist, die Herausgabe jedoch nur an den Eigentümer und den Gläubiger gemeinschaftlich erfolgen kann, ist die Einräumung des Mitbesitzes hinreichend.

Gerade die letztere Bestimmung kann bei den heutigen Bankeinrichtungen häufig praktisch werden.

Das bürgerliche Gesetzbuch teilt nach dem Gesagten den Standpunkt des bisherigen Rechts, wonach ein Pfandrecht durch constitutum possessorium nicht begründet werden kann. Auf die Verpfändung einer fremden Sache finden die Grundsätze über den Er-

---

[1]) S. Krückmann a. a. O. S. 273; Buchka a. a. O. S. 238 ff.

werb des Eigentums durch Veräußerung von seiten des Nichteigentümers analoge Anwendung. Der Pfandgläubiger ist zur Verwahrung des Pfandes verpflichtet. Das Pfandrecht ist wie im gemeinen Rechte ein accessorisches Recht, setzt demnach das Bestehen eines Forderungsrechtes voraus; jedoch kann ein Pfandrecht auch für eine künftige oder bedingte Forderung bestellt werden. Im Gegensatze zum gemeinen Rechte bildet eine **obligatio naturalis** keine genügende Grundlage für ein Pfandrecht. Die accessorische Natur des Pfandrechts bringt es mit sich, daß dasselbe nicht ohne die Forderung übertragen werden kann, aber auch daß es mit der Uebertragung der Forderung von selbst auf den neuen Gläubiger übergeht, sofern nicht der Uebergang des Pfandrechts durch Verabredung ausgeschlossen wird. Das Pfandrecht erlischt mit dem Untergange der Forderung, jedoch nicht mit der Verjährung derselben. Die Befriedigung des Pfandgläubigers durch den Verpfänder, der nicht zugleich persönlicher Schuldner ist, hat nicht den Untergang der Forderung, sondern lediglich den Uebergang derselben samt dem Pfandrechte auf den Verpfänder zur Folge. Das Pfandrecht erlischt ferner durch Rückgabe des Pfandgegenstandes, durch Aufgabe des Pfandrechts, endlich durch Zusammentreffen des Eigentumsrechtes und Pfandrechtes in einer und derselben Person. Unter gewissen Umständen treten jedoch einzelne Modifikationen der aufgestellten Sätze ein. Ist das Pfandrecht erloschen, so ist der Pfandgläubiger verpflichtet, dem Verpfänder den Pfandgegenstand zurückzugeben. Ein Retentionsrecht kann der Pfandgläubiger nach dem Erlöschen des Pfandrechtes wegen sonstiger ihm dem Verpfänder gegenüber zustehender Forderungen abweichend vom gemeinen Rechte nicht geltend machen.

§ 46.

Das Kommissionsgeschäft nach dem neuen Handelsgesetzbuche.

Der bereits früher erörterte Zusammenhang des Bankdepotgeschäftes mit dem kaufmännischen Kommissionsgeschäfte macht es notwendig, auch die neueste Regelung des letzteren kurz zu berücksichtigen und insbesondere das Verhältnis dieser Neuregelung zum bisherigen Rechte festzustellen.

Die umfassende Regelung und Neugestaltung des gesamten Privatrechtes durch das bürgerliche Gesetzbuch hatte auch eine eingehende Revision des allgemeinen deutschen Handelsgesetzbuches zur notwendigen Folge. Letzteres wurde bei dieser Gelegenheit einer neuen Redaktion unterzogen und einzelne Materien ergänzt oder den geänderten Verhältnissen und deren Anforderungen entsprechend verbessert. Dabei wurden zugleich *prinzipielle* Änderungen von größter Tragweite vorgenommen.

Bezüglich des Eintrittsrechts des Kommissionärs verhält es sich folgendermaßen:

Bereits durch das Börsengesetz vom 22. Juni 1896 war das Selbsteintrittsrecht des Kommissionärs neugeregelt worden, indem an Stelle des Art. 376 des Allgemeinen deutschen Handelsgesetzbuches die Bestimmungen der §§ 71 bis 74 des Börsengesetzes traten. Die letzteren Bestimmungen sind fast wörtlich in die §§ 400 bis 405 des neuen Handelsgesetzbuches übergegangen. Lediglich § 405 Abs. 3 enthält eine neue Vorschrift über den Widerruf der Kommission durch den Kommittenten, die sich an den Grundsatz des § 671 Abs. 1 des Bürgerlichen Gesetzbuches anschließt, wonach ein Auftrag prinzipiell jederzeit widerrufen werden kann. Im übrigen erscheint der rechtliche Inhalt der Sätze über das Kommissionsgeschäft, zumal soweit derselbe für das Bankdepotgeschäft von Bedeutung ist, nicht wesentlich verändert.

Insbesondere ist die wichtige Bestimmung des Art. 368 des bisherigen Handelsgesetzbuches wörtlich in § 392 des neuen Handelsgesetzbuches übergegangen. Der Kommissionär wird daher auch fernerhin zunächst selbst Eigentümer und es bedarf eines besonderen Uebereignungsaktes zur Uebertragung des Eigentums auf den Kommittenten. Hierzu ist aber nicht körperliche Tradition erforderlich, sondern es genügt gemäß § 930 B.G.B., daß zwischen dem Kommissionär und dem Kommittenten (Erwerber) ein Rechtsverhältnis (Verwahrungsvertrag) vereinbart wird, vermöge dessen der Erwerber den mittelbaren Besitz erlangt. Die Voraussetzungen und die Art des Uebergangs des Eigentums sind daher künftig einheitlich geregelt; die Verschiedenheit des gemeinen Rechts und des Allgemeinen Preußischen Landrechts bezüglich des constitutum possessorium und dessen Vollziehung sind beseitigt.

Das Kommissionsgeschäft in Wertpapieren ist auch unter der Herrschaft des Bürgerlichen Gesetzbuches und des neuen Handelsgesetzbuches nach den abweichenden Vorschriften des Bankdepotgesetzes vom 5. Juli 1896 zu beurteilen, da dessen spezielle Vorschriften durch die späteren allgemeinen Bestimmungen nicht berührt wurden.

Anhang.

I.

Zusammenstellung

des

Entwurfs eines Gesetzes, betreffend die Pflichten der Kaufleute bei Aufbewahrung fremder Wertpapiere

— Nr. 14 der Drucksachen —

mit den

Beschlüssen der IX. Kommission.

Vorlage.	Beschlüsse der IX. Kommission.
Entwurf eines Gesetzes, betreffend **die Pflichten der Kaufleute bei Aufbewahrung fremder Wertpapiere.**	**Entwurf eines Gesetzes,** betreffend **die Pflichten der Kaufleute bei Aufbewahrung fremder Wertpapiere.**
Wir **Wilhelm,** von Gottes Gnaden Deutscher Kaiser, König von Preußen rc. verordnen im Namen des Reichs, nach erfolgter Zustimmung des Bundesrats und des Reichstags, was folgt:	Wir **Wilhelm,** von Gottes Gnaden Deutscher Kaiser, König von Preußen rc. verordnen im Namen des Reichs, nach erfolgter Zustimmung des Bundesrats und des Reichstags, was folgt:
§ 1.	§ 1.
Ein Kaufmann, welchem im Betriebe seines Handelsgewerbes Aktien, Kuxe, Interimsscheine, Erneuerungsscheine (Talons), auf	Ein Kaufmann, welchem im Betriebe seines Handelsgewerbes Aktien, Kuxe, Interimsscheine, Erneuerungsscheine (Talons), auf

Vorlage.

den Inhaber lautende oder durch Indossement übertragbare Schuldverschreibungen, oder vertretbare andere Wertpapiere mit Ausnahme von Banknoten unverschlossen zur Verwahrung oder als Pfand übergeben sind, ist verpflichtet:

1. diese Wertpapiere unter äußerlich erkennbarer Bezeichnung jedes Hinterlegers oder Verpfänders gesondert von seinen eigenen Beständen und von denen Dritter aufzubewahren,
2. ein Handelsbuch zu führen, in welches die Wertpapiere jedes Hinterlegers oder Verpfänders nach Gattung, Nennwert, Nummern oder sonstigen Unterscheidungsmerkmalen der Stücke einzutragen sind: der Eintragung steht die Bezugnahme auf Verzeichnisse gleich, welche neben dem Handelsbuche geführt werden. Die Eintragung kann unterbleiben, insoweit die Wertpapiere zurückgegeben sind, bevor die Eintragung bei ordnungsmäßigem Geschäftsgange erfolgen konnte.

Das Recht und die Pflicht des Verwahrers oder Pfandgläubigers, im Interesse des Hinterlegers oder Verpfänders Verfügungen oder Verwaltungshandlungen vorzunehmen, *wird* durch die Bestimmung unter Ziffer 1 nicht berührt.

Beschlüsse der IX. Kommission.

den Inhaber lautende oder durch Indossement übertragbare Schuldverschreibungen, oder vertretbare andere Wertpapiere mit Ausnahme von Banknoten **und Papiergeld** unverschlossen zur Verwahrung oder als Pfand übergeben sind, ist verpflichtet:

1. diese Wertpapiere unter äußerlich erkennbarer Bezeichnung jedes Hinterlegers oder Verpfänders gesondert von seinen eigenen Beständen und von denen Dritter aufzubewahren,
2. ein Handelsbuch zu führen, in welches die Wertpapiere jedes Hinterlegers oder Verpfänders nach Gattung, Nennwert, Nummern oder sonstigen Unterscheidungsmerkmalen der Stücke einzutragen sind; der Eintragung steht die Bezugnahme auf Verzeichnisse gleich, welche neben dem Handelsbuche geführt werden. Die Eintragung kann unterbleiben, insoweit die Wertpapiere zurückgegeben sind, bevor die Eintragung bei ordnungsmäßigem Geschäftsgange erfolgen konnte.

Etwaige Rechte und Pflichten des Verwahrers oder Pfandgläubigers, im Interesse des Hinterlegers oder Verpfänders Verfügungen oder Verwaltungshandlungen vorzunehmen, **werden** durch die Bestimmungen unter Ziffer 1 nicht berührt.

Vorlage.	Beschlüsse der IX. Kommission.
§ 2.	§ 2.
Eine Erklärung des Hinterlegers oder Verpfänders, durch welche der Verwahrer oder Pfandgläubiger ermächtigt wird, an Stelle hinterlegter oder verpfändeter Wertpapiere der im § 1 bezeichneten Art gleichartige Wertpapiere zurückzugewähren oder über die Papiere zu seinem Nutzen zu verfügen, ist nur gültig, soweit sie für das einzelne Geschäft ausdrücklich und schriftlich abgegeben ist. In diesem Falle finden die Bestimmungen des § 1 keine Anwendung.	Eine Erklärung des Hinterlegers oder Verpfänders, durch welche der Verwahrer oder Pfandgläubiger ermächtigt wird, an Stelle hinterlegter oder verpfändeter Wertpapiere der im § 1 bezeichneten Art gleichartige Wertpapiere zurückzugewähren oder über die Papiere zu seinem Nutzen zu verfügen, ist, **falls der Hinterleger oder Verpfänder nicht gewerbsmäßig Bank- oder Geldwechsler-Geschäfte betreibt,** nur gültig, soweit sie für das einzelne Geschäft ausdrücklich und schriftlich abgegeben wird.
	Wird der Verwahrer oder Pfandgläubiger ermächtigt, an Stelle hinterlegter oder verpfändeter Wertpapiere der im § 1 bezeichneten Art gleichartige Wertpapiere zurückzugewähren, so finden die Bestimmungen des § 1 keine Anwendung.
§ 3.	§ 3.
Der Kommissionär (Art. 360, 378 des Handelsgesetzbuchs), welcher einen Auftrag zum Einkaufe von Wertpapieren der im § 1 bezeichneten Art ausführt, hat dem Kommittenten binnen drei Tagen ein Verzeichnis der Stücke mit Angabe der Gattung, des Nennwertes, der Nummern oder sonstiger Unterscheidungsmerkmale zu übersenden. Die Frist beginnt, falls der Kommissionär bei der Anzeige über die Ausführung des Auftrages einen Dritten als Verkäufer namhaft gemacht hat, mit dem Erwerbe der Stücke, andernfalls mit	Der Kommissionär (Art. 360, 378 des Handelsgesetzbuchs), welcher einen Auftrag zum Einkaufe von Wertpapieren der im § 1 bezeichneten Art ausführt, hat dem Kommittenten binnen drei Tagen ein Verzeichnis der Stücke mit Angabe der Gattung, des Nennwertes, der Nummern oder sonstiger Unterscheidungsmerkmale zu übersenden. Die Frist beginnt, falls der Kommissionär bei der Anzeige über die Ausführung des Auftrages einen Dritten als Verkäufer namhaft gemacht hat, mit dem Er-

Vorlage.

dem Ablaufe des Zeitraums, innerhalb dessen der Kommissionär nach der Erstattung der Ausführungsanzeige die Stücke bei ordnungsmäßigem Geschäftsgange ohne schuldhafte Verzögerung beziehen konnte.

Ein Verzicht des Kommittenten auf die Uebersendung des Stückeverzeichnisses ist nur dann wirksam, wenn er bezüglich des einzelnen Auftrages ausdrücklich und schriftlich erklärt ist.

Soweit die Auslieferung der eingekauften Stücke an den Kommittenten erfolgt oder ein Auftrag des Kommittenten zur Wiederveräußerung ausgeführt ist, kann die Uebersendung des Stückeverzeichnisses unterbleiben.

§ 4.

Soweit der Kommissionär im Falle des § 3 wegen der ihm aus der Ausführung des Auftrages zustehenden Forderungen nicht befriedigt ist und auch nicht Stundung gewährt hat, kann er die Uebersendung des Stückeverzeichnisses aussetzen, wenn er dem Kommittenten unter Beifügung einer Rechnung über den ihm noch zu zahlenden Betrag innerhalb der im § 3 bezeichneten Frist schriftlich erklärt, daß er das Verzeichniß erst nach der Zahlung dieses Betrages übersenden werde.

Beschlüsse der IX. Kommission.

werbe der Stücke, andernfalls mit dem Ablaufe des Zeitraums, innerhalb dessen der Kommissionär nach der Erstattung der Ausführungsanzeige die Stücke bei ordnungsmäßigem Geschäftsgange ohne schuldhafte Verzögerung beziehen konnte.

Ein Verzicht des Kommittenten auf die Uebersendung des Stückeverzeichnisses ist, **falls der Kommittent nicht gewerbsmäßig Bank- oder Geldwechsler-Geschäfte betreibt,** nur dann wirksam, wenn er bezüglich des einzelnen Auftrages ausdrücklich und schriftlich erklärt **wird.**

Soweit die Auslieferung der eingekauften Stücke an den Kommittenten erfolgt oder ein Auftrag des Kommittenten zur Wiederveräußerung ausgeführt ist, kann die Uebersendung des Stückeverzeichnisses unterbleiben.

§ 4.

Fällt fort.

Vorlage.	Beschlüsse der IX. Kommission.
§ 5.	§ 5.
Ist der Kommissionär mit Erfüllung der ihm nach den Bestimmungen der §§ 3 und 4 obliegenden Verpflichtungen im Verzuge und holt er auch das Versäumte auf eine danach an ihn ergangene Aufforderung des Kommittenten nicht binnen drei Tagen nach, so ist der Kommittent berechtigt, das Geschäft als nicht für seine Rechnung abgeschlossen zurückzuweisen und Schadensersatz wegen Nichterfüllung zu beanspruchen.	Ist der Kommissionär mit Erfüllung der ihm nach den Bestimmungen des § 3 obliegenden Verpflichtungen im Verzuge und holt er das Versäumte auf eine danach an ihn ergangene Aufforderung des Kommittenten nicht binnen drei Tagen nach, so ist der Kommittent berechtigt, das Geschäft als nicht für seine Rechnung abgeschlossen zurückzuweisen und Schadensersatz wegen Nichterfüllung zu beanspruchen.
Die Aufforderung des Kommittenten verliert ihre Wirkung, wenn er dem Kommissionär nicht binnen drei Tagen nach dem Ablaufe der Nachholungsfrist erklärt, daß er von dem im Absatz 1 bezeichneten Rechte Gebrauch machen wolle.	Die Aufforderung des Kommittenten verliert ihre Wirkung, wenn er dem Kommissionär nicht binnen drei Tagen nach dem Ablaufe der Nachholungsfrist erklärt, daß er von dem im Absatz 1 bezeichneten Rechte Gebrauch machen wolle.
§ 6.	§ 6.
Der Kommissionär welcher einen Auftrag zum Umtausche von Wertpapieren der im § 1 bezeichneten Art oder zur Geltendmachung eines Bezugsrechts auf solche Wertpapiere ausführt, hat binnen zwei Wochen nach dem Empfange der neuen Stücke dem Kommittenten ein Verzeichniß der Stücke mit den im § 3 Absatz 1 vorgeschriebenen Angaben zu übersenden, soweit er ihm die Stücke nicht innerhalb dieser Frist aushändigt.	Unverändert.
§ 7.	§ 7.
Der Kommissionär, welcher den im § 6 ihm auferlegten Pflichten nicht genügt, verliert	Unverändert.

Vorlage.

das Recht, für die Ausführung des Auftrages Provision zu fordern (Art. 371 Abs. 2 des Handelsgesetzbuchs).

§ 8.

Mit der Absendung des Stückeverzeichnisses geht das Eigentum an den darin verzeichneten Wertpapieren auf den Kommittenten über, soweit der Kommissinär über, die Papiere zu verfügen berechtigt ist. Die Bestimmungen des bürgerlichen Rechts, nach welchen der Uebergang des Eigentums schon in einem früheren Zeitpunkte eintritt, bleiben unberührt.

Der Kommissionär hat bezüglich der in seinem Gewahrsam befindlichen, in das Eigentum des Kommittenten übergegangenen Wertpapiere die im § 1 bezeichneten Pflichten eines Verwahrers.

§ 9.

Ein Kaufmann, welcher im Betriebe seines Handelsgewerbes fremde Wertpapiere der im § 1 bezeichneten Art einem Dritten zum Zwecke der Aufbewahrung, des Umtausches oder des Bezuges von anderen Wertpapieren, Zins- oder Gewinnanteilscheinen ausantwortet, hat hierbei dem Dritten mitzuteilen, daß die Papiere fremde seien. Der Dritte, welcher eine solche Mitteilung empfangen hat, kann an den übergebenen oder an den neu beschafften Papieren ein Pfandrecht oder ein Zurückbehaltungsrecht nur wegen solcher Forderungen an seinem Auftraggeber geltend machen, welche mit

Beschlüsse der IX. Kommission.

§ 8.

Unverändert.

§ 9.

Ein Kaufmann, welcher im Betriebe seines Handelsgewerbes fremde Wertpapiere der im § 1 bezeichneten Art einem Dritten zum Zwecke der Aufbewahrung, **der Veräußerung,** des Umtausches oder des Bezuges von anderen Wertpapieren, Zins- oder Gewinnanteilscheinen ausantwortet, hat hierbei dem Dritten mitzuteilen, daß die Papiere fremde seien. **Ebenso hat er in dem Falle, daß er einen ihm erteilten Auftrag zur Anschaffung solcher Wertpapiere an einen Dritten weitergibt, diesem hierbei mitzuteilen, daß die Anschaffung für fremde Rechnung geschehe.**

Vorlage.

Bezug auf diese Papiere entstanden sind.

§ 10.

Wenn ein Kaufmann über Wertpapiere der im § 1 bezeichneten Art, welche ihm zur Verwahrung oder als Pfand übergeben sind, oder welche er als Kommissionär für den Kommittenten in Besitz genommen hat, außer dem Falle des § 246 des Strafgesetzbuchs zum eigenen Nutzen oder zum Nutzen eines Dritten rechtswidrig verfügt, wird er mit Gefängnis bis zu einem Jahre und Geldstrafe bis zu Dreitausend Mark oder mit einer dieser Strafen bestraft.

Der gleichen Strafe unterliegt, wer der Vorschrift des § 9 zum eigenen Nutzen oder zum Nutzen eines Dritten vorsätzlich zuwiderhandelt.

Ist der Thäter ein Angehöriger (§ 52 Abs. 2 des Strafgesetzbuchs) des Verletzten, so tritt die Verfolgung nur auf Antrag ein. Die Zurücknahme des Antrages ist zulässig. Der § 247 Absatz 2 und 3 des Strafgesetzbuchs findet entsprechende Anwendung.

§ 11.

Ein Kaufmann, welcher seine Zahlungen eingestellt hat oder

Beschlüsse der IX. Kommission.

Der Dritte, welcher eine solche Mitteilung empfangen hat, kann an den übergebenen oder an den neu beschafften Papieren ein Pfandrecht oder ein Zurückbehaltungsrecht nur wegen solcher Forderungen an seinem Auftraggeber geltend machen, welche mit Bezug auf diese Papiere entstanden sind.

§ 10.

Unverändert.

§ 11.

Unverändert.

Vorlage.	Beschlüsse der IX. Kommission.
über dessen Vermögen das Konkursverfahren eröffnet worden ist, wird mit Gefängnis bis zu zwei Jahren bestraft, wenn er den Vorschriften des § 1 Ziffer 1 oder 2 vorsätzlich zuwidergehandelt hat und dadurch der Berechtigte bezüglich des Anspruches auf Aussonderung der von jenem zu verwahrenden Wertpapiere benachteiligt wird, desgleichen wenn er als Kommissionär den Vorschriften der §§ 3 und 6 vorsätzlich zuwidergehandelt hat und dadurch der Berechtigte bezüglich des Anspruches auf Aussonderung der von jenem eingekauften, eingetauschten oder bezogenen Wertpapiere benachteiligt wird.	
§ 12.	§ 12.
Ein Kaufmann, welcher seine Zahlungen eingestellt hat oder über dessen Vermögen das Konkursverfahren eröffnet worden ist, wird mit Zuchthaus bestraft, wenn er im Bewußtsein seiner Zahlungsunfähigkeit oder Ueberschuldung fremde Wertpapiere, welche er im Betriebe seines Handelsgewerbes als Verwahrer, Pfandgläubiger oder Kommissionär in Gewahrsam genommen, sich rechtswidrig zugeeignet hat. Sind mildernde Umstände vorhanden, so tritt Gefängnisstrafe nicht unter drei Monaten ein.	Unverändert.
§ 13.	§ 13.
Die Strafvorschrift des § 10 findet gegen die Mitglieder des Vorstandes einer Aktiengesellschaft oder eingetragenen Ge-	Unverändert.

Vorlage.	Beschlüsse der IX. Kommission.
nossenschaft, die Geschäftsführer einer Gesellschaft mit beschränkter Haftung, sowie gegen die Liquidatoren einer Handelsgesellschaft oder eingetragenen Genossenschaft Anwendung, wenn sie in Ansehung von Wertpapieren, die sich im Besitze der Gesellschaft oder Genossenschaft befinden oder von dieser einem Dritten ausgeantwortet sind, die mit Strafe bedrohte Handlung begangen haben.	
Die vorbezeichneten Personen werden, wenn die Gesellschaft oder Genossenschaft ihre Zahlungen eingestellt hat, oder wenn über deren Vermögen das Konkursverfahren eröffnet worden ist, bestraft	
1. gemäß § 11, wenn sie den Vorschriften des § 1 Ziffer 1 oder 2 oder den Vorschriften der §§ 3 und 6 vorsätzlich zuwidergehandelt haben und dadurch der Berechtigte bezüglich des Anspruches auf Aussonderung der von der Gesellschaft oder Genossenschaft zu verwahrenden oder von ihr eingekauften, eingetauschten oder bezogenen Wertpapiere benachteiligt wird,	Unverändert.
2. gemäß § 12, wenn sie im Bewußtsein der Zahlungsunfähigkeit oder Ueberschuldung der Gesellschaft oder Genossenschaft fremde Wertpapiere, welche von dieser als Verwahrer, Pfandgläubiger oder Kommissionär	

Vorlage.	Beschlüsse der IX. Kommission.
in Gewahrsam genommen sind, sich rechtswidrig zugeeignet haben.	
§ 14.	§ 14.
Dieses Gesetz findet auf diejenigen Klassen von Kaufleuten keine Anwendung, für welche gemäß Artikel 10 des Handelsgesetzbuchs die Vorschriften über die Handelsbücher keine Geltung haben.	Unverändert.
Urkundlich rc.	Urkundlich rc.
Gegeben rc.	Gegeben rc.

II.

Gesetzestext nach Nr. 19 des Reichsgesetzblattes
(R.G.Bl. S. 183)
ausgegeben zu Berlin, den 16. Juli 1896.

Gesetz, betreffend die Pflichten der Kaufleute bei Aufbewahrung fremder Wertpapiere.
Vom 5. Juli 1896.

Wir Wilhelm, von Gottes Gnaden Deutscher Kaiser, König von Preußen rc.
verordnen im Namen des Reichs, nach erfolgter Zustimmung des Bundesrats und des Reichstags, was folgt:

§ 1.

Ein Kaufmann, welchem im Betriebe seines Handelsgewerbes Aktien, Kuxe, Interimsscheine, Erneuerungsscheine (Talons) auf den Inhaber lautende oder durch Indossement übertragbare Schuldverschreibungen, oder vertretbare andere Wertpapiere mit Ausnahme von Banknoten unverschlossen zur Verwahrung oder als Pfand übergeben sind, ist verpflichtet:

1. diese Wertpapiere unter äußerlich erkennbarer Bezeichnung jedes Hinterlegers oder Verpfänders gesondert von seinen eigenen Beständen und von denen Dritter aufzubewahren,
2. ein Handelsbuch zu führen, in welches die Wertpapiere jedes Hinterlegers oder Verpfänders nach Gattung, Nennwert, Nummern oder sonstigen Unterscheidungsmerkmalen der Stücke einzutragen sind; der Eintragung steht die Bezugnahme auf Verzeichnisse gleich, welche neben dem Handelsbuche geführt werden. Die Eintragung kann unterbleiben,

insoweit die Wertpapiere zurückgegeben sind, bevor die Eintragung bei ordnungsmäßigem Geschäftsgange erfolgen konnte.

Das Recht und die Pflicht des Verwahrers oder Pfandgläubigers, im Interesse des Hinterlegers oder Verpfänders Verfügungen oder Verwaltungshandlungen vorzunehmen, wird durch die Bestimmung unter Ziffer 1 nicht berührt.

§ 2.

Eine Erklärung des Hinterlegers oder Verpfänders, durch welche der Verwahrer oder Pfandgläubiger ermächtigt wird, an Stelle hinterlegter oder verpfändeter Wertpapiere der im § 1 bezeichneten Art gleichartige Wertpapiere zurückzugewähren oder über die Papiere zu seinem Nutzen zu verfügen, ist, falls der Hinterleger oder Verpfänder nicht gewerbsmäßig Bank- oder Geldwechslergeschäfte betreibt, nur giltig, soweit sie für das einzelne Geschäft ausdrücklich und schriftlich abgegeben wird.

Wird der Verwahrer oder Pfandgläubiger ermächtigt, an Stelle hinterlegter oder verpfändeter Wertpapiere der im § 1 bezeichneten Art gleichartige Wertpapiere zurückzugewähren, so finden die Bestimmungen des § 1 keine Anwendung.

§ 3.

Der Kommissionär (Artikel 360, 378 des Handelsgesetzbuchs), welcher einen Auftrag zum Einkaufe von Wertpapieren der im § 1 bezeichneten Art ausführt, hat dem Kommittenten binnen drei Tagen ein Verzeichnis der Stücke mit Angabe der Gattung, des Nennwertes, der Nummern oder sonstiger Unterscheidungsmerkmale zu übersenden. Die Frist beginnt, falls der Kommissionär bei der Anzeige über die Ausführung des Auftrages eines Dritten als Verkäufer namhaft gemacht hat, mit dem Erwerbe der Stücke, andernfalls mit dem Ablaufe des Zeitraums, innerhalb dessen der Kommissionär nach der Erstattung der Ausführungsanzeige die Stücke bei ordnungsmäßigem Geschäftsgange ohne schuldhafte Verzögerung beziehen konnte.

Ein Verzicht des Kommittenten auf die Uebersendung des Stückerverzeichnisses ist, falls der Kommittent nicht gewerbsmäßig Bank- oder Geldwechslergeschäfte betreibt, nur dann wirksam, wenn er bezüglich des einzelnen Auftrages ausdrücklich und schriftlich erklärt wird.

Soweit die Auslieferung der eingekauften Stücke an den Kommittenten erfolgt oder ein Auftrag des Kommittenten zur Wiederveräußerung ausgeführt ist, kann die Uebersendung des Stückeverzeichnisses unterbleiben.

§ 4.

Ist der Kommissionär mit Erfüllung der ihm nach den Bestimmungen des § 3 obliegenden Verpflichtungen im Verzuge und holt er das Versäumte auf eine danach an ihn ergangene Aufforderung des Kommittenten nicht binnen drei Tagen nach, so ist der Kommittent berechtigt, das Geschäft als nicht für seine Rechnung abgeschlossen zurückzuweisen und Schadensersatz wegen Nichterfüllung zu beanspruchen.

Die Aufforderung des Kommittenten verliert ihre Wirkung, wenn er dem Kommissionär nicht binnen drei Tagen nach dem Ablaufe der Nachholungsfrist erklärt, daß er von dem im Absatz 1 bezeichneten Rechte Gebrauch machen wolle.

§ 5.

Der Kommissionär, welcher einen Auftrag zum Umtausche von Wertpapieren der im § 1 bezeichneten Art oder zur Geltendmachung eines Bezugsrechts auf solche Wertpapiere ausführt, hat binnen zwei Wochen nach dem Empfange der neuen Stücke dem Kommittenten ein Verzeichnis der Stücke mit den im § 3 Absatz 1 vorgeschriebenen Angaben zu übersenden, soweit er ihm die Stücke nicht innerhalb dieser Frist aushändigt.

§ 6.

Der Kommissionär, welcher den im § 5 ihm auferlegten Pflichten nicht genügt, verliert das Recht, für die Ausführung des Auftrages Provision zu fordern (Artikel 371 Absatz 2 des Handelsgesetzbuchs).

§ 7.

Mit der Absendung des Stückeverzeichnisses geht das Eigentum an den darin verzeichneten Wertpapieren auf den Kommittenten über, soweit der Kommissionär über die Papiere zu verfügen berechtigt ist. Die Bestimmungen des bürgerlichen Rechts, nach welchen der Uebergang des Eigentums schon in einem früheren Zeitpunkte eintritt, bleiben unberührt.

Der Kommissionär hat bezüglich der in seinem Gewahrsam befindlichen, in das Eigentum des Kommittenten übergegangenen Wertpapiere die im § 1 bezeichneten Pflichten eines Verwahrers.

§ 8.

Ein Kaufmann, welcher im Betriebe seines Handelsgewerbes fremde Wertpapiere der im § 1 bezeichneten Art einem Dritten zum Zweck der Aufbewahrung, der Veräußerung, des Umtausches oder des Bezuges von anderen Wertpapieren, Zins- oder Gewinnanteilscheinen ausantwortet, hat hierbei dem Dritten mitzuteilen, daß die Papiere fremde seien. Ebenso hat er in dem Falle, daß er einen ihm erteilten Auftrag zur Anschaffung solcher Wertpapiere an einen Dritten weitergibt, diesem hierbei mitzuteilen, daß die Anschaffung für fremde Rechnung geschehe.

Der Dritte, welcher eine solche Mitteilung empfangen hat, kann an den übergebenen oder an den neu beschafften Papieren ein Pfandrecht oder ein Zurückbehaltungsrecht nur wegen solcher Forderungen an seinen Auftraggeber geltend machen, welche mit Bezug auf diese Papiere entstanden sind.

§ 9.

Wenn ein Kaufmann über Wertpapiere der im § 1 bezeichneten Art, welche ihm zur Verwahrung oder als Pfand übergeben sind, oder welche er als Kommissionär für den Komittenten in Besitz genommen hat, außer dem Falle des § 246 des Strafgesetzbuches zum eigenen Nutzen oder zum Nutzen eines Dritten rechtswidrig verfügt, wird er mit Gefängnis bis zu einem Jahre und Geldstrafe bis zu dreitausend Mark oder mit einer dieser Strafen bestraft.

Der gleichen Strafe unterliegt, wer der Vorschrift des § 8 zum eigenen Nutzen oder zum Nutzen eines Dritten vorsätzlich zuwiderhandelt.

Ist der Thäter ein Angehöriger (§ 52 Absatz 2 des Strafgesetzbuches) des Verletzten, so tritt die Verfolgung nur auf Antrag ein. Die Zurücknahme des Antrages ist zulässig. Der § 247 Absatz 2 und 3 des Strafgesetzbuches findet entsprechende Anwendung.

§ 10.

Ein Kaufmann, welcher seine Zahlungen eingestellt hat oder über dessen Vermögen das Konkursverfahren eröffnet worden ist, wird mit Gefängnis bis zu zwei Jahren bestraft, wenn er den Vorschriften des § 1 Ziffer 1 oder 2 vorsätzlich zuwidergehandelt hat und dadurch der Berechtigte bezüglich des Anspruches auf Aussonderung der von jenem zu verwahrenden Wertpapiere benachteiligt wird, desgleichen wenn er als Kommissionär den Vorschriften der §§ 3 oder 5 vorsätzlich zuwidergehandelt hat und dadurch der Berechtigte bezüglich des Anspruches auf Aussonderung der von jenem eingekauften, eingetauschten oder bezogenen Wertpapiere benachteiligt wird.

§ 11.

Ein Kaufmann, welcher seine Zahlungen eingestellt hat oder über dessen Vermögen das Konkursverfahren eröffnet worden ist, wird mit Zuchthaus bestraft, wenn er im Bewußtsein seiner Zahlungsunfähigkeit oder Ueberschuldung fremde Wertpapiere, welche er im Betriebe seines Handelsgewerbes als Verwahrer, Pfandgläubiger oder Kommissionär in Gewahrsam genommen, sich rechtswidrig zugeeignet hat.

Sind mildernde Umstände vorhanden, so tritt Gefängnisstrafe nicht unter drei Monaten ein.

§ 12.

Die Strafvorschrift des § 9 findet gegen die Mitglieder des Vorstandes einer Aktiengesellschaft oder eingetragenen Genossenschaft, die Geschäftsführer einer Gesellschaft mit beschränkter Haftung, sowie gegen die Liquidatoren einer Handelsgesellschaft oder eingetragenen Genossenschaft Anwendung, wenn sie in Ansehung von Wertpapieren, die sich im Besitze der Gesellschaft oder Genossenschaft befinden oder von dieser einem Dritten ausgeantwortet sind, die mit Strafe bedrohte Handlung begangen haben.

Die vorbezeichneten Personen werden, wenn die Gesellschaft oder Genossenschaft ihre Zahlungen eingestellt hat, oder wenn über deren Vermögen das Konkursverfahren eröffnet worden ist, bestraft

1. gemäß § 10, wenn sie den Vorschriften des § 1 Ziffer 1 oder 2 oder den Vorschriften der §§ 3 oder 5 vorsätzlich zuwidergehandelt haben und dadurch der Berechtigte bezüglich des Anspruches auf Aussonderung der von der Gesellschaft oder Genossenschaft zu verwahrenden oder von ihr eingekauften oder eingetauschten oder bezogenen Wertpapiere benachteiligt wird,
2. gemäß § 11, wenn sie im Bewußtsein der Zahlungsunfähigkeit oder Ueberschuldung der Gesellschaft oder Genossenschaft fremde Wertpapiere, welche von dieser als Verwahrer, Pfandgläubiger oder Kommissionär in Gewahrsam genommen sind, sich rechtswidrig zugeeignet haben.

§ 13.

Dieses Gesetz findet auf diejenigen Klassen von Kaufleuten keine Anwendung, für welche gemäß Artikel 10 des Handelsgesetzbuchs die Vorschriften über die Handelsbücher keine Geltung haben.

Urkundlich unter Unserer Höchsteigenhändigen Unterschrift und beigedrucktem Kaiserlichen Insiegel.

Gegeben Odde, an Bord M. Y. „Hohenzollern“
den 5. Juli 1896.

(L. S.) Wilhelm.

von Boetticher.

Die vorstehende Fassung des Gesetzes entsprach nicht vollkommen dem wirklich angenommenen, mit den Beschlüssen der Kommission übereinstimmenden Wortlaute.

In der folgenden Nummer des Reichsgesetzblattes (S. 194) wurde daher der Text des Gesetzes in folgender Weise richtig gestellt:[1])

Berichtigung.

In dem Text des im 19. Stück des Reichs-Gesetzblattes für 1896 S. 183 abgedruckten Gesetzes, betreffend die Pflichten der Kaufleute bei Aufbewahrung fremder Wertpapiere, vom 5. Juli 1896 sind folgende Berichtigungen vorzunehmen:

1. Im § 1 ist im Absatz 1 Zeile 4 hinter „Banknoten" einzufügen „und Papiergeld" und im Absatz 2 Zeile 1 statt „Das Recht und die Pflicht" zu setzen „Etwaige Rechte und Pflichten", sowie in Zeile 3 statt „wird" „werden".
2. Im § 3 Absatz Zeile 6 ist statt „eines Dritten" zu setzen „einen Dritten".

---

[1]) Vgl. oben S. 112.

Namen- und Sachregister.

(Die beigesetzten Zahlen bezeichnen die Seiten).

FSC
www.fsc.org
MIX
Papier | Fördert
gute Waldnutzung
FSC® C083411

Kolibri 360 GmbH
Ferdinand-Jühlke-Straße 7
99095 Erfurt, Deutschland
produktsicherheit@kolibri360.de